课堂教学组织策略研究

毛正天　赵洪秀　窦凯旋◎著

吉林出版集团股份有限公司

图书在版编目（CIP）数据

课堂教学组织策略研究 / 毛正天，赵洪秀，窦凯旋
著 . — 长春：吉林出版集团股份有限公司，2020.4
　　ISBN 978-7-5581-8325-6

　　Ⅰ . ①课… Ⅱ . ①毛… ②赵… ③窦… Ⅲ . ①课堂教
学－教学研究－高等学校 Ⅳ . ① G642.421

中国版本图书馆 CIP 数据核字 (2020) 第 047760 号

课堂教学组织策略研究

著　　者	毛正天　赵洪秀　窦凯旋	
责任编辑	王　平　姚利福	
封面设计	李宁宁	
开　　本	787mm×1092mm　1/16	
字　　数	331 千	
印　　张	18	
版　　次	2020 年 5 月第 1 版	
印　　次	2020 年 5 月第 1 次印刷	

出　　版	吉林出版集团股份有限公司
电　　话	010–63109269
印　　刷	炫彩（天津）印刷有限责任公司

ISBN 978-7-5581-8325-6　　　　　　　　定价：58.00 元

前　言

　　唐代著名文学家韩愈说：“师者，所以传道授业业解惑也”，作为传道授业解惑的主体——教师，是一种专业性很强的职业。教学需要深厚的职业道德修养，需要很深的专业知识功底，还需要掌握应有的教学技能，从这个意义上说，教学是门技术，拼功底，拼业务水平，教师运用已有的教学理论知识，通过练习而形成的稳固、复杂的教学行为系统。它既包括在教学理论基础上，按照一定方式进行反复练习或由于模仿而形成的初级教学技能，也包括在教学理论基础上因多次练习而形成的，达到自动化水平的高级教学技能，即教学技术。教学技术对取得良好的教学效果，实现教学的创新，具有积极的作用。教学技术对外表现为成功地、创造性地完成既定的教学任务，卓有成效地达到教学目的和获得有效的教学方法；对内表现为保证完成教学任务的知识、技巧、心理特征和个性特征的功能体系、是教师的个性、创造性与教学要求的内在统一。而且教学内容不同，教学语境不同，教学对象千差万别，都不能套用一种一成不变的方法，需要在熟练掌握教学技术的基础上，不断探索、不断创新。对整个教学过程精心设计和安排，需要智慧，整节课就是一场在教师指导下，学生进行的演出，所以说，教学是一门艺术。教学质量不断优化提升是一个永恒的话题，因而，教无止境，需要不断求索，终身探究。

　　本著便以课堂教学策略为研究对象，期望从相关方面切入，揭示教学艺术规律，助益教学质量的提升。教学策略的研究是当前教学研究的一大热点，关联教学理论研究的深化和教学实践的变革，教育部在中小学提出新课改要求，对高校提出打造金课，都与此关联得紧。

　　何谓教学策略？教学策略是教学的艺术构思与设计，即在特定教学情境中为完成教学目标和适应学生认知需要而制定的教学程序计划和采取的教学实施措施。包括教学活动中目标的对位、方法的选择、材料的组织、对师生行为的规范等等，包含了教学思想、教学模式、教学方法等多个层面的含义，大抵含纳了教学技术与艺术的内涵。本书我们集中对此作了阐释，将其中的教学设计、教学模式、教学方法等之间的区别和联系进行了厘定。

本著在写作过程中，参考了相关文献资料，具列于后文，在此不一一致谢。

目　录

下篇：专论篇

上 篇：综论篇

　　本篇集中探讨课堂教学策略，不论中小学，还是高校，课堂是教师传授知识的最集中场所，也是教学艺术最集中体现之处，因此，课堂教学是教学之纲，是教学活动的核心，必须高度重视，深入探讨。

第一章 课堂教学概论

课堂，作为教学的特定空间，是教师展现才力，绽放青春的舞台。好的教师如同一个高明的指挥家，全场在握，控纵自如，演奏出和谐美妙的音乐。同时，课堂又构成一种场，教师和学生都是主体，调控得好，两个主体都充分发挥作用，教师与学生共演，课堂变成一个生动的世界。因此，教育教学要充分重视课堂教学的特殊重要性。

第一节 课堂教学的内涵

课堂教学是教育教学的核心形式，它是教师给学生传授知识和技能的全过程，它主要包括教师讲解，学生问答，教学活动以及教学过程中使用的所有教具。课堂教学将物理空间变成教与学互动的一种知识与技巧传授平台，既是物理的，又是精神的，是教育形式的创造。相对教育初始期的师徒式传授，将知识程度相同或相近的学生，编成固定人数的班级集体，按各门学科教学大纲规定的内容，组织教材和选择适当的教学方法，并根据固定的时间表，向全班学生进行授课，教育效率大大提高，形成了与"个别教学"相对的教学组织形式，也成了学校教育的标志。

课堂教学是历史发展的结果，社会的进步与教育的发展，课堂成为教学的主要场所，现代学校的多数活动都发生在课堂，课堂也是学校教育的基本组织形式，是现代教学的组织单元。自从有了正式的学校教育就有了课堂，课堂在实现教育目标中居于核心地位。尽管对"课堂"定义还有学术上的不同表达，但不妨碍将课堂教学作为学校教育教学的核心来对待与实践。

一、课堂教学的目标与功能

如同射箭需有靶标，行车要有方向，课堂教学目标也是教学实践活动的方向标，起着导航、引领的作用。因此，确立科学、具体、明确的课堂教学目标是课堂教学研究的首要课题。正确的导引才能达至目的，正确的教学效果的实现依赖正确的教学目标，否则，南辕北辙，导入歧途。

（一）课堂教学的目标

1. 课堂教学目标的内涵

教学目标是关于教学将使学生发生何种变化的明确表述，是指在教学活动中所期待得到的学生的学习结果。不同的人针对不同的对象会做出不同的结果预期。根据预期者和预期主体的不同，我们可以把教学目标分为三个层次：国家或某类教学最高主管部门的教学预期，即教学总目标；学校预期，即学校教学目标；教师预期，即课堂教学目标。三个层次上的教学目标级位分明而又紧密联系，学校的教学目标要体现国家的教学总目标，课堂教学目标要体现学校和国家的教学目标，而国家与学校的教学目标又需要具体的课堂教学目标来落实与体现。

由此可见，课堂教学目标是教师在教学总目标、学校教学目标的指导下，根据所教授学科的性质和特点以及学生的具体情况，对课堂教学提出的预期结果。

其主要内容，就是人们常说的"双基"：基础知识、基本技能与学科情感。这就是如今在教案、教学设计的教学目标中的三个方面：知识、技能和情感。当下时兴的说课，特别强调教学目标设计、实施和实现，就是要训练教师从理性上把握教学目标，凝神聚力，将教学导向实处。

2. 课堂教学目标的作用

课堂教学目标是课堂教学活动的出发点与旨归处。要获得教学的成功，必须制定明确而切实的教学目标，并紧紧围绕既定的目标开展教学活动。课堂教学结果的测量、评价与衡定，是以课堂教学目标为依据的，教学目标要科学，教学过程紧扣目标，达至目标精准圆满，是优秀课堂教学的基本内容。正如古罗马哲学家塞涅卡所说："如果一个人不知道他要驶向哪头，那么任何风都不是顺风。"作为课堂教学设计的灵魂，教学目标影响着教学内容的取舍，制约着教学过程的节奏，引导着教学发展的方向。目标模糊不明的教学，如同"野渡无人舟自横"；目标定位错误，更会南辕北辙，导致教学无效甚至负效。兹事体大，关联甚多。教学就是一节节课积聚起来的，这是最基本的组织单元，课堂不着实了，教育教学质量变成了空中楼阁。

（1）导向作用

教师与学生是两个不同的主体，课堂教学目标教学把两者关联在一起，沿着一个共同的方向，一方面引导教师的"教"，另一方面引导学生的"学"，把课堂教学变成高级活动场。

对教师的导向作用表现为，引导教师选择与运用相应的教学内容、教学方法和教学媒体。例如对教学法的择取与追求，教学目标侧重知识或结果者，宜选择讲授教学法；而教学目标侧重过程或探索知识的经验，则宜选择发现教学法。不同的教学方法与不同的教学目标相对应，没有弯路歧途，顺风顺水，水到渠成。

对学生的导向作用表现为，上课之先，即明确告知学生去向与终点，学生方向明确，目标清楚，能有效引起学生的注意，调动已学的知识，形成与教师教学同向的力，产生达至目标的动能与势能效应。

（2）激励作用

如上所述教学目标对学生的导引作用，明确具体的课堂教学目标，可以激发学生的学习积极性和学习动力，使学生产生要达到目标的强烈渴望。要使教学目标产生最大的激励效果，就要使制定出来的目标符合学生的需要，使学生认识到通过努力达到目标是有价值的。常说，目标如果是树上的果实，一是要学生能摘到，二是必须跳一跳才能摘到，这样的目标就能有效激发活力，提升动力，利于顺利达至目标。目标明确具体的教学就好比百米赛跑，参赛者可向着目标勇往直前；而目标模糊的教学就像自由漫步，难以收到良好效果。

（3）调控作用

教学目标作为一种方向标，对教学过程具有规范作用。教学目标一经确定，就对教学活动起着控制作用。作为一种约束力量，它使教师和学生凝聚在一起，为实现已定目标而共同奋斗。根据控制论原理，教师在课堂教学的过程中，可以依据教学目标收集信息反馈，按正反馈与负反馈原理调整教学，教师因深知自己的教学方法的正确性而增强操作的力度，这是正反馈；教师不断调整自己的教学方法使教学结果更接近于教学目标，这是负反馈。通过教学目标引领，及时反馈教学效果，不断调整路线，以臻于精准。

（4）评价作用

课堂教学目标是进行教学效果评价的重要参照。课堂教学评价，就是评判教学活动是否或在多大程度上达到了预期的教学目标，即用所取得的教学效果与教学目标进行对照，根据二者的符合度来对教学效果进行评判。在进行课堂教学评价时，以全面、具体和可测量的教学目标为依据，有助于提高测验的效度与信度，确保评价的科学性。

3.课堂教学目标的设计原则

课堂教学目标设计关系整个课堂教学的优劣成败，必须精心设计，务求科学。因此必须遵循一定的原则，有了原则的指导，教学目标才能合理，从而发挥其功能。课堂教学目标的设计应遵循三个基本原则，即科学性、系统性和生成性原则。

（1）科学性原则

科学性原则是设计课堂教学目标的最基本原则，只有保证教学目标的科学性，才能把它应用于课堂教学，指导教学实践。贯彻科学性原则，首先要求教学目标要符合学生发展的需要，力求使学生在知识、情感态度、动作技能、认知策略等方面都有所发展。在此基础上，还应符合具体学科的性质和特点。根据学生的发展需要只能制定出一些基本的目标要求，只有结合学科知识才能制定出具体合理的可操作的课堂教学目标。

（2）系统性原则

课堂教学目标是一个有层次结构的、整体的系统，各构成部分有机联系、相互作用。设计课堂教学目标时遵循系统性原则，方能保证教学目标功能的发挥。课堂教学目标是有层次的，这主要是由学生的个体差异性决定的。设计教学目标，应该反映不同层次学生的需要，满足不同层次学生的能力要求，这种分层目标设计有利于面向全体学生实施教学。课堂教学目标更是一个整体，要体现出整体性。如前所述，教学目标是由教学总目标、学校教学目标和课堂教学目标构成的有机整体，在设计课堂教学目标时，必须以教学总目标和学校教学目标为指导，服从顶层设计，充分体现其规格要求。如国家教育部在人才培养方案里，都有相应的规格要求，人才培养目标、知识结构、能力要求等都有规定，学校也有根据学校的性质层次，而对教学目标有所区别。如大学本科的汉语言文学专业，国家对规格要求作了相应规定，而综合性大学和师范院校又因其功能定位不同而有区别。另外，课堂教学目标本身也是由学科教学目标、单元教学目标和课时教学目标三个层次构成的小系统，各层次间也应相互统一。

（3）生成性原则

教学应是富有生命力的、充满活力的教学，课堂教学目标也应是适合教学需要而不断变化的动态发展的目标，不能将其视为僵硬的教条，而应看作是开放的、可选择的、因人而异的参考系，一个有待修订的模型，赋予其弹性的空间。前苏联著名教育家苏霍姆林斯基说过："教育的技巧并不在于能预见到课堂的所有细节，而是在于根据当时的具体情况，巧妙地在学生不知不觉中做出相应的变动。"教师应不断调整预先制定的教学目标，以适应课堂教学情境的变化，使学生获得更多预期之外的收获。

4.课堂教学目标的陈述方式

课堂教学目标的陈述，也称课堂教学目标的书写、表述等，即把已经确定好的课堂教学目标用书面的形式呈现出来。传统课堂教学目标一般是用含糊词语陈述的，常用词语是"掌握"、"了解"、"培养"、"理解"，表达的教学意图具有模糊性；现代教学随着大数据的运用，随着学校专业教学的自主性增强，则要求对教学目标的书写清晰、具体、精确。

（二）课堂教学的功能

课堂教学作为知识的集散地，能够帮助学生快捷地掌握人类文明成果，促进学生身心诸方面的和谐发展。此外，课堂教学还会对社会生活发挥影响。古人对此有深刻认识，《学记》云："化民成俗，其必由学"，要想感化和教化民众，养成良好的风俗习惯，就必须通过学校教育才行。《礼记》云："建国君民，教学为先。"意即治国安民，第一要务就是推行道德教化。由此可见教学的重要功能。这里包括个人发展和社会发展两个方面，课堂教学承担着重要的使命。

1. 课堂教学的个人发展功能

课堂教学的个人发展功能，是课堂教学最直接的功能。个人发展是指个人智力和体力的充分、自由、和谐发展。课堂教学对于个人发展的影响，主要表现在以下几个方面。第一，知识传递功能。传授知识，使学生迅速获得人类长期积累的文明经验、知识谱系，是课堂教学最原始的功能。这里所说的知识是广义的知识，既包括基本的原理、解决问题的技巧方法，也包括社会生活的规范等等。课堂教学突破了时间、空间的局限和个体直接经验的制约，方寸讲台，博古识今，扩大了学生的知识范围，大大提高了学生获得经验的速度。第二，技能形成功能。技能是指综观全局、认清为什么要做某事的能力，也就是洞察事物与环境相互影响之复杂性的能力，通常分为心智技能和动作技能，形成技能的过程和传授知识的过程是统一的，是相辅相成的。只有形成熟练的技能之后，学生获得知识和运用知识的过程才能得以简化。例如，只有当学生熟练掌握认字和写字的技能后，才能把注意力从认字和写字上面转向如组词、造句和作文等更高级的思维活动。可见技能的重要性。知行关系的建构十分重要，知行可以相互转化，达至知行统一。第三，智能培养功能。掌握了知识和技能，并不意味着自动地培养了智能。感觉、记忆、回忆、思维、语言、行为的整个过程称为智能过程，它是智力和能力的表现。是心理潜能打通"任督二脉"的结果，非常重要。大量事实证明，很多学生靠死记硬背学到了知识，凭机械训练获得了技能，但因为没有较高水平的智能，不能融会贯通，在学习和工作中往往缺乏创造性，事倍功半。课堂教学培养学生智能有两条主要途径：一是根据学生的心理特征和个别差异，鼓励学生使用独立探索的方法获得知识；二是教给学生像比较、类比、归纳、演绎、分析、概括等基本的思维方法。第四，人格提升功能。学生人格的提升是在弥散多样的课堂学习中实现的，是潜移默化和长期积淀的结果。课堂教学中，教师会以一些著名科学家、运动员或英雄模范人物的励志事迹教育学生，要求学生在学习和生活中，克服困难，培养坚忍的毅力，促进人格的提升，而教师本身的言传身教、为人师表也起着人格提升作用，学生耳濡目染，也会促进身心发展。

2. 课堂教学的社会发展功能

课堂教学是适应并促进社会发展的有力手段，是把社会和个人联系起来的重要纽带，是完成人类知识文化传递和继承的中间环节，是社会延续发展不可缺少的条件。课堂既封闭又开放，与社会关联，课堂教学的社会发展功能也是多方面的。第一，经济发展功能。当代经济发展已由依靠物质、资金的物力增长模式转变为依靠人力和知识资本增长的模式。课堂教学可以帮助学生形成适应现代经济发展的观点态度，提高学生的文化素质，传授从事某一职业所需要的专门知识技能，为经济发展提供人力支持。第二，文化发展功能。课堂教学过程中，学生可以在较短时间内吸收人类文化的精华，继承和传播人类文化。通过学生对不同文化的学习，对文化进行选择、创造，对旧的文化进行变革、整合，有助于形成新的文化，促进文化的不断丰富和发展。第三，政治发展功能。课堂教学中可以渗透社会政治意识形态，使学生的思想逐渐实现政治化和社会化，民主的课堂教学可以使学生形成政治民主化的观念，有利于培养学生正确的世界观，促进社会政治的稳定、完善与发展。

二、课堂教学的构成要素

课堂教学是由多个相互联系、相互作用的要素构成的有机整体，是一个动态运行的过程。教师、学生、教学信息、教学媒体是其基本要素，教师既是教学过程的设计者，也是学习过程的指导者；学生是学习活动的主人；教学信息是教学内容及相关要求的反映；教学媒体是教学信息的载体和学习的工具。具体说来，课堂教学包括以下几个构成要素：课堂教学目标、教师和学生、教学内容、教学方法和手段、教学组织形式以及课堂教学环境。

（一）课堂教学的出发点：课堂教学目标

教育是一种有目的的社会实践活动，目的性是人类实践活动区别于动物本能的根本所在。在教学之前，教育者的头脑之中一定会存在关于教学的预期结果，课堂教学活动的预期结果就是课堂教学目标。课堂教学目标是教学活动的出发点和归结点，伴随于整个教学活动的始终。教学目标决定着课堂教学的方向，对课堂教学起着导向、激励、调控和评价的作用。

（二）课堂教学的参与者：教师和学生

教师和学生是课堂教学活动的共同参与者，是两个主体，二者既相互独立，又密切联系，离开任何一方教学活动都无法正常进行。江苏省特级教师曹勇军的一段话，也许能引发我们对师生关系的深刻思考："有人问我语文是什么？我想了想，说：就是教师与学生的故事。我说的是实话。我当然知道，在这个世界上有关语文的言说很多，它们有的散发着诗意的光芒，有的内含深厚的学理，但我还是坚守着自己朴素的感受：如果剥掉加在语文上面的层层华美的装饰，不断追问下去，进行现象学还原，我们会发现其中最原始、最活跃的课程密码，无非就是教师、学生和有关他们的故事。一如沂水春风，弟子各言其志，夫子喟然而叹，吾与点也；或者如古希腊哲人，运用'催产术'，从影子纷乱的'洞穴'中爬出，用智慧的火把照亮探索真理的道路。"①

从曹勇军的表述里，我们可以得知：教师和学生相互独立，二者的职责有显著差别。教师的主要职责是传递知识和技能，有主导作用，学生的主要任务是接受教师的教育，学生的学习需要教师的正确引导，双方不能相互替代。其次，教师和学生又是相互联系、相互制约的，即所谓的"教学相长"。在课堂上，师生之间应该建立亲和的对话平台，沟通对话的渠道，让学生觉得老师不是教学内容的垄断者，更不是课堂教学的主宰者，不是所有的问题都由老师一锤定音，而是可以在师生之间开展对话交流，在对话互动中完成和深化教学，从这个意义上说，学生又是另一主体。

（三）课堂教学的中介：教学内容

连接教师与学生的不仅是课堂教学形式，更重要的是课堂教学内容。课堂教学中，教师对学生的教育主要是通过向学生传递科学文化知识来实现的，在此基础之上，促进学生各方面和谐发展。教师在课堂上所传递的科学文化知识即是教学内容，是教师对学生施加教育影响的必不可少的"中介"。精心组织设计教学内容是优化课堂教学、提高教学效率不可缺少的一个环节。教师对自己的教学内容要有明确的认识，要有最科学最新鲜的内质，知道自己在教什么，并且知道自己为什么教这些内容。只有这样，学生才能学得明白，学得透彻，学得有劲头。选择教学内容依据原则一般表现于如下三方面。

第一，把握基础性。人类正处于知识爆炸的时代，文化知识十分丰富，课堂短暂的四十多分钟，能够传授给学生的知识极其有限。教师应该按照课

① 曹勇军《语文，是教师与学生的故事》，《江苏教育研究》2009-01-20.

程标准和教学大纲的要求，选择基础性的知识进行教授，使学生以此为基础，能够举一反三、触类旁通，自主扩充知识范围。

第二，讲究趣味性。教学所选择的内容应尽量符合学生的兴趣，兴趣是人们活动强有力的动机之一，它能调动起人的生命力，使人热衷于自己的事业而乐此不疲。人对自然产生兴趣，就能引发出对事物的体验，对问题的思索；人对生活产生兴趣，就能引发因好奇而实践，因验证而发现。对学习内容的兴趣也是如此。当然在创设兴趣内容与情境时也应该注意度的掌握，做到分寸拿捏到位，如果过于追求教学内容的趣味性，就会分散学生的注意力，可能造成舍本逐末的后果。

第三，突出时代性

教学内容源于现实生活，因此，选择的教学内容应贴近实际生活，适应社会生活的变化发展，跟上时代的步伐，与时俱进，才能使学生更轻松地掌握所学知识，并能够学以致用。如在思想政治课教学中，要适时引入学生普遍关心的国内外发生的政治、经济、文化事件和社会热点问题，使教学内容能够充分反映时代的特点和要求，实现思想政治课教学内容的理论性与实践性、思想性与实效性的高度统一。又如，当代学生对现实中的热点问题具有强烈的探索欲望，及时增加相关内容，并用相关的理论加以阐释，能使学生感受到理论的生机与活力，感受到政治类理论课鲜活的时代感和厚重的现实感。其他专业课程亦如是，时代在飞速发展，尤其是电子信息时代，知识爆炸，知识更新速度惊人，教师一定要与时代同步，甚至率尔先行，用最鲜活科学的知识哺育学生，使教学内容能够沉甸甸，有质感。

（四）课堂教学的基本保障：教学方法和手段

教师要把科学文化知识传递给学生，促进学生的全面发展，必须借助于一定的方法和手段。有效的教学方法和手段是完成教学任务、实现教学目标的基本保障。

1.课堂教学方法

教学方法，是教师和学生为了实现共同的教学目标，完成共同的教学任务，在教学过程中运用的方式与手段的总称。按照教学方法的外部形态和这种形态下学生的认识活动的特点，可以把比较常用的教学方法分类为：以语言传递信息为主的方法；以直接感知为主的方法；以实际训练为主的方法；以欣赏活动为主的方法；以引导探究为主的方法。如图所示，教学方法构成一个系统。

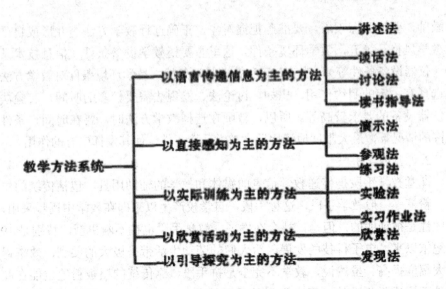

图 1-1 教学方法系统示意图

教学方法的使用不是机械的，不是生搬硬套，而是以服从教学目的的灵活调用，使之各尽其妙。一般来说，须考虑以下几个方面：第一，课堂教学目标。教学方法是为实现教学目标服务的，特定的教学目标往往要求选择特定的教学方法去实现。例如，教学目标是向学生传授知识技能，选择讲授法比较合适；教学目标主要是培养学生自学能力、自我教育与自我管理的能力，最好选择以学生自主活动为主的方法，如读书指导法、发现法等；教学目标是提高学生的口头表达能力，则宜采用谈话法、讨论法等为宜。第二，课堂教学内容的特点。除了教学目标，不同的教学内容也制约着教学方法的选择。一般说来，不同的课程和科目需要不同的教学方法，文科教学多用讲授法，物理、化学等理工科课程教学常用演示法。即便是同样的教学目标，学科性质不同，具体内容不同，所要求的教学方法往往也不一样。同样是为了培养操作能力，物理、化学多是采用实验法，而音、体、美则常采用练习法。第三，学生的实际特点。教学方法的选择还应考虑学生的身心发展特征，对处于不同年龄及思想水平不同的学生，要采用不同的教学方法。学生的思维类型差异和个性差异，影响着他们对不同方法的好恶和适应性。如有的学生必须在教师讲解后才能清楚地把握知识，有的学生要通过亲自动手操作才印象深刻，还有的学生则对经过充分讨论或自己发现的知识才能过目不忘。这就要求教师综合运用各种教学方法，满足各类学生的不同需求。第四，教师的自身素质。教师素质主要表现为：语言表达能力、思维品质、教学技能、教学艺术风格、教学组织与控制能力等。任何一种教学方法，只有在教师具备了一定素养并为教师充分理解和把握之后，才能真正发挥其功能和作用。作为教师，要成为探索者，要准确把握对象，正确选择教学方法，并形成自己的教学风格。第五，教学环境条件。这里主要指教学设备条件（信息技术条件、仪器设备条件等）、教学空间和教学时间条件。教学环境条件对教学方法的选择有一定的制约作用，比如，讨论法、发现法需要较多的时间，实验法对仪器设备的要求较高等。所以，教师在选择教学方法时，要在时间、条件允许的情况下，最大限度地运用课堂教学环境条件，使其发挥应有的作用。

2. 课堂教学手段

课堂教学手段是传递教学信息的媒体和教学的辅助用具，包括传统的黑板、粉笔等一般教学手段，这种手段，自学校产生以来即在教学中逐步采用，时效性是被证明的，但是，社会在发展，教学手段也在不断更新，特别是 19 世纪末以来，电子科技的发展，给人们的劳动生活带来极大的便利，效率得到大幅度提高。虽然说，教学不完全是拼手段，靠传统的黑板粉笔也能在此条件下完成教学功能，但电子科技手段的革新确实给教学手段插上了翅膀。电教等多媒体等现代教学手段大显身手，比如音像还原，PPT 大容量展示信息，节约板书时间等，教学者不可忽视，现代与传统的教学手段结合融用可有效提高教学效率。

传统的课堂教学中辅助手段极少，教学以教师讲解为主，学生对教师的授课常常感觉空洞、枯燥、乏味，致使学生产生厌学情绪。苏霍姆林斯基说过："如果教师不想办法使学生产生情绪高昂和智力振奋的内心状态，就急于传授知识，那么这种知识只能使人产生冷漠的态度，而使不动感情的脑力劳动带来疲劳。"融合现代技术，优化课堂教学手段，可以激发学生学习兴趣，调动学生的学习积极性，创设乐学情境，为提高教学效率奠定良好的基础。

（五）课堂教学的组织保证：教学组织形式

教学组织形式是关于教学活动开展在人员配置、时间和空间安排等方面形成的特殊方式、结构和程序，是课堂教学顺利进行的组织保证。不同的教育教学理念，就会有不同的教学组织形式。比如，中学新课程改革，强调"自主、合作、探究"的教学方式，它呼唤与之相适应的新的教学组织形式。如，大学写作课程教学的"项目式教学"，把文体的写作，知识与训练都与项目结合起来，用一个项目串起所有文体，既学习了写作知识，又培养了写作能力，还锻炼了其他能力如组织能力、沟通协调能力等等，这种教学理念所建构和想象的教学组织形式也不相同。学生个体差异的客观存在和社会对人才需求的多样性以及教师的创新性，决定了课堂教学组织形式的多样性和灵活性。但从类型看，课堂教学组织形式主要体现为：同步学习型、分组学习型和个别学习型,它们对完成教学任务、实现教学目标有着不同的作用。

1.同步学习型

同步学习型教学组织形式,是指班级成员在教师的直接指导下一起进行学习。从时间与精力上考量,同步学习的课堂组织形式最经济,也是课堂教学最常用的组织形式。但是,这种组织形式也有弊端,难以照顾到全体学生,不利于因材施教。

2.分组学习型

分组学习型教学组织形式,是指教师按照均衡编组的原则,把一个教学班分成若干个学习小组,学生以小组为单位共同学习。这种小组通常由4—6名在性别、学业成绩、个性特征、家庭及社会背景等方面具有异质性的学生组成。分组学习改变了同步学习条件下偏重于竞争的课堂气氛,有利于形成合理的组内互教互助的良性机制。成绩好、能力强的学生会去帮助其他学生,而学习较差的学生在集体荣誉感和自尊心的驱使下也会尽自己最大努力,使其所在的小组不因自己的失败而被拖后腿,形成小组成员互相帮助、共同提高的局面。分组学习可以给每个学生提供均等的学习和发展机会,进而有效地培养学生的创新精神和实践能力,同时使学生的个性得到张扬,使人人都得到发展。

3.个别学习型

个别学习型教学组织形式,是指学生之间不交换信息,每个人单独完成所设定的课题,教师尽可能地加以指导。个别学习,有利于培养学生的自我教育能力,有利于学生的能力训练和技能掌握。当然,由于学生专心解决自己的问题,学生之间的交流较少。另外,教师无法不间断地直接指导每一个学生,也不可能对每个学生的一切问题都做出适当的指导和帮助。

综上所述,每种教学组织形式都各有利弊,教师应该根据不同的教学目标和任务以及学生自身的特点,选择恰当的组织形式并合理地应用,从而构建气氛民主、便于交流的开放性课堂,真正体现以人为本的新课程理念,实现良好的课堂教学效果。有道是戏法人人会变,各有巧妙不同。

(六)课堂教学的客观条件:课堂教学环境

课堂教学环境是个复杂而特殊的环境,直接影响课堂教学活动,一般包括物理环境和心理环境两方面。

物理环境主要包括"教学的自然环境、设施环境和时空环境",是课堂教学顺利进行的物质条件。良好的教学物理环境有利于营造积极的教学心理环境,有利于运用多样灵活化的教学方法,有利于选择综合个性化的教学组织形式，有利于促进学生的成长和发展。

德国心理学家 K. 勒温在拓扑心理学中提出了"心理环境"这个概念。指人脑中对人的一切活动发生影响的环境事实，也即对人的心理事件发生实际影响的环境。勒温以"实在是有影响的"这一原则为标准，认为不管是人意识到的事件，还是没有意识到的事件，如果它们成为心理的实在，都可影响人的行为。课堂教学心理环境是由课堂内部所有人的心理要素所构成的一种无形的"软环境"，是课堂教学活动赖以进行的心理基础，由班风、人际关系、课堂心理气氛等因素构成。良好积极的课堂教学心理环境，可以成为传授知识、培养情趣、启迪智慧、提高觉悟的催化剂。心理环境的营造，需要教师以自身的人格魅力感染学生，以倾听、接纳、欣赏的方式鼓励学生，以民主、和谐的作风组织教学。

三、课堂教学的基本环节

课堂教学是一个动态发展的过程，包含着一系列的具体步骤。课堂教学主要包括以下几个基本环节：课堂教学的准备、导入、展开以及效果评价。每一个环节都是相对独立的，发挥着各自的作用，同时各环节又是相互联系、相互衔接的。教者对课堂环节设计既要注重每个环节的组织，更要注意总体的构设。

（一）课堂教学的准备

"凡事预则立，不预则废"，作为课堂教学的第一环节，教学准备的是否精细充分直接影响到教师的教学效果和学生的学习效果。好有一比，如同领军打仗，必须"知己知彼，百战不殆"，"不打无准备之仗"、上好一节课如同打一场胜仗，备课就相当于战前准备。需要精细又精细，充分有充分，确保万无一失。教师要上好课，课前准备是前提条件和基本保障。在备课上花一分精力，在教学里就有一分效果。花气力研究备课，并不是搞形式主义，也不是做无用功，而是"磨刀不误砍柴工"，关乎结果，其重要性不言而喻。

1. 备课是实现课堂教学效果的有力保证

课堂教学活动的过程复杂而细致，要在有限时间内将大量有效的信息传递给学生，就必须事先进行周密的安排与计划。"台上十分钟，台下十年功"，有效的课前准备是必不可少的。做好课前准备工作，包括摸清学生的知识水平和学习习惯，吃透教材，还要考虑教学目的、原则和方法。备课时，教学过程要像电影情节一样在教师脑海中放映，应预设教学中可能出现的问题，加强课堂教学的计划性和预见性，进而真正发挥教师的主导作用，引导学生有效地进行学习，保质保量地完成教学任务。反之，没有准备的教学则会方阵大乱，消解课堂教学效果。

2. 备课是提高教师教学能力的主要途径

备课过程，就是把教师可能的教学能力上升为实际教学能力的过程。备课过程中，教师要结合大纲、教材的要求、学生的具体情况，提出每一单元、每一章节、每一节课的教学目标，确定重点难点，选择合适的教法等。备课过程中反映出来的教学能力，是实际运用教学原则、教学方法的综合能力，是综合教学活动各要素的具体情况选择最佳组合的能力。经常讲教给学生一杯水，教师要用一桶水，而且要把一桶水很好地浓缩成一杯水，就要调动大量知识储备，并要融入杯水之中，使教学内容具有含金量。在知识爆炸的今天，教师应紧跟时代的步伐，为学生提供新鲜的水，为自己源源不断地注入活水，力求"常备常新"、"常教常新"。教师在每次备课前根据以往的经验进行新的组合，有利于不断提升自身的教学能力，促进创新课堂的形成。

3. 备课是发展教师业务水平的重要环节

教师进行的劳动和创造好比一条大河，要靠许多溪流来滋养，教师的每一次备课都可以视为滋养"大河"的"溪流"。在一次次备课中，教师可以根据教学内容和学生实际，深入研习教学内容，探索运用教学理论，把捉教学工作的特点和规律，通过日积月累的学习，不断扩充知识储备，体会教学理论和教学方法的内涵，不断促进业务水平的全面提高。

（二）课堂教学的导入

课堂教学的导入，是指"已经上课，但还未正式进入新内容学习的教学阶段"。导入是课堂教学的起点，积极的思维活动是课堂教学成功的关键，而富有启发性的导入语可以激发学生的思维兴趣，所以教师上课伊始就应当注意通过导入语来激发学生的思维，以引起学生对新知识新内容的热烈探求。用简洁的语言或辅之动作拉开一堂课的序幕，随之进入课堂教学主体的过程。就像乐曲中的"引子"，戏剧中的"序幕"，起着酝酿情绪，激发兴趣，渗透主题，创设情景的作用，能有效地吸引学生，并引发学生对原有知识结构进行重新调度，以便适应学习新课的心理需要和认知需要，使其进入最佳学习状态，进而实现有效的教学。课堂教学的导入有以下几点功用。

1. 集中注意，激发兴趣

好的导课，如高手对弈，第一招就为全面胜利铺垫基础，有一石激起千层浪之妙；又如钢琴家演奏，弹出的第一个音符就悦耳动听，给人一种激情的艺术震撼力；也像表演艺术家的第一个亮相，先声夺人。因此，导课讲究第一锤就敲在学生的心上，像磁石一样吸引住学生，带进教学场，激发学生的求知欲，形成师生心理共鸣之境。

2. 开启思维，引发思考

课堂教学中，学生不应被动接受知识，而应积极进行思考，这样才能实现思维的发展。巧妙的课堂教学导入就像一颗火种，能够点燃学生思维的火花，引爆心理的灵感。

3. 画龙点睛，指明重点

每节课的重点不一定要在课堂教学活动正式展开后向学生指明，在课堂导入时也可以直接突破重点，起到"未成曲调先有情"的效果。如同新闻的"倒金字塔结构"，又如文章的"倒叙"，总之，只要运用得好，点睛之功，妙不可言。

4. 温故知新，过渡衔接

在课堂导入时，以复习旧知识为基础，将其发展、深化，引出新的学习内容，既能帮助学生巩固已学知识，又能为学生理清思路，引发探究新知识的思维。"温故"是手段，"知新"是目的，两者有机结合，才能实现新旧知识的衔接和过渡。

（三）课堂教学的展开

课堂教学的展开，即师生围绕教学目标展开实际的交互活动，是课堂教学最复杂、最关键的阶段，具体包括四个环节：感知新经验——理解新经验——巩固新经验——运用新经验。

1. 感知新经验

感知新经验，就是对教学内容进行初步的把握，使学生通过对新事物、新现象的感知，形成正确的表象和概念。课堂教学内容主要是通过书本知识呈现的，书本上的知识一般以抽象的理性知识为主，具体表现为概念、定理、公式、原理等。学生要掌握和理解理性知识，必须以一定的感性知识为支撑。教学中学生获得感性知识的途径有两种：一是直接感知，即通过观察、实验、实际操作等形式获得直接经验；二是间接感知，即学生通过教师的教具展示、语言描述，逐步由直观到概括。

2. 理解新经验

理解新经验，就是要掌握书本上的理性知识，将感性知识上升为理性知识，认识事物的本质与规律。这是整个课堂教学的中心环节。在这一阶段，教师要努力帮助学生将新经验与原有知识经验联系起来，并对新经验进行分析与综合、抽象与概括，厘清事物的结构、特性与功能等。这一环节是一个持续的深化过程，不是一蹴而就的。要逐步提高学生理解的丰富性、灵活性和深刻性，关键是使其维持积极的思维活动。所以，教师工作的重心应放在提示学生思路、引导学生探索、教给学生思维方法、培养学生思维能力等方面。最近，"要金课、不要水课"，频频出于教育部领导的口中。"水课"并不是老师"讲"的知识太少了，而是知识只流淌于老师的脑中、口中，没有流到学生的脑子中，没有达到理解，学生既学不会、也不想学。此外，教师还应注重学生观察力、记忆力和想象力的培养。

3. 巩固新经验

巩固新经验，是指学生把所学的新经验牢固地保存在记忆中。书本知识、间接经验较之直接经验更容易遗忘，学生只有及时巩固新获得的经验，才能为后续学习打下坚实基础，才能将经验运用于实践中。在这一阶段，教师在向学生提出记忆要求的同时，应注意帮助学生掌握记忆的方法和策略。如利用系统结构图、网络关系图、列提纲、画流程图等方法整合新经验的结构，帮助学生认识和掌握记忆的规律。另外，教师还可以布置练习和复习任务，帮助学生巩固新经验。

4. 运用新经验

运用新经验，就是将所学知识运用于实践。对新经验的运用有利于加深学生对书本知识的理解，将知化为行，将间接知识变为直接经验。有利于培养学生分析问题和解决问题的能力，有利于提高学生的创造力。在这一阶段，课堂教学中，教师可以引导学生通过练习、作业、实验等形式对新经验进行运用。这是知行重要的转换阶段，布置的作业练习、思考题需要精心设计，要扣住知识点，要灵活多样，适当陌生化，避免简单机械的重复，以保证学生的热情和积极性，发挥练习作业在运用新经验、培养创造力等方面的积极作用。

以上课堂教学基本环节虽有序次，但其展开往往是交织进行的，而且可能有不同的先后顺序和不同的组合方式。比如，学生可能从对新经验的感知开始，逐步获得新理解、巩固新知识、应用新知识；也可能在学习的开始就遇到一个需要解决的实际问题，在调动、运用原有知识经验解决该问题的过程中，学习者需要寻找有关的新信息，进行各种推理活动，逐步发现、建构新的知识。

（四）课堂教学的效果评价

课堂教学效果评价，是按照一定的课程理念和教学目标对教学过程及其结果进行综合、全面、客观的价值判断的过程，是课堂教学的重要环节，科学的评价体系是实现教学目标的重要保障。

首先，有效的教学效果评价，可以使学生在教学过程中不断体验进步与成功，认识自我，建立自信，促进学生提高学习能力，掌握所学内容；其次，有效的教学效果评价，可以使教师及时获得课堂教学的反馈信息，对自己的教学行为进行反思和调整，促进教师提高教学水平；最后，有效的教学效果评价，可以使学校及时了解课程标准执行情况，改进教学管理，促进课程的不断发展和完善。

课堂教学的基本环节，反映了课堂教学在时间上的连续性。各环节既构成了一个有机联系的整体，同时又有其独立的地位和独特的作用。实际操作中，这些环节并不是一成不变的，应该灵活运用，有时可以省略某一个或某几个环节，有时各环节之间的顺序也可以调换。需要注意的是，当然，这种省略，只能是形式上的省略，所省略环节的作用是不可忽视、不能省略的。例如，如果学生的身心状态已经调整好，达到了良好的听课状态，课前调整学生的身心状态这个环节就可以省略，但学生轻松愉快、精力集中的学习状态的作用是不能忽略的。

第二节 课堂教学环境的创设

课堂教学环境是构成课堂教学的基本要素之一，是教学的客观条件。课堂教学的有效性依赖于一定的教学环境。积极的教学环境有利于促使学生激发兴趣和求知欲、集中精力和注意力，从而提高课堂学习的效率。

一、课堂教学物理环境的创设

教学环境是一个由多种不同要素构成的复杂系统，广义的教学环境是指影响学校教学活动的全部条件（包括物质的和精神的），它可以是物理环境和心理环境。而这两类环境又可作为相对独立的子系统存在，并具有各自不同的构成要素。教学物理环境是教学环境的重要组成部分，是物质基础，对课堂教学具有十分重要的意义。

（一）课堂教学物理环境概述

1. 课堂教学环境的概念

课堂教学环境是课堂教学不可或缺的组成部分，这一领域有许多相关的概念，如学习环境、课堂环境、教学环境、物理环境、心理环境、心理氛围等，在理论上澄清这些概念之间的层级关系和种类归属，对于实践中创设良好的教学环境是十分必要的。根据已有相关研究结果，可以得知，一是可以把课堂环境理解为影响教学活动的开展、质量和效果，并存在于课堂教学过程中的各种物理的、社会的、心理的因素总和。二是就影响学生学习的学校内部因素而言，可以把课堂环境看作是课堂中的物理因素和社会心理因素，而"学习环境"则包括了课堂环境和学校内除课堂环境以外的其他环境要素。"教学环境"基本上可以等同于"课堂环境"，但具体针对其对教或学的影响来说，则它们的构成是不完全一样的。"课堂气氛"、"课堂氛围"、"课堂心理环境"可以作为"课堂环境"或"教学环境"的下位概念来理解。"教育环境"则是一个更上位的概念，它应包括学习环境和课堂环境。

按概念的层次结构，可以表示为：课堂气氛（氛围）、课堂心理环境——课堂环境、教学环境——学习环境——教育环境。这是一个由低到高，从具体到抽象的概念系列。

由于社会因素与心理因素在很大程度上相互融合，因此我们认为课堂环境主要包含物理环境和心理环境，而不把社会因素作为其中的独立部分。本书中课堂教学环境基本等同于课堂环境、教学环境。

2. 课堂教学物理环境及其构成要素

教学物理环境是指教学赖以进行的物质基础和物理条件所构成的整体，是教学活动的物质基础，主要包括教学的自然环境、设施环境和时空环境等。其构成要素主要有：

（1）教学的自然环境

包括学校的地理环境、校园环境、教室的位置、教室的格局、教室的室内布置。心理学研究表明，教室的室内布置，包括教室的色彩、光线、温度等通过作用于师生的感官，影响教学参与者的心理状态，从而对课堂教学产生潜移默化的影响。

（2）教学设施

包括教学活动所必需的一些基本用具，如桌椅、实验仪器、图书资料、体育器材和各种电教手段等。教学设施的数量直接影响到教学活动中学生的参与程度，教学设施的质量更是关乎能否满足教学活动的实用性。良好的教学设施为教学活动提供基本的物质条件和保障。

（3）教学的时空环境

包括教学时间的安排、班级规模、座位编排方式等。班级规模与班内学生人数，与教室的空间密度紧密相关。班级规模不仅影响到师生的共同心理感受，过分拥挤的教室易使学生和教师产生不良反应，如烦躁不安、好斗、富有攻击性、压抑和无助感等，而且还影响到学生参与课堂教学活动的机会。

座位编排方式，主要指教室内桌椅的排列形式。常见的有横排式（秧田式）、马蹄形、小组式、对列式等。座位的编排，通过桌椅的不同排列，把教室分成了不同的学习活动区域，这些不同的排列方式也就具有了不同的空间特点和功能，它可能影响到师生交往和人际关系的建立，影响到学生的学习动机、态度、课堂行为和学习成绩等。

一般来说，坐在前排和中间的学生最易被教师所控制，其课堂行为更容易呈积极态势；而坐在后排的学生容易觉得被教师所忽视，或者放松要求和约束，以为教师不会注意自己而出现消极行为，或者唯恐教师不注意自己，以产生过分行为引起教师的注意。

（二）课堂教学物理环境的功能

良好的教学物理环境对于积极教学心理环境的营造，多样灵活化的教学方法和教学手段的应用，综合个性化的教学组织形式的选择，良好师生关系的建立，以及学生的全面成长等，都具有十分重要的推动和促进作用。其中，教学物理环境对于教学心理环境、师生关系，以及学生成长的影响尤为显著。良好教学环境不仅能够减少学生分心，把拥挤降到最低程度，而且能增进学生的安全感、改善他们的舒适度、激发其学习兴趣。

1. 保障安全，增强心理安全感

一般情况下，学校均能为学生身体安全提供适宜环境，但较少考虑这种环境是否有利于学生的心理安全，因而，在一定程度上影响了学生的学习。在这里，心理安全是指学生认为学校是个舒服的好地方和好去处的观点和态度。

按照心理学揭示的规律，可以有很多方法营造这种束缚感。如柔和色彩的融入，让教室变得更加"柔和"，呈现出暖色调、明快的风格以及多样的质地，比如木质等，对于创造安全舒适的教学环境有所帮助；通过合理安排教室的空间，尽量减少对学生的干扰，可增强学生的心理安全感。因为在拥挤的环境里，学生无法集中精神和注意力听从教师的指导和组织教学，同时也易于造成学生心理状态的压抑，表现得烦躁不安或情绪低落、缺乏自我控制或囿于自己的心理世界等。此外，积极明快的教室格局以及室内布置，特别是学生作品的展示，班级的座右铭等励志标语，有利于增强学生积极的情绪情感体验。

2. 促进师生之间、学生之间的交流

教学是教与学双向的活动，师生之间的关系调适，亲和交流十分重要。中学新课改强调，学习应是"自主、合作、探究"式的学习，大学也强调翻转课堂，即强调对学生主体地位的尊重、自主性的发挥，强调学生合作能力的培养，强调学生发现问题、分析问题、解决问题意识的培养与探究能力的锻炼。这就要求课堂教学的方方面面与之相呼应、相适应。良好的教学物理环境，应该通过教室结构的合理布局，图书资料、课桌椅等教学设施的灵活布置等，充分体现以学生为本的教学理念和价值取向，努力为师生之间的交流、学生之间的合作提供良好的互动平台。

3. 促进学生的认知学习行为的发生、发展

研究证明，智力活动的顺畅展开，需要适当的物理环境作为保障，如光线强度、环境温度以及颜色等。如果环境光线过强，会使人感到烦躁，甚至头晕；光线过弱，则不能引起大脑足够兴奋，从而影响智力活动的正常进行。教室内过强或闪烁频率过度的光线，会对学生大脑的发育造成极大的危害，可能使学生头痛恶心，甚至产生幻觉。

温度也许在适宜范围内为佳，研究证明，适宜学生智力活动的教室温度是 20℃—25℃，每超过 1℃，学生的学习能力相应降低 2%，教室内气温超过 30℃，学生大脑的消耗会明显增加，智力活动水平和活动持续时间会大大降低和减少。反之亦然。因此，保持用脑环境的适宜温度，有助于提高大脑处理信息和解决问题的能力。

由此可见，课堂教学物理环境直接或间接地影响到学生认知学习行为的发生和发展。通过各方面条件的改善与提高，创设良好的课堂教学物理环境，有利于促进学生的认知活动，使其智力活动水平提高、活动持续时间延长，从而促进学生的成长和发展。

（三）创建良好课堂教学物理环境的基本原则

1. 以学生的全面成长与发展为根本出发点

学校是学生学习知识、掌握知识的地方，学校更是学生成长与发展的地方，而学生的成长与发展不仅仅是知识的增长，更重要的是心理的健康成长、人格的健全发展，以及学习能力、思考能力、适应能力、独立行事能力、合作能力等诸多方面综合素质的逐步提高。

2. 以为课堂教学服务为原则

课堂教学物理环境是教学赖以进行的物质基础和物理条件，其存在的根本意义和根本指向在于为课堂教学服务，它是课堂教学的支持系统。因而，学校的自然环境条件、教室的位置、教室内部结构的格局、座位的编排方式、教室设备的配备等都是为特定的有目的的课堂教学服务的，以有效实现课堂教学目标为根本的追求取向。当然，物理环境的创设要把握好"度"，要注意避免在创造良好课堂教学物质环境的过程中"形象工程"、"华而不实"、"喧

宾夺主"等问题的出现。

3. 以体现个性化的学校教育理念为原则

努力培育和打造独特的学校文化，形成学校自身个性化的教育教学理念，是所有学校共同的心愿和理想，而学校文化与教育教学理念最直接的体现就在于学校物质环境的创设和物理环境的营造。

学校文化体现了一所学校的精神要旨，它体现于学校的方方面面，也影响着学校师生的共同行为表现和基本的运行管理行为模式。显而易见，包括课堂教学物理环境在内的校园环境是学校文化的最明显表征所在，也是学校文化重要的有机构成部分。从微观上讲，课堂教学物理环境直接影响到学生学习的质量和效果，从宏观上讲，会间接影响到整体校园精神气质的养成。

二、课堂教学心理环境的营造

课堂作为一个系统，教师、学生和环境之间相互作用、相互影响，促进了它的不断生成与变化。教师和学生作为一个个的个体，在参与教学活动的过程中具有鲜明而独特的思想和情感，师生通过动态的对话、沟通与交流，构成了丰富多彩的课堂。因此，营造良好、适切的课堂教学心理环境，对提高教学质量至关重要。

（一）课堂教学心理环境概述

课堂教学的构成因素众多并且错综复杂，教师、学生、教学目标、课程、教学方法、班级结构，以及彼此间的互动关系等，都会影响到课堂教学心理环境。一个班级就是一个团体，学习、生活在这个团体中的学生不可避免地会相互影响，同时也受到团体的影响，教师自身的一些因素包括观念意识、行为、教学风格等也会与之相互作用，这种交互影响塑造了个人的态度、期望、价值及行为，从而表现在课堂教学的各种活动中，久而久之，就形成一种独特的课堂教学心理环境，影响着每一个成员的观念和行为方式。这种课堂上所有成员共同的、稳定的心理特质或倾向，就叫做课堂教学心理环境。

课堂教学心理环境主要包括两方面：一是学生的心理特质，即情绪、情感状态，与教师的距离感、悦纳感、安全感；二是教师表现出来的情绪、情感状态，对于教学活动的主导、控制欲，对学生整体的控制欲，对不同学生的差异取向。这些心理状态外显为学生参与教学活动的活跃程度，教师对教学活动、学生行为的积极反馈程度，以及师生之间的互动状态、和谐程度，等等。

由此可见，课堂教学心理环境作为一个情感区域，既包括学生的心理状态，也包括教师的心理状态，它的形成是教师和学生相互影响的结果。

研究表明，课堂心理环境愉悦与否对学生的学习效果会产生较大影响，并且反馈给教师，反过来会影响到教师的心理态度和教学行为。良好的教学心理环境，对于实现教学目标，形成良好的师生关系，提高学生学习效率和学习动机，增强学生学习动力等，具有重要的推动作用。那么，什么是良好的教学心理环境呢？

（二）积极课堂教学心理环境的外在特征及其功能

根据不同教学心理环境外显的教师与学生的心理趋向和行为模式，以及师生互动的状态、和谐程度等，大致可以将教学心理环境划分为三种基本类型：积极的、消极的、对抗的。三种不同心理环境具有不同的特征，对教学组织、教学管理、教学效果具有不同的作用和影响。

消极的教学心理环境的外在特征通常表现为：学生紧张拘谨、心不在焉、反应迟钝，对教师的教学活动被动服从或无视排斥；教师缺乏对学生行为的积极回应；师生之间缺乏积极的、有效的互动，学生与教师处于分离、割裂的状态。

对抗的教学心理环境的外在特征通常表现为：失控的课堂教学氛围，学生过度兴奋、各行其是、随便插嘴、故意捣乱，注意力完全从学习内容上转移，课堂教学转变为维持秩序；教师对学生行为缺乏有效控制和调节；师生的互动失调。

积极的教学心理环境的外在特征及其功能表现在以下几个方面：

1. 安全性

安全性是积极的教学心理环境的首要特征，是指课堂氛围的宽松、和谐、民主。在这种心理环境中，学生的人格、情感、需求都得到了充分的尊重，可以畅所欲言而不会产生过敏性焦虑；可以提出奇思异想而不必担心被人讥笑；可以质疑权威而不用畏惧压力；师生在人格平等的立场上，为实现共同的目标而努力。

心理学认为，一方面，只有在安全、宽松的心理氛围中，个体才能突破各种僵化的、被认为必须遵守的心理和行为取向，学生的潜能才能得到发挥，学生的智慧才能得到开发，才能真正满足学生心理自由与心理安全的需要；另一方面，安全的教学心理环境对学生非智力因素的健康发展有积极意义，如人生抱负的确立、自信心的养成、学习动机的激励、积极向上人格特征的形成，都离不开这一前提。它不仅使教学效果得到明显改善，更会使学生形成健康的学习心态，达到成长性学习、发展性学习的目的。

2. 自主性

自主性是指教学过程中教师发挥主导作用，学生处于主体地位，学生在拥有心理安全感的基础上获得一定的自主空间。从学生的角度看，这体现为自主人格带来的自主学习意识、自主学习动机以及自主学习行为的实现，学习过程是在已有能力和水平基础之上的、适合自身需要的、能够把握和理解的课堂教学情境之中的。这种心理环境提供了师生之间积极交流的机会，以及良好、畅通的课堂交往气氛，缩短了学生与教师的心理距离，在一定程度上促使学生更加乐学，也为教师真正发挥主导作用，启发、引导、鼓励学生的创造性思维，培养学生的创造性能力提供了可能性。

3. 互动性

互动性是体现新型教与学关系的典型特征，按照哈贝马斯的交往行为理论，课堂教学也是一种交往，是一种教与学的相互作用，亦即课堂教学中信息、情感的交流与相互作用。它既包括师生之间的互动，也包括学生之间的互动；既包括有形知识信息的交流，也包括无形情感态度的交流。知识信息的交流与互动，充分体现了"教学相长"，教师可以及时了解学生对教学内容的理解程度、掌握情况等，为调整教学策略、教学速度和教学方法提供事实依据。情感态度的交流与互动，加深了教师与学生的情感体验，增加了心灵的沟通，从而使学生因"爱其人，而信其言"；因增进了解而减少对抗；因自尊需求满足而降低过敏性焦虑；因情感健康发展而强化成就动机强化，最终形成自尊、自信、健康、乐观的学习心态。

4. 合作性

合作性是班级授课情况下群体活动的重要特征，指班级成员间协作、共享、相互支持的心理气氛。在这种气氛中，学生可获得积极的相互依赖，包括学习目标、学习任务、学习资源、心理角色、奖励给予的相互依赖等。同学间的互教互学、信息交流、相互评价、成果共享，不仅激发了学生的认知潜能，获得了丰富的知识，更使他们体验到被他人接受、信任和认同的积极情感，从而为学生自我意识的发展、交往能力的培养、社会化程度的提高提供了充分条件。

实验表明，在合作性课堂学习环境中，课程知识增加，资源调配更趋合理，相互的学习与支持增多，可见合作性环境对学生认知加工、思维深化有着积极意义。但是，合作并非依赖，亦不排除竞争，更强调以群体为单位的竞争或"合作式竞争"，以达到相依共存、相得益彰的目的。

5. 平等性

与合作性相关，平等性是体现积极教学心理环境下师生交往方式的显著特征，是指在课堂教学活动中，教师与学生在人格、地位上是平等的。哈贝玛斯的"对话"理论就是强调以平等对话加强人与人之间的沟通，在真实真诚、相互理解的基础上达成共识。课堂教学中的师生交往方式，取决于三种不同水平的师生关系状况，即服从、认同和同化。在服从水平的师生关系中，教师借助于学校的规章制度，让学生无条件地服从他们的安排，学生完全听从教师的指导与教育，多数情况下，教师的权威是不容挑战的，教师的灌输与学生的被动接受是必然的产物；在认同水平的师生关系中，教师凭借自身的学识和人格赢得学生的认可与尊重；在同化水平的师生关系中，教师与学生形成平等的相互关系，教师鼓励学生向书本挑战、向教材挑战、向教师挑战，因而形成了平等对话、民主协商的师生关系，学生的自主性意识和创造性思维的发展获得了可能性。积极的教学心理环境，促使师生关系向着认同与同化的水平发展；而师生关系的发展与成熟，同样促使教学心理环境更加积极、稳定与成熟，相得益彰，实现双赢。

6.创造性

创造性是积极的课堂教学心理环境的重要特征，是指包容、启迪、鼓励、支持课堂活动参与者敢于大胆想象、推理、判断、勇于表达的活跃开放的课堂氛围。创造性课堂教学心理环境的形成，依赖于学生的心理安全感和心理自由感，随着学生的创造性思维的发展、教学创造性氛围的成熟，它也会反作用于学生的心理安全感和心理自由感，从而促使教学心理环境更加稳定、成熟。创造性的课堂教学氛围包括鼓励、肯定、积极评价、发散性思维、有意识地组织创造性活动、激励创造的兴趣与习惯等。对于学生而言，这种引导、激励创新的课堂气氛，不仅有助于学生树立敢于创新的意识，更提高了其有效创新的能力；不仅可以帮助他们"用自己的眼睛看世界"，更有助于学生直面权威，增生自信，焕发精神，勇敢超越。

（三）积极课堂教学心理环境的营造

影响教学心理环境的因素众多，包括教学目标、教学内容、教学方法、教学组织形式、教学评价，教师自身的因素、学生自身的因素以及师生之间的互动等等。其中，教学目标、教学内容、教学方法、教学组织形式和教学评价，作为教学活动的主要构成要素，是营造积极教学心理环境的前提和基础，需要认真探究。

1.营造积极课堂教学心理环境的基本原则

（1）建立正确的教师价值观，转变教师教育思想观念与态度

在教师行为系统中，价值观起着导引方向、规范路线作用，十分重要。

作为教师，必须具有现代教育观、学生观和教育质量观，密切与学生的联系，引导学生的自我发展。营造良好的教学心理环境，教师必须树立平等意识、学生主体地位意识、促进学生发展的意识。只有不断提高自身的职业素养，建立正确的教师价值观，转变教师教育思想观念与态度，才能够形成良性的师生互动，营造健康、积极的教学心理环境。

（2）转变教师课堂教学行为，重塑教师课堂教学风格

转变传统教师课堂行为，改变一言堂、独角戏，逐渐形成民主、谦和、尊重、理解、宽容、支持的教师行为模式，重塑教师课堂教学风格，是营造积极教学心理环境的关键。翻转课堂是这方面的大胆探索。翻转课堂亦作"颠倒课堂"，是指重新调整课堂内外的时间，将学习的决定权从教师转移给学生。在这种教学模式下，课堂内的宝贵时间，学生能够更专注于主动的基于项目的学习，共同研究解决本地化或全球化的挑战以及其他现实世界面临的问题，从而获得更深层次的理解。教师不再占用课堂的时间来讲授信息，这些信息需要学生在课前完成自主学习，他们可以看视频讲座、听播客、阅读功能增强的电子书，还能在网络上与别的同学讨论，能在任何时候去查阅需要的材料。教师也能有更多的时间与每个人交流。在课后，学生自主规划学习内容、学习节奏、风格和呈现知识的方式，教师则采用讲授法和协作法来满足学生的需要和促成他们的个性化学习，其目标是为了让学生通过实践获得更真实的学习。翻转课堂模式是大教育运动的一部分，它与混合式学习、探究性学习、其他教学方法和工具在含义上有所重叠，都是为了让学习更加灵活、主动，让学生的参与度更强。由此将引发教师角色、课程模式、管理模式等一系列变革。首当其冲的就是将教师的领导类型转变为民主型。

一般而言，教师的领导方式有四种类型：强硬专断型、仁慈专断型、放任自流型和民主型。民主型教师领导方式的特征为：教师和集体共同制订计划和做出决定；在不损害集体的情况下，教师很乐意给个别学生以帮助和指导；尽可能鼓励集体的活动，给予客观的表扬与批评。学生对此类型领导的典型反应是：喜欢学习；喜欢同别人尤其喜欢同教师一道工作；学生工作的质和量都很高；学生互相鼓励，而且独自承担某些责任；不论教师在不在课堂，需要去维持良好学习行为的问题较少。形成民主型的领导方式与风格，不仅是营造积极教学心理环境的基本原则，也是促进教育教学整体发展的关键之点。

2. 积极课堂教学心理环境的营造策略

积极课堂教学心理环境的营造策略很多，而且运用之妙存乎于心，但大致原则仍然存在。

一是建立恰当、积极的教师期望。教师期望对学生发展具有重要作用，在某种程度上，教师期望往往决定学生的自我期望，影响学生的学习努力程度。因而，恰当、积极的教师期望就切为重要。

二是加强师生之间的非语言交流。课堂中学生情绪的调动、学习积极性的激发和维持，很大程度上依赖于教师与学生之间的非语言交流，教师要善于运用非语言沟通方式营造教学心理环境。课堂中，教师亲切、真诚、自然的表情，不仅有利于消除学生的紧张心理和对立情绪，而且会使学生感受到教师的关怀与爱护，并从内心萌发和增强对教师的尊敬与信赖，增强对教师的心理安全感和悦纳感。教师良好、积极的情绪，不仅使学生对教学活动态度积极，而且有利于调动学生的情绪。

三是给予学生自主学习的空间和自由，鼓励学生自信、自强。学生自主学习意识、自主学习动机、自主学习行为以及创造性能力的培养，都依赖于学生的自主学习空间、自由以及自信、自强的心理品质。

四是重视"鲇鱼效应"，调动学生学习的积极性和主动性。在群体心理学中，人们把个别充满活力并具有竞争力的人加入群体中，从而使群体内部发生紧张，情性加以改变，使整个群体充满活力的现象，称为"鲇鱼效应"。教师要善于发现、培养、利用这样活跃的"鲇鱼"，带动全班学生，活跃课堂气氛，点化激情的爆点，形成探索的风口。

最后是及时给予学生有效的反馈。及时反馈，不仅包括有形的知识信息反馈，而且包括师生之间的情感交流与反馈，这不仅是教师及时了解学生学习状态的一个重要途径，更重要的是它体现了教师对学生的关注和关心。让学生感觉到教师的关注与重视，对于维护学生的学习积极性、保持课堂互动的顺利进行以及良性师生关系的形成具有重要作用。

积极课堂教学心理环境的营造策略需要注意的问题是关注学习困难学生和避免对学生进行心理惩罚。教学心理环境是由教师和学生共同创造的，积极教学心理环境的营造，不仅取决于教师的教学水平，在很大程度上也取决于学生对教师的认可和态度，尤其是学习困难学生的态度。因此，作为一名合格的教师，必须给学生足够的关注和期望，并相信这些学生也有较大的发展潜能，从正面去提引鼓励。罗森塔尔效应表明，教师的期望与关注能引起学生心理环境的积极变化，进而促进学业成绩的提高。其次，避免对学生进行心理惩罚。所谓心理惩罚，主要是指教师运用语言或非言语行为有意给学生施加心理压力，导致学生心理伤害或心理严重压抑，并以此作为惩罚的一种教育方式。课堂教学中，经常以言语形式对学生言行举止进行消极强化的心理惩罚，使学生在心理上产生紧张、焦虑、恐惧等情感，会伤害学生的心理。教师有意或无意的非言语行为，或许一个眼神、一个动作，都有可能造成一种变相的心理惩罚，从而导致课堂教学氛围紧张、压抑、师生关系僵化。因此，教师要注意避免对学生进行心理惩罚。

三、教学手段的选择

教育目的和教学目标的实现，一定程度上取决于教学手段的选择和运用是否恰当。尤其在当今信息化社会中，教学手段是否先进已成为决定教学水平的重要因素。一名合格的教师，必须掌握各种教学手段并熟练、恰当地运用于教学之中。认识教学手段的重要性、必要性，明乎教学手段的功用与方法，正确掌握和使用教学手段是课堂教学有效管理的重要任务之一。

（一）教学手段的概念

教学手段介于教师和学生之间，是二者的中介和桥梁，相对于教学的其他构成要素而言，其基本概念的范畴具有一定的界限模糊性，尤其是随着现代信息技术的迅速发展和多媒体网络技术的广泛应用，"教学媒体"与"教学手段"在一定程度上有融合之势，"教学媒体"日益成为理论和实践中的显性研究领域，很多时候这两个概念几乎可以相互替代。

教育界通常把教学手段看成物质设备因素，认为一切可供使用的教学设备与材料就是教学手段。可以理解为教师教学互相传递信息的工具、媒体或设备，包括教师用的粉笔、黑板、图片、模型、标本、教杆等传统的物化工具，以及幻灯、CAI课件、计算机、投影仪、屏幕等各种现代的物化工具。它们是用来传递教学信息的，其使用者是教师和学生，它们介于教师和学生之间，起着中介和桥梁的作用。

如上理解，突出的是手段中物化的工具、设备因素，忽略了教学手段与教学的其他构成因素之间的联结，比如教学手段与教学目的的联结，即教学手段对教学目的的指向，教学手段与其使用者——教师的联结，即教师对教学手段的把握，等等，导致教学中注重形式、表面化的教学手段的滥用，教学重心错位，呈现多样化教学手段成为追求目标，而真正的教学目的被忽视。因此，对这一概念的把握和理解，需要有准确的定位：第一，教学手段是辅助教学的物化和心因手段的综合。第二，教学手段服务于教学目的，但其本身并非教学目的。任何教学媒体都只是通向教学目的的手段，运用多种媒体进行教学只是一种手段，是为了突出重点、突破难点、顺利实现教学目标、达到教学目的。第三，教学手段的运用讲求适用而非猎奇。使用多种手段教学，不是为了追求形式的独特，而在于适用，是为了提高教学效果，否则只能喧宾夺主，适得其反。

（二）教学手段的分类

人们从不同角度将教学手段划分为不同的类型，其特性和功能也有所差别。

1. 根据教学手段的发展历史划分

教学手段是随着人类教学活动的发展而发展的。根据教学活动发展的历程，可以将教学手段划分为：原始教学手段、古代教学手段和现代教学手段。

原始教学手段的主要表现形式是：语言、人类肢体和实物。在语言产生之前，人类的教学主要通过身体动作示范和实物展示来完成；原始社会末期语言产生之后，口头语言成为传递教学信息的重要教学手段。

古代教学手段内容较为丰富，出现了延续至今的文字书籍，以及多样的各类实物器具，如用于音乐、射箭等的器具。与原始的口头语言相比，以文字书籍的形式承载和传递信息，更易于保存、携带、传递，也更具有抽象的特点，使教学活动脱离了时间和空间的限制，促进了教育教学活动的发展。

现代教学手段借助工业革命成果，种类繁多，不断优化更新，不同时期具有不同的主导教学手段。20世纪90年代以来，计算机技术日新月异，网络技术飞速发展，拓宽了教学手段的范围，提升了教学手段的水平，使传统教学的面貌焕然一新。同时，随着自身发展水平的提高，其地位得到迅速提升，在教学中扮演着举足轻重的角色。

2. 根据教学手段依据的载体划分

根据教学手段依据的载体进行划分，可以分为以人为主要载体和以物为主要载体的教学手段。

以人为主要载体的教学手段，主要是指教师借助身体器官所采用的教学手段，包括听、说、模拟、指导、指令等，是传递教学信息最基本的途径和方法，也是与人类早期教育活动相伴而生的一类教学手段。听的教学手段，是指教师倾听来自学生个体或集体的声音，并从中了解学生的表现和心态，获悉学生的疑问和要求，据此调整教学活动；说的教学手段，是指教师为了实现教学目标，面向学生个体或集体进行讲解、提问、答疑、评价等活动；模拟的教学手段，是指教师针对特定的教学内容采用拟声和拟形的方式，将抽象的内容形象直观化、具体化，从而准确地表达和传递教学信息；要求的手段，是指教师对学生所提出的指令和指点。

以物为主要载体的教学手段是指教师必须借助媒体或设备才可采用的手段，它以人为载体的教学手段为基础。主要包括说、读、写、演示、展示、实验等教学实践中涉及的各种图片、实物、标本、模型、幻灯片、投影仪、大屏幕等工具、媒体和设备。

3. 根据教学手段作用的感官划分

根据这一分类标准,教学手段可分为:视觉手段、听觉手段、视听手段和综合操作手段。

(1)视觉手段

视觉手段是教师所采用的通过作用于学生的视觉来传递教学信息和教学内容的教学手段,包括印刷文字材料:图片、模型和实物、幻灯和投影、教师的表情和肢体动作等。其一,印刷文字材料。通过文字符号提供教学信息的教学媒体,最常用最普通,包括教科书、教学大纲、讲义、练习册等文字材料。印刷文字材料具有独特的、不可替代的特点和优势,承载大量的系统知识,便于教师讲解和参考,便于学生记忆,携带方便、易于批量生产。但是,由于文字符号本身的抽象性,印刷文字材料不易于激发学生的学习兴趣,在培养学生技能方面较为薄弱。其二,图片。是教师为了更加直观形象地展示、讲解教学信息采用的挂图、图解、图表和照片等。根据人类思维发展规律可知,形象思维扮演着重要角色,图片作为一种形象、直观、生动的教学手段,可有效弥补文字资料的不足,帮助学生理解和记忆所学知识。其三,模型和实物。一种是经过加工处理可长期保存并使用的实物,即标本;另一种是自然状态下的实物。使用模型和实物,可以化生疏为熟悉、化抽象为具体,使学生直观地感受到物体的特征和属性。其四,幻灯。是一种非常普及的现代化静止视觉手段,其功能是提供大量色彩鲜明、真实生动的视觉形象,充分表现实物细部,有利于加深学生的印象;能与传统教学方法相结合,根据教学需要对讲解速度进行切合学生能力水平的控制,使教学方式更加丰富,也有利于学生根据需要反复学习。其五,投影。这是当今学校教育中应用最为广泛的现代化教学手段,也是目前最具先进性的手段,广泛应用于各级各类学校各个学段的各门学科之中。投影给教学带来了便利:方便大规模班级教学,方便结合传统教学手段使学生加深理解,可以给学生提供直观的视觉形象,清晰展示相关内容的内在结构和过程,使教学过程更加便捷。

(2)听觉手段

听觉手段是指教师采用的通过作用于学生听觉来传递教学信息和教学内容的教学手段,包括教师的语言、录音机、音响等。录音机、音响等设备可以协助教师有效地组织课堂教学,提高课堂教学效果,调动学生的注意力,激发学生的学习兴趣。一般而言,语言类课堂教学利用录音机、音响等设备,可有效训练学生的听力,提高学生的口语水平。

（3）视听手段

视听手段是指教师所采用的作用于学生视觉和听觉来传递教学信息的教学手段，包括各种视频、电影、录像等。作为一种辅助性教学手段，它能给学习者更加真切和美的感受，能以情动人，增强教学效果，但相对而言可操作性不是很强。

（4）综合操作教学手段

综合操作教学手段是指教学过程中不仅能够提供视听刺激，还可以让学习者根据需要参与操作实践的教学手段。计算机是当前主要的综合操作教学手段，作为一种新型的教学手段，它主要应用于两个方面，即计算机管理教学和计算机辅助教学。计算机辅助教学，是由教师、计算机和学生三方面构成的人机对话形式的自动教学，教师的主要任务是设计计算机课件，让学生通过计算机运行课件而展开学习。它给学习者提供了自主选择学习内容和自己控制学习速度的机会，有利于因材施教，同时也方便学习者利用存储的丰富资源信息反复练习。

（三）制约教学手段选择的因素

1. 教师因素

教师作为教学手段选择的主体，其对各种教学手段的了解和熟悉程度，直接影响着教学手段的选择和使用，同时，教师的专业素质、教学能力、接纳新事物的能力以及应用各种教学手段的经验等，也制约着教学手段的选择和使用。现代学校中，随着计算机网络技术和媒体技术的迅速发展，利用计算机、投影仪、大屏幕等制作教学课件已成为普遍的教学手段。然而，仍有相当数量的教师缺乏对现代化的教学手段的掌握，甚至有人观念陈旧，固执地对传统的黑板、粉笔等情有独钟，正如分明有了收割机，而这些人还执着使用剪子镰刀一样，这些因素往往对更新教学手段产生消极影响。

2. 学生因素

任何教学手段的选择和运用都以实现教学目标为最终目的，以所有学生更好地参与教学活动为根本宗旨，学生群体的因素制约着教学手段的选择和使用，主要包括：学生的数量、年龄特征、兴趣爱好、学习经验、学习能力等。教师应根据具体的学生状况，积极使用现代教学手段，更多采用形象、生动的计算机课件来展现丰富的教学情景，以收到理想的教学效果。

3. 教学目标

教学手段是为教学目标服务的，不同的教学目标对教学手段有不同的要求，脱离了教学目标和教学任务的实际需要，不但不能发挥教学手段的积极作用，甚至会适得其反。教学目标划分为知识与技能、过程与方法、情感态度价值观三个维度，如果教学的主要目标是使学生系统掌握基本概念、基本原理和基本理论，那么采用系统的语言讲授是恰当的；如果主要目标是培养学生的积极情感、态度与价值观，就需大量的教学手段调用，枯燥的照本宣科只能招致学生的反感，远离所定的教学目标。

4.课程内容

内容与形式是极为紧密的辩证关系，内容与形式相互制约影响，内容与形式统一，相得益彰。不同的课程内容具有不同的特点，要求不同的教学手段与之对应。不同的学科具有不同的课程内容，也就要求有不同的教学手段与之适应，如理工科等探究自然现象本质的学科，利用各种教学仪器、设备进行实验是不可避免的，而且也是必需的，而语文素养的培养则需要丰富的文学书籍等。在学科内部，不同的教学内容也要求采用不同的教学手段，如英语听、说、读、写能力的培养，对文字书籍，录音机、计算机语音教室等教学手段的要求就是不同的。

5.教学手段的资源、环境和时间因素

资源因素是制约教学手段选择的基础因素，决定了某种教学手段能否以及在什么水平上被采用，它与当地的经济发展状况有直接的联系。如在我国欠发达的西部地区，教学物质手段、师资队伍等资源因素的较匮乏，成为制约教育发展的瓶颈。环境因素，尤其是课堂教学物理环境因素，如教室的内部格局、教室的自然条件（光线、通风等）、教学设施的配备等，都直接影响着教学手段的选择和使用。时间也是影响教学手段选择的重要因素，主要指教师被允许支配的设计、准备教学活动、选择制作和应用教学手段的时间。

（四）选择教学手段的根本原则

教学手段类型繁多，具有不同的特点、优势、适用条件，因而，教师应结合各种教学手段的特点、优势，结合教学内容、教学目标，选择和使用适合学生的教学手段。

1.促进学生全面发展原则

学生的全面发展是教育教学的最终目的，是教学活动的一切构成要素存在的根本意义和价值所在，使用教学手段的根本目的是服务于教学活动，促进学生的全面发展。因此，必须根据教学目的的需要，以学生的身心发展特征和需要为根本出发点，科学选择教学手段。

2.促进教学最优化原则

手段的运用本身不是目的，而是借以实现目的的优化，教学手段运用的

直接指向就是促进教学最优化。促进教学最优化原则是指，在教学设计中，通过对教学的方方面面，包括教学目标、教学内容、教学方法、教学环境、学生的特点和知识水平等，进行系统的、综合的分析与准备，充分考虑和协调教学手段与教学中各种因素的关系，使教学手段的选择为整体教学设计服务，从而取得要素组合整体功能最大化的效果。

四、教学组织形式的确立

教学任务的完成、教学过程的实现、教学原则的体现、教学方法的运用、课程的开设等等，最终都要综合、集结、落实到一定的组织形式中，要以各种各样的结构方式组织起来开展活动，并表现为一定的时间序列，发挥其能量和作用。所以，教学组织形式直接关系着教学质量的高低。

（一）教学组织形式概述

1.教学组织形式的含义

教学组织形式是指教学活动中教师与学生为实现教学目标所采用的行为方式的总和。指为完成特定的教学任务，教师和学生在现有教学条件下，按照一定要求组合起来进行教学活动的结构，即师生共同的教学活动在人员、程序、时空关系上的组合形式。教学组织形式体现了教学活动的结构特征，规定了教学活动的各组成要素以怎样的外部表现形式在特定的时间和空间条件下展开进行。

2.教学组织形式涵盖的范畴

教学组织形式理论所要研究和解决的是，教师如何把学生组织起来进行教学活动、如何分配教学时间、如何利用教学空间（教学设备、场所）等。因此，教学组织形式涉及的内容主要包括以下几个方面：

（1）课的结构和类型

课的结构就是课的各种因素的有序结合，它取决于教学内容、教学方法、学生认识发展水平，以及这节课在教学过程中所处的地位等。在教学实践中，一般都按如下顺序展开，即组织教学——复习提问——讲授新教材——巩固新教材——布置课后作业。

课的分类及其系统化问题是相当复杂的问题，以常见的划分为例，以教学方法为依据分类，有讲解课、谈话课、实践作业课等；以学生独立工作程度为依据分类，有独立学习课、讲授课等；以教学目的为依据分类，有掌握新知识课，形成和掌握技能课，知识概括和系统化课，综合运用知识、技能课，检查评定测验课，综合课等。课的结构影响课的类型划分，而课的类型又规定了课的具体结构二者相辅相成，密切关联。

（2）教师、学生的组合方式

除班级集体教学外，学生组合方式还表现为分组教学。分组教学克服了班级教学制"整齐划一"的特点，可适应学生的个别差异，使学生个性得到充分的发展。因此，它已成为教学组织形式改革的主要趋势之一。目前，西方各国实行的分组教学，可以分为"外部分组"（就是打乱传统的按年龄编组的班级，而以学生的能力或学习成绩重新采取编组的形式）和"内部分组"（就是在传统的按年龄编组的班级内，以学生的能力或学习成绩为标准采取编组的形式）两大类型。

除独立教学外，教师组合方式还表现为小队教学，体现了优化教师组合方式的特点，对教师结构实行了优化组合。

（3）课堂教学的时空组合方式

课堂教学中的时间组合，是指课堂教学过程中的各种不同的教学活动所占的时间分配，如课前小复习、导入、讲授、讨论、巩固复习等各个环节的组合方式以及时间分配。根据不同的课型、教学任务、教学环境等呈现出不同的课堂教学时间组合方式，一般而言，我国教学实践遵循这样一种教学模式，即组织教学——复习提问——讲授新教材——巩固新教材——布置课后作业，在时间分配上，教授新教材、巩固新教材自然成为主体部分。

课堂教学中的空间组合，是指师生交往中的组织规模、位置排列、相互之间的空间距离、座位排列等问题。常用的排列方式有三种，即秧田排列式、马蹄形排列式和模型排列式，排列方式不同，师生之间、学生之间的相互影响也有所不同。

3.教学组织形式发展的历史进程

由于教学组织形式的发展是一个逐渐演进的过程，每一种组织形式的出现并非一蹴而就，因此，不同学者对其发展阶段的划分存在些微差别。一般认为，教学组织形式大致经历了四个发展阶段：

（1）个别教学。是指教师在同一时间、以特定内容面向一两位学生进行教学的组织形式，是人类最早的教学组织形式，主要出现在奴隶社会和封建社会。

（2）个别小组教学。是个别教学和班级授课制之间的过渡形式，苏联教育理论家称其为"个别小组教学制"，主要特征是由一名教师主讲，若干名教师辅助，面向一组学生进行教学。这是集体教学的萌芽。欧洲中世纪教育资料的记载，和我国宋、元、明、清时期的书院和各类官学的教学情况，都证明了这一点。

（3）班级授课制。出现在中世纪末期。17世纪，捷克教育家夸美纽斯在其著作《大教学论》中首次提出班级授课制的理论；19世纪初，出现了班级授课制的一种新形式"导生制"，又称"贝尔—兰卡斯特制"，这是一种由教师先教授作为助手的学生，称为"导生"，然后由"导生"转教给其他学生的一种教学组织形式。

（4）多样化的教学组织形式。随着班级授课制成为基本的教学组织形式，其弊端也渐渐显露，因而，出现了多样化的教学组织形式，如20世纪初的道尔顿制、分组教学、设计教学、文纳特卡制，以及20世纪80年代以来的远程教学、网络教学等。

（二）常见的教学组织形式

自人类社会有了教育教学活动，教学组织形式便随之产生。在漫长的教育发展历史中，产生了各种不同的教学组织形式。现代的教学组织形式保留了教学组织形式发展过程中的基本元素，可以分为三大类：基本组织形式、辅助组织形式和特殊组织形式。

1. 基本组织形式：班级授课制

（1）班级授课制的基本含义及基本特征

班级授课制，通常称为课堂教学，是将学生按年龄和程度编成有固定人数的教学班，由教师根据教学计划中统一规定的课程内容和教学时数，按照学校的课程表进行分科教学的一种组织形式。

班级授课制与个别教学相对应，其基本特征有三：其一，相对固定的班级授课参与者。班级授课以班级为单位，按照学生年龄和知识水平编班，人数和成员相对固定。其二，相对统一固定的课程设置、教学内容和教学程序。教学内容按照学科和学年分成既有联系又相对独立和均衡的若干部分，分层分级确定每个教育阶段、每个年级、每门学科的教学内容，采用相应的教学方法和教学手段，按照一定的教学程序有计划、有步骤地展开课堂教学活动。其三，相对统一、固定的教学时间和教学进度。每一节课都限定在固定的单位时间内。课堂教学的整体进度需按照学校计划、课程教学计划进行，每门学科拥有一定的周课时数、学年课时数、总课时数。

（2）班级授课制的优点与局限性

每一种教学组织形式都有其相应特点和适用范围，因而，也都有相应的优点和局限性。班级授课制作为应用最为广泛的基本教学组织形式，优点有三：其一，有利于提高整体教学效率。以班级为单位，按照统一、固定的教学方法、教学手段和教学程序进行教学，有利于充分发挥班集体的教育作用，便于班级成员之间的相互学习、鼓励、合作，通过形成良好的班级学习氛围促进班级成员共同提高；班级成员是按照其年龄和知识水平来编组的，有利于采用一定的教学方法统一教学，实现教学目标；有利于充分发挥教师的主导作用，保证学生的活动在教师统一指导下进行，学生的学习活动从整体上得到很好的组织。因而，班级授课制有利于提高整体的教学效率。其二，有利于节约教育教学资源，在一定的时间和空间条件下充分提高师资资源、教学物质资源等的利用效率。每个国家和地区的教育教学资源都是有限的，如何节约教育教学资源，充分提高其利用率，从而发展教育事业，是每个国家和地区考虑的重要问题。班级授课制有利于经济有效地培养人才，因而成为一种富有生命力的教学组织形式。其三，有利于扩大教育规模、发展教育事业、普及教育。从国家或地区的角度讲，班级授课制满足了发展教育、普及教育、提高人们整体素质的需要。班级授课，通过扩大教育规模、提高整体教学效率、节约教育教学资源等，实现了多快好省发展教育事业和普及教育的目的。

班级授课制也有局限性。其一，强调统一性，忽视差异性。以班级学生平均知识和能力水平为准，不利于兼顾学生的个别差异和因材施教，难以满足学生个性化、差异化的学习需要，也不利于学生的个性发展。其二，强调教师主导，忽视学生主体。班级授课制为充分发挥教师的主导作用提供了土壤，但同时也易于导致学生处于被动接受的地位，不利于学生学习主体地位的实现。一定程度上限制了学生学习兴趣的激发和学习积极性的提高，阻碍学生创造性思维和创造性能力的培养。其三，强调知识教学，忽视实践锻炼。教学内容统一、固定，易偏重书本知识，忽视学生的实践操作动手能力的培养。

2. 辅助组织形式：个别教学

个别教学，是指教师针对不同学生的具体学习水平、学习特点、学习能力等情况进行教学，以帮助这些学生完成学习任务的教学组织形式。除了有些专业教育如艺术等特殊才艺的教育主要是个别教学形式外，在普通的班级教育中也是个别教育与班级授课制并存。与班级授课制相比，其基本特征是：（1）教学目的具体明确、针对性强。一般以复习课堂教学内容、解决个别疑难问题、弥补某方面或某学科的弱势，或者以拓宽学生视野、提高学生能力为目标。（2）学生人数较少，一般以个别辅导或小组活动等形式出现。（3）教学时间和空间相对宽松，没有严格统一的教学进程表和固定的教室。（4）教学方法灵活多样，易于因材施教。

总的来说，个别教学以其个性定制的灵活性，满足学生个性化的学习需要、因材施教，有利于学生学习主体地位的实现，促进学生个性化发展。作为班级授课制的有益补充，一定程度上弥补了班级授课制的缺陷。由于个别教学只针对个别学生、个别问题，与班级授课制相比，整体效率较低，因此，在现代教学组织中只能居于辅助地位。

3. 特殊组织形式：复式教学

复式教学，是把两个或两个以上年级的学生编在一个班里，由一位教师在同一节课里，分别用不同的教材、对不同年级的学生，采取直接教学和自动作业交替的办法进行教学的组织形式。复式教学适用于经济条件和教育条件都比较落后的地区。在我国某些欠发达的农村地区，尤其在边远地区、山区、少数民族地区，应用较为广泛。

复式教学是班级教学的特殊形式，它保留了班级教学的一切本质特征。区别在于：教学对象结构更加复杂，按照年龄和知识水平划分，在同一个教室中学习、活动，同一年级学生人数较少；教学形式更加特殊，当教师给一个年级上课时，其他年级的学生根据教师的安排进行预习、练习、复习或做其他作业，直接教学和自动作业交替进行；教学内容散而多，一节课中教师需根据不同年级学生的水平和需求进行教学；教学管理更加复杂，教师需照顾全面，尽量避免相互间的干扰，处理各种偶发事件。

（三）制约教学组织形式确立的因素

制约教学组织形式确立的因素众多，既有客观因素，也有主观因素。

1. 客观因素

在客观因素中，有师生数量、学校物质资源、课程的性质与内容、学生之间的差异及教育教学评价机制等五个方面，它们对班级组织形式的确立有着密切的影响。

一是师生数量。教学组织形式本质上是教师和学生搭配所形成的组合形式，师生数量是制约教学组织形式的核心因素。学校的学生人数较少，师资比较充裕，教学组织便可以小型化，更多地采用个别教学的形式。反之，就不得不采用大规模的集体教学形式，或采用二部制、导生制及复式教学等。教师数量是社会的教育供给之反映，而学生数量既是社会的教育需求之反映，也与学校所处的自然环境、地理位置有一定的关系。在教育资源不均衡的情况下，上述多样教学组织形式会共存。

二是学校物质资源。学校物质资源，作为学校教育的硬件，指的是学校拥有的教学场所、仪器设备、教学用具和图书资料等，制约教学组织形式的保障性因素。教室、实验室、运动场等教学场所是开展教学活动必要的空间条件；仪器设备、教学用具、图书资料是师生互动的中介和传递教学信息的媒体，学校物质资源的充裕程度及其性能，是选择适宜的教学组织形式的依据之一。物质资源不足，无疑会阻碍人们对教学组织形式的改革。

三是课程的性质和内容。根据课程内容的性质可以从总体上把课程分为：重认知发展的课程、重技能操练或形成价值观念的课程、重理论性认知或者事实性认知的课程、学科课程或者活动课程，等等。近年来，国外有的学校对不同类型的课程采用不同的教学组织形式：一些学习水平容易拉开差距的课程（如数学、自然科学），在同质结合为特征的教学组织中进行，以利于发掘个人的学习潜力，使学生的学业进度不受阻隔；而另外的课程，特别是有关社会问题的课程，仍在异质结合为特征的教学组织中进行，采用集体教学的形式，以利于学生对不同于自己的立场、观点增进了解，提高社会适应能力。

四是学生之间的差异。不同年龄和身心发展水平的学生，其智力活动特点和学习精力不同，一般说来，差异小，宜于集体教学；差异大，则宜于个别教学。

最后是教育教学评价机制。作为考核教师和学生的最终手段，教学评价方式在某种程度上指挥着教学组织形式的改革方向，其作用形式或显性或隐性，但力量却不可低估。例如，以考试为主要手段和工具的教学评价方法，始终制约着我国基础教育的基本形态：课程内容上以学习系统化的基础知识为主；教学方法上以学习知识、记忆知识为导向；教学组织形式上以集体的班级课堂讲授为主要形式。

2. 主观因素

人们对学生认知和心理发展规律的认识、理解、观点和态度等主观因素，对选择教学组织形式会产生一定的制约作用。如在当代认知心理学观点影响下，西方学校采取"开放学校"形式，把传统的教室布局改为学生学习中心、兴趣中心，扩大活动空间，无指定座位，学生用整段时间进行探究活动。

影响教学组织形式确立的主观因素主要包括教育者的价值取向和教育者的经验与视野两方面。其一，教育的价值取向，即教育者持有的关于教育目的价值取向的观点和态度，或知识本位或能力本位，或社会公平本位或体现教育的选择功能等，隐性影响着教学组织形式的选择。其二，教育者已有的经验和教育视野，以及对各种客观因素的认识，综合利用各种教学资源进行教学形式改革的能力等，均成为影响教学组织形式选择的重要因素。

（四）现代教学组织形式的发展趋势

现代学校的教学组织朝着两个相反的方向发展：曾经的苏联坚持并完善了班级教学，西方则在教学个别化方面大胆尝试，双方均力图多快好省的最佳教学组织形式，都取得了成绩，表现在：分组教学、不分级制；特朗普制；开放教学；小队教学；程序教学；复式教学；现场教学。在当代，伴随着教育改革的深入进行，教学组织形式的发展也呈现了多样化，综合化，个别化等趋势。随着高新技术在教学领域中的广泛应用，以及人们学习方式的变革，教学组织还会出现一些新的变化。

1. 班级授课制在一定时期内仍然是教学的基本组织形式

总体来说，班级授课制适应了现代社会大规模培养人才的需要，体现了教学活动的基本规律，是一种富有生命力的经济实用的教学组织形式。随着相关教育教学理论和技术的发展，以及社会需求的发展变化，班级授课制这一古老的教学组织形式将不断进行自我更新和完善，仍会焕发活力。

2. 教学组织形式多样化的发展趋势

由于国家和地区不同，生产力发展水平不同，教育发展程度不同，教育目标不一致，教学组织形式必然呈现多元化状态，班级教学、小组教学、个别化教学以及复式教学等形式，均有其适用的范围和生长的土壤，教学组织形式必将呈现更加多元的发展趋势。

3. 教学组织形式综合化的发展趋势

个别教学、班级授课和分组教学均各有利弊，如何克服其各自的缺点，充分发挥其优点，是教学组织形式综合化的一个重要课题，也是不断努力的方向。从发展历史看，20世纪50年代后西方出现的特朗普制、协同教学，近年来我国某些地区采用的师生合作教学、分层递进教学，翻转课堂、工作坊等等，都是教学组织综合化发展的尝试和努力。

4. 教学组织形式个别化的发展趋势

随着科学技术的发展和现代化教学手段的应用，特别是电子计算机辅助教学的广泛应用，教学组织形式吸收班级授课制的合理内核，依靠现代化教育技术手段，向外界广泛传递教育信息，在时间上具有可逆性，空间上无边际。这种个别化教学体现了现代社会对教育质量的追求，要求教育能充分发挥每个学习者的最大潜能。

第三节 课堂教学组织管理原则

课堂教学组织是课堂教学的构成要素与基本环节，是实现教学的重要载体。实现良好的课堂教学组织，应遵循目标导向、兴趣激发、启发引导、循序渐进、理论联系实际、灵活施教等原则；课堂教学管理与课堂教学组织是密不可分的，它也是促进教学活动顺利进行的基本保障，要求教学者坚持教师主导与学生主体、教育性与发展性、民主与共同参与、激励与自律等原则。在课堂教学实践中，贯彻这些原则，有利于课堂教学的组织和管理，从而保证教学目标的实现。

一、课堂教学组织的原则

课堂教学的组织是整个教学的主体部分，是实现课堂教学目的和目标的载体，十分重要。

（一）课堂教学组织概述

1. 课堂教学组织的内涵

课堂教学组织是指在课堂教学过程中，教师按照预设的教学设计，展开教学各个组成环节的行为，包括调整教学内容、调节教学进程、协调师生关系，保证教学顺利进行等。课堂教学的组织既课中的组织，也包括课前的组织。课前的组织是指为使教学能有秩序地顺利进行，教师根据具体的内容、对象、条件等进行全面考虑，从而形成实现教学目标的教学思路的行为方式。课中的组织，则是在课堂教学的过程中，教师通过各种各样的言行，创设适宜的课堂情境，激发学生的学习兴趣，调动学生的积极性，以达到课堂教学预定目标的一种行为方式。课堂教学的组织为落实教学目标服务，既有静态的组织，也有动态的组织。

2. 课堂教学组织与课堂教学、课堂教学管理的关系

课堂教学组织与课堂教学关系密切，既是包容的，又有相对性，在理论层面上，课堂教学组织是课堂教学的重要组成部分，课堂教学包括课堂教学组织；在实践层面上，课堂教学组织是实现课堂教学的重要载体，课堂教学的进行依靠有效的课堂教学组织。

课堂教学组织与课堂教学管理的关系也相当复杂，既相互依赖、相互渗透又有所区别。从二者的联系看，二者存在于课堂教学的展开过程之中，存在于课堂教学目标的实现过程之中，在整体上二者发生的时间、地点基本一致；二者具有共同的目标，即保证教学活动的顺利进行，促进、达成教学目标的实现；有效的课堂教学组织有利于形成、维持良好的课堂教学秩序，从而减轻课堂教学管理的任务，有效的课堂教学管理帮助课堂教学组织顺利进行，因此，二者相互依赖。很多时候它们又相互渗透，难分彼此，组织的过程渗透着管理的因素，管理的过程包含组织的因素，在实际教学中二者往往交织在一起。从二者的区别看，课堂教学组织与课堂教学管理是两个不同的范畴，具有不同的外延和侧重点。课堂教学组织侧重于课堂教学基本环节的

展开，课堂教学管理侧重于为课堂教学组织的顺利展开提供良好的课堂秩序和教学环境。

（二）课堂教学组织的原则

1. 目标导向原则

目标导向原则，即教师在展开、推进、调节课堂教学各个基本环节时，始终需以实现课堂教学目标为根本目的和指导原则，使课堂教学活动沿着既定的正确方向进行，而不至于偏离课堂教学最重要的目的——教学目标的实现，包括学生知识与能力，过程与方法，情感、态度、价值观等方面发生的变化。

教师在教学过程中要始终以最终实现教学目标为根本指向。这就要求教师不仅在课前的教学设计中明晰教学目标，而且要明晰教学过程中的教学行为与教学目标的内在关联性，以及教学行为是如何实现教学目标的。教师还要控制、调整围绕教学而展开的各种活动（包括探究性学习活动、合作学习活动等）的目标指向性。如何既能让学生探究得充分，又使学生的学习始终围绕着教学内容和目标进行，保证课堂教学秩序。这里有两个基本点：一是材料选择与出现时机恰当。二是教师的指导要恰当、到位，而且要控制好教学活动的伸展范围，否则只能导致课堂教学活动的泛化和无目的性。当然这也并不是对教师只涉及事先计划、设想好的教学内容和程序的做法的肯定，而要讲求其对于各种探究性学习活动、合作性学习活动等的控制与把握的程度。这就是我们所说，课堂教学管理者要像音乐指挥家那样，指挥若定，控纵自如，放撒得开，也能收得回来。

2. 兴趣激发原则

兴趣激发原则，即指教师根据教学内容采用多种灵活、适当的方式，激发学生的学习动机和学习兴趣，使其成为学习活动中的积极因素，从而调动学生学习的积极性、自主性。

教师在教学过程中应根据学生不同的成就取向，采取不同的教学方式，培养和激发学生的成就动机，激发学生学习的兴趣。成就动机理论认为，人们在从事某项任务时有力求成功的内部动因，即一个人对自己认为重要的、有价值的事情愿意去做，并努力达到完美。心理学认为，成就动机（achievement motivation），是个体追求自认为重要的有价值的工作，并使之达到完美状态的动机，即一种以高标准要求自己力求取得活动成功为目标的动机。成就动机有两种趋向：一是追求成功的动机，二是害怕或避免失败的动机。成功动机高的人更爱选择中等难度的任务；害怕或避免失败的人，要么选择他们确信能成功的任务，要么选择他们认为肯定要失败的任务，因为即使失败也可为自己找到合适的借口。因此，教师在教学中，应给不同成就取向的学生安排不同的学习任务，采取不同的教学方式培养和激发学生的成就动机。

教师应根据教学内容的特点，采取恰当的、多样的方式导入新课，充分调动学生的积极性。熟悉开讲的基本要求，讲究开讲的方法和艺术性，从而更好地引起学生的注意和思考，为进一步展开教学做好铺垫。一堂课导入的成与败直接影响着整堂课的效果。课堂教学的开讲导入方法很多，例如，设疑开讲导入，在学生心理上引起悬念，使学生处于暂时困惑状态，进而激发解疑的兴趣；观察开讲导入，教授新知识之前，教师先让学生观察有关事物，可以很好地培养学生的观察能力、增强学生的问题意识、调动学生的思维。

教师应对学生良好的行为表现给予及时、适切的激励与支持。行为主义学习理论强调外部环境对学习的决定作用，认为学习过程是有机体在一定条件下形成刺激与反应的联系从而获得新经验的过程。对行为的强化应遵循以下关键点，首先，注意时效，教新任务时，进行及时强化，不要延缓强化；其次，讲求优先，在学习的早期阶段，强化每一个正确的反应，随着学习的发生，对正确的反应优先强化；第三，注意导向，强化要保证做到朝正确的方向促进或引导。

3.启发引导原则

启发引导原则，即教师在课堂教学过程中充分尊重学生的学习主体地位，发挥教师的引领、辅导作用，使学生成为学习经验获得的真正主人，而不是教师强制灌输的被动的知识容器。

教师在课堂教学中应充分发挥主导作用。教师主导作用是教育教学过程中教师对整个教育活动的领导组织作用。表现为帮助学生明确学习目的、方向，规定教育、教学要求和内容，对教材进行加工，选择运用恰当的教与学的方法，培养学生自动学习精神和自我教育能力等。教师是一定社会教育目的的实现者，系统知识的传授者，教育活动的组织者和学生学习活动的引导者。教师主导作用和学生的自觉性、积极性具有内在联系。学生主动性的充分发挥正是教师主导作用的有力体现。建构主义提倡教师指导下的以学习者为中心的学习，既要强调学习者的主体作用，又不能忽视教师的主导作用，教师要成为学生意义建构的帮助者和促进者，促使学生在复杂的真实问题情境中主动建构自己的知识结构，获得认知经验的增长，促进认知结构的改变。

教师应积极采用启发性方法，促进学生的思考，使学生主动建构起自身的知识结构和经验内容的增长。我国古代第一部教育专著一《学记》对教育、教学的原则和方法进行了比较详细的阐述，"君子之教，喻也"，教学要注重启发诱导，注意"道（导）而弗牵"，教师引导，但又不牵着学生鼻子走；"强而弗抑"，督促勉励，又不勉强、压抑；"开而弗达"，打开思路，但不提供现成答案。

常用的引导方法包括：第一，适时设问以引起学生的主动性，参与教学活动的思考，要在学生"心求通而未得，口欲言而不能"的状态下提出适当的问题，坚持"不愤，不启；不悱，不发"的引导性原则；第二，逐步增加提问深度以加深学生对所学内容的理解，促进学生分析问题、解决问题能力的发展。

教师应充分尊重学生学习的主体地位，构建和谐、民主、平等的师生关系。学生只有在这种师生关系中，才能真正成为学习的主体；通过教师与学生之间、学生与学生之间的共同探索，相互交流与质疑，才能使教学产生丰富的意义。

4. 循序渐进原则

循序渐进原则即教师在教学内容的组织、教学进程的安排方面，按照学科的内在逻辑结构和学生身心发展顺序以及学习的规律，持续、连贯、有条理地进行教学组织，使学生形成严密的逻辑思维能力，扎实掌握基础知识和基本技能。

要遵循规律组织教学。任何一门学科的知识，都具有严密的逻辑结构、完整的知识体系，本身有"章"可循，应该按照教学内容的逻辑结构与学生的认知发展规律相结合的要求进行教学。根据学生认知发展的心理学规律，教师在教学过程中应按照从具体到抽象、从简单到复杂的顺序，调整好教学内容的安排、组织及教学的步调。否则，违背学生的认知发展规律，背道而驰，只能导致学生囫囵吞枣、整体学习兴趣降低。

要把握好教学活动的节奏，调节好教学活动的速度，突出教学重点，突破教学难点，注意教学内容的详略。《学记》曰："大学之法：禁于未发之谓豫，当其可之谓时，不陵节而施之谓孙，相观而善之谓摩。此四者，教之所由兴也。发然后禁，则扞格而不胜；时过然后学，则勤苦而难成；杂施而不孙，则坏乱而不修；独学而无友，则孤陋而寡闻；燕朋逆其师；燕辟废其学。此六者，教之所由废也。君子既知教之所由兴，又知教之所由废，然后可以为人师也"。翻译成白话文即：大学的教育方法是：在不合正道的事发生之前加以禁止，叫做预先防备；在适当的时候加以教导，叫做合乎时宜，不超过学生的接受能力进行教导，叫做顺应；使学生相互观摩而得到好处，叫做切磋。这四点是教育取得成功的原因。事情发生以后才禁止，就会遇到障碍而难以克服；过了适当时机才去学习，虽然勤勉努力，也难以有成就；杂乱施教而不按顺序学习，就会使学生头脑混乱而无法补救；独自学习而没有朋友一起商量，就会孤陋寡闻；轻慢而不庄重的朋友会使人违背师长的教导；轻慢邪僻的言行会使学生荒废学业。这六点是导致教育失败的原因。这就是教学的艺术，节奏鲜明，恰到好处。课堂教学需要调节好教学的节奏，做到快慢适度、详略得当、收放自如、强弱搭配、动静相宜，由浅入深，由易到难，由简到繁。从而调动和维持学生的注意力、学习动机、学习持续关注力，保证课堂教学效果。

5. 理论联系实际原则

理论联系实际原则，是指课堂教学必须坚持理论与实际相结合，用理论知识分析现实问题，用实际问题论证理论知识，使学生在理论与实际的结合中理解和掌握知识，培养学生运用知识解决实际问题的能力。

在学科知识中，理论的重视是十分必要的。因为理论之于学科知识十分重要，它不是可轻易证明或推翻的经验，而是"跨学科"、"分析的和思辨的"、"对常识的批评"和"反思性"的，远远高于经验。苏联著名教育家赞可夫把"重视理论知识在认识中的指导作用"作为教学原则之一，美国心理学家和教育家布鲁纳主张重视学科基本结构的学习，要求重视基本概念、基本原理及其相互关系的掌握。因此，课堂教学中基础知识、基本理论的教学应占重要地位。高校的学科教学自不消说，基础教育中，国家新一轮基础教育课程改革推动课堂教学的基本理念和指导思想的重大变化，强调教学过程中学生的主体性，注重教学目标的多元化，强调学习方式的探究性、合作性和自主性，表面看，弱化了基础理论的教学，而深层恰恰相反，这些教学策略的展开的厚实根基在基础理论，支撑在基础理论。没有基础理论的支撑，所谓探究、合作深入都走不远，甚至走不下去。

另一方面，理论必须联系实际，联系对于学生的经验具有意义的实际。这就要求教师在课堂教学内容的选择上，根据学科内容、课堂教学任务及学生的认知发展规律和已有发展水平，选择对于学生的经验世界有意义的材料。这样才会使理论活起来，也使学生的经验世界有了理论的照耀。同时要加强学生基本技能的培养，增强解决实际问题以及动手操作的能力，实现知和行的连接。传统课堂教学无论是在内容方面，还是在教学方法的运用以及课堂教学的组织方面，都存在远离学生生活、脱离学生生活经验的问题，因此，教师在教授基本概念、基础知识的同时，还应重视通过与学生已有经验有关联的实际问题的练习、解决，对学生进行基本技能的训练，使其具有一定的操作能力。

6.灵活施教原则

灵活施教原则，即教师在教学中从实际出发，具体问题具体分析，根据教学对象、教学情境、教学条件的不同，机智灵活地进行教学，不断生成鲜活的、形态各异的课堂教学。方法是死的，人是活的，情况是在不断变化的，必须从实际出发，灵活应变，才会使课堂生活。要求教师不仅把握学生的特点，还要善于处理突发事件，善于将其转化为有价值的教学事件，促进教学目标的达成。

一是全面了解学生，因材施教。学生的个别差异是客观存在的，不仅表现在水平上的纵向差距，还表现在特征上的横向差别。教师应适应学生的个别差异并恰当地利用学生的差异，分配教学任务，组织教学事件。

二是善于把握时机，适时而教。课堂教学是在一定的时空以及教学情境中进行的，实践在时间中展开，具有"不可逆性"；实践的时间结构，亦即节奏、速度，尤其是方向，构成了它的意义。教学实践中，学生能够非常明显地感受到时间的这种结构，以及时间从过去到现在进入未来的不可逆性。正是这种无法逃脱的时间结构及时间流逝的单向性，使得学生在实践过程中产生一种"紧张感"乃至"紧迫感"。在这种感觉的支配下，学生身处实践过程中没有多少时间来驻足静观、反躬自省，因此，教师必须尽可能快地对各种情况做出恰当处置。

教师的课堂教学是教育实践的重要组成部分，一方面，教师要根据教学规律组织课堂教学；另一方面，由于课堂教学实践是一种既非完全观念性的、依据理论的存在，也不是一种纯粹实体的、毫无规律可言的实践性存在，而是一种介于两者之间的兼具主观性和客观性的存在，所以，教师要灵活施教，妥当处理课堂教学的各个环节的衔接，以及各个教学环节过程中的各种突发问题，这对教师的教育实践智慧提出了较高的要求。

二、课堂教学管理的原则

课堂教学管理与课堂教学组织是密不可分的，二者的共同目标是保障课堂教学的顺利展开，最终实现教师预定的课堂教学目标，即学生在知识与能力、过程与方法、情感态度价值观等方面发生的变化。课堂教学组织是实现课堂教学目标的本体过程，课堂教学管理则是实现课堂教学目标的基本保障，二者是同一教学过程的不同侧面，相互联系、相互依赖。

因此，有效进行课堂教学管理也是保障课堂教学顺利进行的重要方面。近年来，随着新一轮基础教育课程改革的进行，教育理念的转变使得课堂教学管理被赋予新的内涵和形态。中外学者对于课堂教学与管理进行了大量不懈的理论探索和实践研究，本节将在众多研究成果的基础上，进一步探讨课堂教学管理的原则。在此之前，有必要了解和熟悉课堂教学管理的概况。

（一）课堂教学管理概述

1. 课堂教学管理的内涵及主要管理范畴

（1）课堂教学管理的内涵

中外学者对课堂教学与管理进行了大量不懈的理论探索和实践研究，观点流派不少，也有不同甚至纷争，但大致趋同，有共识。

美国学者布罗菲认为："出色的课堂管理不仅意味着教师已经使不良行为降到最低程度，促进了学生之间的合作，并能在不良行为发生时采取干预措施；而且意味着课堂总是持续着有意义的学习活动，整个课堂管理制度（包括但不限于教师维持纪律的措施）都是为了使学生参加有意义的学习活动并达到最高程度，而不只是为了将不良行为降到最低程度。"[1] 布罗菲把课堂管理的内涵定格于"使学生参加有意义的学习活动并达到最高程度，而不只是为了将不良行为降到最低程度。"这是很有深意的，课堂管理不只是平静地完成了课堂教学。

《国际教育百科全书》对课堂管理的定义为："课堂管理是为学生参与课堂活动创造有利环境的过程。"美国有学者将课堂管理视为教师一连串的促使学生合作与参与课堂的行为和活动，旨在培养学生课堂活动的参与感与合作感，建立良好的课堂秩序，处理学生问题行为，创设教室情境，培养学生的责任感，引导学生积极学习。

我国学者一般定义为：课堂管理是指在课堂教学过程中所进行的管理，即在课堂教学中教师与学生遵循一定的规则，有效地处理课堂上影响教学的诸因素及其之间的关系，使课堂教学顺利进行，提高教学效益，促进学生发展，实现教学目标的过程。课堂管理就是教师通过协调课堂内的各种教学因素而有效地实现预定的教学目标的过程。

由此可见，中外学者们虽然表述不尽一致，侧重点有所不同，但其基本阐述要点是相似的。总体而言，课堂管理的范围涵盖了教学过程中的所有基本要素，涉及课堂教学的方方面面，贯穿于教学的整个过程，主要包括人（教师和学生）的因素、物（教学设备、教室等物质设备）的因素、人的因素内部之间的交互作用（师生关系）以及人的因素与物的因素之间的交互作用（师生与课堂环境的关系）等。具体而言，课堂管理主要包括：课堂教学管理、课堂纪律的管理（包括课堂问题行为的管理）、课堂教学情境的管理、课堂师

---

① 美 Raymond M.Nakamua 著《健康课堂管理》，北京．中国轻工业出版社．2002 年版．

生关系的管理、课堂偶发事件的管理等。

课堂教学与课堂管理是教师课堂行为的两个重要方面，二者相互依赖、相互制约，在某种程度上可以说二者所管辖的范围是融合的，二者之间并没有清晰确定的界限。课堂教学是课堂的核心组成部分，是实现课堂教学目标的主要途径；课堂管理始终围绕着课堂教学进行，是课堂教学得以顺利实施的手段和保障，其主要作用是维护课堂教学的顺利进行，最终实现课堂教学目标。因此，从这个角度看，课堂教学管理是课堂管理的一个有机组成部分。课堂教学管理以课堂教学的全过程为对象，遵循课堂教学活动的规律，运用现代科学管理的理论、原则和方法，对课堂教学活动进行实施、监控、维持、促进和提高，最大限度地调动教师和学生的积极性，使课堂总是持续着有意义的教与学的活动，以保证课堂教学目标的有效实现。

（2）课堂教学管理的主要管理范畴

从广义层面看，课堂教学管理的主要范畴包括：课前管理（准备）、课堂中管理（过程）和课后管理（完善）三个环节；从狭义层面讲，主要指对课堂教学过程中的管理，包括以下两个方面：

一是课堂教学进程的管理。课堂教学进程的管理有以下几个环节：第一，课堂教学节奏的处理，即对课堂教学过程中教学速度、强度、密度等在时间上以一定的次序有规律地交替出现的形式的把握。第二，课堂教学环节的管理，即对课堂教学过程中几个外在的活动阶段，主要包括导入、展开、结束三个部分的管理。在导入部分，教师需要把握住课堂导入技术的重要内容：引起学生注意，激发学生的学习兴趣和学习动机，建立起学生已有知识与将要学习的新知识之间的联系等；展开部分是课堂教学的主体段落，是实现课堂教学目标的根本载体，在这一环节中，教师需要把握住的几项重要内容有：维持、提高学生的学习积极性，控制教学的节奏，处理课堂教学过程中的偶发事件和问题行为等；结束部分是课堂教学的最后环节，主要目的是完成课堂教学的有序收尾。

二是课堂教学秩序的调控。课堂教学秩序关乎学生参与课堂教学活动的程度，关乎学生注意兴奋点所在，关乎学生学习积极性和主动性的调动。基础教育新课程改革以来，要求课堂教学重心由教师转向学生，强调学生的主体性、教师的主导性，强调课堂教学中的合作学习、探究学习、自主学习，因此，课堂教学秩序的把握显得尤为重要。

课堂教学秩序包括三个方面：一是学生课堂注意的调控，指学生在课堂上对一定对象的选择与集中。学生的课堂注意状态直接影响着课堂活动效率和课堂纪律状况；二是课堂偶发事件的处理，在课堂教学中能否妥善处理各种偶发事件，一定程度上取决于教师自身的教育机智素养，也取决于教师是否掌握了一定的应急办法与技能；三是课堂问题行为的管理，这是影响课堂教学秩序的重要因素，是占据教师相当精力的管理范畴。

2. 课堂教学管理的现状

我国传统的课堂教学管理建立在教师绝对权威的基础上。教师在课堂中处于至高无上地位，严格控制着课堂秩序，是课堂教学管理的绝对权威者。传统课堂教学管理以规定性和控制性为主要特征，强调行为控制和程式化的问题解决，关注课堂秩序的规定性，重视教师权威与学生服从。

当代教育理念要求教师和学生在课堂教学中做到：从教师授课为主向以学生学习为主转变；教师转变角色，从权威者到合作者；教师改变教学方式方法，从"满堂灌"到引导式；转变学生的学习方式，从接受学习到合作学习。随着新课改的逐步深入，教师应有意识地以新课程教育理念为指导，更加注重与学生积极互动、共同发展；有意识地逐步培养学生的独立性和自主性，引导学生质疑、调查、探究，在实践中学习；应尊重学生的人格，关注个体差异，满足不同学生的学习需求，积极创设引导学生主动参与的教育情境，激发学生的学习积极性。

此外，在课堂教学管理改革中也出现一些问题，一些缺乏经验的教师因感到无所适从而对学生放任自流。国家倡导新课改以来，课堂发生了明显的变化，课堂上不再是老师唱主角，"新"的课堂中，师生"动"起来了，学生"活"起来了，这势必增加了管理的难度，令一些教师把握不准管理的尺度。另外，还有一些教师不经常采用鼓励的方式促进学生的学习，无法保证自己的教学能够吸引并维持学生的学习兴趣和注意力，对学习成绩较差或学习主动性较差的学生缺乏应有的关注，对课堂学习小组的自我管理能力重视不足。总之，从人性化、科学性、合理性的角度考虑当下存在的问题，探索科学有效的课堂管理方式，是切关重要的。

（二）课堂教学管理的基本原则

1. 课堂教学管理的根本原则

课堂教学管理有两个根本原则：教师主导与学生主体原则和适度原则。

其一，教师主导与学生主体原则。教学牵涉到教师与学生两个方面，在课堂教学中，课堂是中介，教师与学生都是主体，但从主导的角度看，两个相对客体的主体中，教师应是主导，学生是主体，因此，首要原则便是教师主导与学生主体原则，即在课堂教学过程中，教师既要充分发挥主导作用，也要善于调动学生学习的自觉性、主动性和积极性，使教学过程成为师生双方密切配合、协调共进的过程。具体而言，教师的主导，是指教师在教学管理中处于指导者和教育者的地位，控制教学进程和教学秩序；学生主体，是指在课堂教学中尊重学生的主体地位和人格，从而不断提高学生学习的积极性和主动性。该原则要求教师在教学过程及管理过程中，既发挥教师的积极指导作用，又使学生成为真正的有意义的学习活动的主体。

其二，适度原则。教师如同元帅将兵、如同指挥家指挥演奏、是课堂的控制者，要求火候分寸拿捏到位，即适度原则，指教师要准确把握教学秩序的宽严之度以及节奏等，积极为学生营造一种宽松而不失严谨、温和而不失严肃、活跃而不失有序、严肃而不失灵动、紧张而不失轻松的学习氛围。教师在教学管理中要注意管放有度，准确把握好严格与宽松之度。教学秩序过分活跃，有可能会出现氛围"积极活跃"、学生"高度参与"、"有意义的学习活动持续进行"等假象，因为学生的注意力也许已经从内在的认知活动转移到一些外在的学习手段上面，偏离了课堂教学的预定轨道。

2.维持、促进课堂教学秩序和调控课堂教学进程的基本原则

（1）教育性与发展性原则

教育性与发展性原则，指制定和维持课堂规则时，尊重学生，从学生的身心特点出发，以学生发展为目的，体现"一切以学生的发展为本"的思想。教育是一项育人的事业，教育对象的特殊性决定了教育与其他行业的本质区别，在教育过程中不仅要研究教学的规律，而且要研究人的身心发展规律；不仅要考虑当前的教育影响结果，而且要考虑对教育对象成长的长远影响；不仅要考虑教师管理行为对学生的控制效果，而且要考虑对学生形成对规则的态度和内在情感的效用。

（2）民主与共同参与原则

民主与共同参与原则，是指师生在制定和维护课堂规则、维持教学秩序时，应采取民主和共同参与的原则，即教师应尊重学生的人格与意见，与学生以共同商讨的方式制定出灵活严谨的课堂规则，从而形成学生对课堂规则的认同感，使学生自愿、自然地接受课堂规则，从而自然养成遵守课堂规则的态度和习惯。这就要求：首先，教师必须认同、形成民主的教育理念。长期以来，教育秉持传统教育理念，教师在课堂中处于绝对中心和权威地位，教师和学生的关系是管理与被管理、控制与被控制的关系。对于教学秩序，教师往往采用简单粗暴的管理方式，"压制"课堂教学中的问题行为，而忽略了引导学生形成对课堂规则的内在认同感。因此，教师应率先改变教师观、学生观、教学观以及课堂管理观。其次，教师要以平等、民主为基本原则，以共同参与和商讨为基本方式，尊重学生的意见，引导学生共同制定出课堂

教学规则。第三，在运用课堂教学规则、维持课堂教学秩序时，减少甚至避免使用消极、否定、直接命令式的控制性言行，注意引导学生成为维护良好教学秩序的主人，而不是被强迫的接受者。

（3）激励与自律原则

激励与自律原则，是指在课堂教学管理中教师多采用鼓励放活的方式，而不是过分的指责和批评，激发学生养成良好的行为习惯，促进学生的自我管理、自我约束，培养学生在课堂中的自律意识。

马斯洛在其所著《成长心理学》认为，人类有两股潜在力量，一股是防卫的力量，该股力量的内在作用是恐惧失却安全而使个体在心理上有退缩倾向；因而使个体依恋过去，恐惧成长，担心无人支持，不求独立自主，遇事逃避现实，不敢接受挑战。另一股是进取的力量，该股力量的内在作用是促动个体本人，趋向完美而统合的境界成长；因而使个体乐于面对世界，充满信心与朝气；而且，在心理上无内在冲突，能心安理得地接受内心深处的自我。马斯洛的理论在教育上有两点重要的涵义：其一，他不主张用外铄的方式约束学生学习；他认为学生不需刻意教导他，他生而具有内发的成长潜力。教师的任务不是教学生学知识，而是为学生设置良好的学习环境，让学生自由选择，自行决定，他就会学到他所需要的一切。其二，马斯洛所指的人性中两股力量的说法，无异于对为教师与父母者是一种警告。因为，按他的说法，适当的教育固然可使学生心智成长，不适当的教育反倒会断丧学生心灵上的生机。行为主义心理学认为，个体的行为被行为后果所决定，行为带来愉快的结果，这个行为以后就会再出现；反之，如果带来痛苦的结果，这个行为就会消失，任何一种行为的出现都遵循"刺激—反应"的原则。这是对教学管理采用激励原则的理论依据。这要求教师注重正激励，进而激发学生的行动力，导向学习目标。

（4）差异性与科学性原则

差异性与科学性原则，是指在进行课堂教学管理时，要根据不同的教育对象、课的类型以及课堂基本环境、课堂管理方式等，体现差异性和科学性。课堂基本环境包括：学生数量、年龄、教室的大小和资源的可利用性等，这些都对课堂教学管理产生影响。常用的课堂管理方法主要有：①提问法，指课堂上发现有些学生注意力不集中时，教师运用一些简单问题或是与教学内容相关的问题进行提问，引起学生注意；②暗示法，指学生走神或者教室内出现小的骚动时，教师停止讲课，用目光注视这些学生，或者边讲课，边走进学生中间，采用某些动作提醒某些不注意听讲的同学等方式来引起学生的注意，引导学生回归到课堂教学活动中来。③无声法，指在大多数学生注意力分散时，教师采用严肃表情的方式来警告学生，以达到控制课堂的目的。④活动法，指教师在课堂教学的过程中适当地组织学生进行某些活动，如讨论、小游戏等。

第四节 高校课堂教学研究

高等学校教学因其更加专业化，其学科的属性突出，教学内容本身的要求很高，内容为王，容易导致课堂教学管理不够重视现象。但其实不然，教学方法设计、教学组织形式和教学手段等十分重要。好的课堂教学管理会使厚实的内容更有效更好的展现，进而提升课堂教学质量。

一、课堂教学的"牛鼻子"

一般意义上，课程与教学问题主要包括目标理念、知识内容、教学组织和质量评价，课堂教学几乎涉及所有这四个方面。但就大学课堂教学而言，关于教与学的质量评价，有一整套评价体系，而常规意义上的课堂教学与教学质量评价的相关性并不那么直接。所以，大学课堂教学涉及的问题主要是前三项，可表述为教学观念问题、课程内容问题和教学组织三大问题，即"牛鼻子"。

（一）教学观念问题

改革开放以来，来自各种流派、各种视角的教育研究成果，从根本上更新了传统教育理论体系，课程与教学理论也得到快速发展。但由于长期的历史积弊，许多教学观念还依旧囿于传统旧识。

1.师生观

师生关系可以从不同角度去认识。从伦理意义上，教师是长者，学生要尊敬老师，老师要爱护学生；从人格意义上，师生是平等的，师生要互相尊重；从知识教学意义上，教师是学生学习的引导者，但并不意味着在所有的知识点上，教师都是权威，这对大学师生关系尤其如此；从存在意义上，教书育人是教师的天职，努力学习是学生的固有操守。

由此，大学教学过程中的教师与学生，是平等意义上共同探索知识的合作者。有些教师不能正确认识大学课堂教学中的师生关系，将其伦理关系不恰当地迁移到知识教学甚至人格关系中，使教师与学生之间，即使在知识教学活动中，也存在着一条"上下尊卑"的分界线。近年来屡屡发生导师错位使用学生做与学习无关的事，甚至扭曲师生关系，是传统教育观的负面践行。

2. 教学观

大学课堂教学，除知识和技能的培养外，最重要的是培养大学生的批判性思维能力，让他们掌握科学研究的基本方法，体味知识发现的过程。还要让他们理解知识的价值与意义，树立求索知识的正确态度，充满探索精神的阳光心态，从而对人类知识与智能有一个敞亮的心胸。

因此，传递知识不是大学课堂教学的单一目标，而且，若仅就传授知识而论，在今天这个时代，大学课堂也不一定最好的方式，更不是唯一的方式。而培养学生的研究意识，师生同堂合作互动，则又是其他任何形式不及和代替不了的，所以大学课堂会永远存在。关键是扬发大学课堂的独特魅力，在教学过程中除了传递知识，更要引导学生积极主动地探讨和反思。有的教师机械依照教学大纲规定，近乎本能地向学生"灌输"知识，成为知识的搬运工，缺乏对学生创新思维的保护与养成，不注意培养学生发现问题的意识、分析问题与解决问题的能力，其原因就在于陈旧的教学观在作怪。

3. 知识观

知识是什么？这是当今课程与教学理论的一个根本问题，尽管学术界还在继续探讨中，但已经取得的共识却是：书本理论只是知识的一种描述形式，并不代表知识的本来面目。活动和体验、经历和反思、经验与理解、交流与建构都具有知识意义，甚至具有更重要的意义。知识不一定要代表真理，而且也没有普适性真理。马克思主义认识论认为：知识是人脑对客观世界能动的反映。知识是发明创造的，是人脑的产物，不是发现的，也不是现成的。毛泽东曾说过：知识是实践出来的。建构主义对此作了更详细的表述：知识是存在于活动之中的，是人在实践活动中创造的暂定性的解释和假设，它并不是问题的最后答案，会随着人类的进步与社会的发展而生成，并出现新的解释和假设。而且知识也不是现成的，拿来就可以用得上，知识得根据具体的情景进行再创造，通过学习者高度的自我体验、自主参与，进行高层次思考才能建构起来。知识不可能以实体的形式存在于具体个体之外，尽管我们通过语言符号赋予了知识一定的外在形式，甚至这些命题还得到了较普遍的认可，但这并不意味着学习者会对这些命题有同样的理解，因为这些理解只能由个体学习者根据自己的生活背景和阅历而建构起来，它取决于个体特定情境下的学习历程。

大学本来是思维聚散碰撞的地方，是解放思想、知识创新的发源地。大学教学不仅要重视大学生需要与动机的多样性以及求知欲的高度旺盛，而且还要正视全球化浪潮带给人思想观念的巨大冲击。大学教师要敢于破除权威迷信，引领大学生以新思维、新观念解读大学知识。

（二）课程内容问题

1. 社会发展与课程内容更新

科学技术的发展和社会的全面进步，要求大学课程要及时更新内容。在进入新世纪之初，再来审视科技、文学艺术、哲学、伦理和价值观、政治等知识领域，发现其内容和观念都已经并继续发生着快速变化。这本来为课程内容的革新带来了契机，却不料由于种种原因，大学课程这个本应走在社会文明前面的知识载体，却没有充分反映相关理论研究的最新成果。甚至有教师还在用上世纪五六十年代的观点讲授当今的课程内容。大学课程内容体系应是动态的、发展的，因而也应是开放的。

2. 人文社会学科内容更新

人文社会科学与现实生活结合十分紧密，与时俱进十分必要，而快速的社会发展与相对稳定的学科间有些错位是正常的，但并不排除而且务须追求与前进现实的对接，以保持学科活性。从当下情况看，还有些人文科学、社会科学课程没有及时地反映社会变革和外来文明带给人的新观念，少数教材编写者还往往不加剖析地用"优良传统"加以阻挡本应更新的内容。如《世界近代史》教材中按着资本主义国家之间的矛盾斗争、殖民地半殖民地人民的民族解放斗争、无产阶级反对资产阶级斗争三条线索来组织课程内容，地域则以西欧为中心，这就不可能反映出世界近代史的全貌。又如文学理论课程对文学的工具性观点上有反思批判，但在方法论上缺乏深入的批判思考。文学理论的方法论问题，在二十世纪前受到元素论的影响，元素论是机械时代的产物，对自然科学的学科发展有杰出的贡献，但对于人文社会科学局限性是很明显的。二十世纪整体论方法的出现，很多学科迅速完成转变，使学科稳衡快速发展，但文艺学在转型中，又被形式主义诗学的强旺又进入了元素论窠臼，使文艺理论从整体论出发结果又回到元素论起点。新时期文艺学快速跟进其他学科发展的步伐，转变方法论，面貌一新，但仍需对其间原因做深刻反思，才可能使理论葆其青春。

3. 自然科学课程内容更新

在自然科学中，一些当年充满创新内核的理论如相对论、量子力学、系统理论、非线性理论、量子化学、分子生物学还在以"专业课程"的面孔出现，其实它们早已应该成为大学理科的基础课程了。而且，"普通物理学"、"高等数学"、"普通化学"等基础学科，也需要充分反映20世纪下半叶以来的重大理论新成果。特别是计算机课程的内容，如计算机技术更新之快，课程内容也需及时更新，有的计算机教科书还停留在九十年代和二十世纪初的水平，而现在都大数据人工智能了。总之，科技日新月异，教学内容也要及时跟进，尽可能做到教学的"不隔"。

课程内容更新还意味着教师原有的知识结构可能早已不再适应今天的教学需要，在从业过程中大学教师要随时更新自己的知识结构，实现可持续专业发展。

（三）教学组织问题

大学生在身体和智力上已近成熟，且具备了相当的知识基础和较强的自学能力，加之大学课程内容的学术性、深刻性和复杂性，这就要求大学课堂教学的方式方法应灵活多样。

1. 课堂教学组织现状

如上所述，大学的专业教学内容为王，往往容易轻视课堂教学的组织。教学中，只注重知识的传授与记忆，不注重启发学生独立思考，不重视让学生理解知识的根本意义，不注意剖析知识产生的语境意义，在教学的组织方法上采用的是灌输式的讲课方式的情形应不在少数。不注重课堂教学组织方式直接影响了教学质量。据北京市教委所进行的本科课堂教学检查发现，甚至在一些重点大学，不注重课堂教学组织形式也较严重存在。资料显示，有教师在讲《中国革命史》的"辛亥革命"这一部分内容时，只是依照教材泛泛地讲资产阶级不能领导革命，只有无产阶级才能领导革命走向胜利，却没有对辛亥革命的内涵、历史作用和中国民主意识的形成进行深入剖析，显得很肤浅；讲《邓小平理论》的"民主与社会主义"这一部分内容时，不讲邓小平论述的具体原因，不具体研究中国民主的进程及其阻力，也不结合当前的政治体制改革所遇到的具体问题，只是大段地介绍邓小平的论述，生硬地得出结论"没有民主就没有社会主义"，显得呆板机械；讲"列宁著作选读"课，教师讲授的主要方式是经典著作字词句的解释，念一段解释一段，寻章摘句像个私塾先生，缺乏对当时历史背景的联系，没有引领学生把握作者的立场、观点和方法；不少教师的讲稿、教案（甚至 PPT）与教材基本没有任何差别，教学过程中也缺乏互动交流；也有的教师将自己的讲稿念一段，然后就在黑板上写一段，毫无生气。如此教学，何谈教学质量？故教育部才下大决心巩固教学一线，要求教授到教学一线教学，要求大学重视本科教育，要求大学打造金课，要求对本科学习考核从严，结束大学玩死的时代！上述重要举措的推出，与大学教学缺乏课堂教学重要性认识和探索性追求有关。

2. 重视教学研究

由于论文、专著、项目之类的成果，能给教师本人带来职称晋升、获奖、人才选拔等方面的实惠，产生名利双收的效果，因而，重视科研已成基本共识。但这里的科研，是关于本学科的所谓"专业科研"，而对于如何提高教学质量方面的研究，则在实践上被界定为"教研"，在分量上似乎低"科研"一等。这导致关于教学的研究，在高校教师的职业活动中并不受重视。不仅如此，这种意识甚至很容易发展为对教学本身的轻视。"谁把主要精力放在教学上，谁就是个傻瓜"成为耳熟能详的普遍慨叹。这刺耳之话，反映了制度导向的偏差和大学教学的潜在危机。现在国家正在努力改变教室工作评价方式及职称评聘机制，反对唯 SCI 倾向，逐步增加教学方面的权重。

要切实重视教学研究，就要转变关于教学研究的观念，调整和理顺制度导向和激励机制，让教师积极主动地、自觉且乐意地将自己的专业研究与教学水平的提高结合起来，让科研真正地为教学服务。例如，大学英语教师要以流利的英语口语进行授课，而不宜用汉语讲解英语；"两课"教师不仅要充分理解理论发展历程与最新动态，更要将理论研究（包括自己的研究）与当前实际相结合，将讲解系统理论与组织学生讨论现实问题结合起来，充分发挥学生在教学中的主动作用。

二、教学方法

所谓教学方法，就是围绕一定的教学目标，依据教学内容和学生身心发展的特点以及手段条件因素，设计教学要采用的教学策略与方法及其组合。在课程内容确定之后，恰当的教学方法设计是影响教学质量的关键因素。

（一）讲授法

1.讲授法的含义

讲授法是指教师通过简明、生动的口头语言向学生传授知识、发展学生智力的方法。它是通过叙述、描绘、解释、推论来传递信息、传授知识、阐明概念、论证定律和公式，引导学生分析和认识问题的一种教学方式。讲授法不是简单的传递和注入，它是由教师的理解转化为学生的理解的过程。一方面，教师将教材上的内容加以分解，为学生理解课程内容的内在联系建立阶梯；另一方面，教师以自己理解问题的方法指导学生学会理解，培养了学生的理解能力。讲授法是最为基本的教学方法，具有很强的普适性。

2.讲授法的优势

讲授法最早可追溯到古希腊时期雅典剧院的兴起和柏拉图的学园，它至今仍是大学课堂教学的主要方法，之所以长盛不衰，确有独到的优势：一是可控性强。讲授法有利于发挥教师的主导作用，在教学过程中，不仅向学生传递信息，而且还能及时获得来自学生的反馈信息，了解教学效果，从而及时地调整教学行为。

再是成本低，效率高。讲授法是一切教学方法中最经济、简便的一种方法，它不需要投入过多的物质设备，与其他方法相比，讲授法还具有很高的教学效率，同一内容的学习，若用讨论法将会花去几倍的时间。最后信息量大。讲授法主要是通过言语向学生传递信息，教师可根据学生的接受能力及教材的难易程度，在有限的时间内传递大量的信息，这些信息对学生来说，损耗低，效度高。

3. 讲授法的不足

讲授法也存在着缺陷。其一，不利于因材施教。在班级授课制的条件下，教师的讲授是用同一知识面向几十名知识水平、接受能力、兴趣爱好有差异的学生，无法照顾学生的个性差异，不利于学生的个性发展。其二，容易异化为注入式。讲授法主要是一种单向的信息传递方式，大多数教师习惯"一讲到底"，把重点放到了系统的知识上，而忽视了学生的主体地位，造成学生学习的被动。其三，难以实现教与学的互动。以言语为媒介的讲授法，容易形成教师的"一言堂"，在教师讲授的情况下，学生难以有机会表达自己对知识的不同理解，客观上难以实现教与学双方的互动，同时也难以形成学生之间的交流，由此影响讲授法的教学效果。

4. 讲授法的应用

讲授法要求合乎科学，用语准确；合乎逻辑，严谨有序；启发思维，培养能力；简明生动，形象具体。

从教材内容看，讲授法适合与实事有关的知识，适合抽象程度高、学科内容复杂的课程。特别是不能从其他渠道得到的学科最新成果和前沿研究动态，更适合讲授。从讲授对象看，低年级学生适合于讲授，高年级学生适合自学与讨论，需要指导与帮助的学生喜欢讲授，思维灵活的学生独立性学习的效果会更好些。从教师来看，自信心强、逻辑清晰、具有高超的语言艺术的教师更适合讲授。恰当应用好讲授法要注意以下几点：

（1）要符合大学生的心理特点。大学生的独立思考能力和判断能力已经有了一定的发展，不轻信，不盲从，喜欢怀疑和争辩，喜欢标新立异。因此，教师的讲授要善于启发诱导，善于设疑，给学生留有思考和发表自己看法的余地。

（2）要正确处理好讲授内容。讲授内容是专业培养目标的逐层分解和落实。为此，大学课堂教学的讲授内容应从学科内容的特点出发，贯穿有关的思想内容；讲授内容应是以教材系统为依据的重点讲授，具有某种专题讲授的性质。特别是，在大学课堂教学中，应正确处理好所收内容确定性和不确定性的关系,确定性是指知识的可靠性,不确定性是指科学具有探索的性质,教师主要讲授确定性的一面,包括最新的科学成果,但也应指出存在的尚未克服的矛盾,允许发表一些与教材不同的观点,从而使学生在学习中能将掌握已知和探索未知有机地结合起来。

(3)教学环节完整,思路清晰有序。讲授课一般由导论、主体部分和结论等环节组成。其中,主体部分可以采用以问题为中心或者以原理为中心的方法进行讲解和分析。

(4)理论联系实际,渗透直观方法。大学课堂教学讲授的内容多为抽象的理论知识,为了使学生理解知识,就应需要重视理论与实际的联系,增强讲授的直观性。其中,理论联系实际包括运用事理说明理论,运用理论分析自然和社会现象,尽可能增强所授内容的针对性和社会实用价值。对描述性的内容,尽量采用直观教具,对抽象的教学内容要运用图解或框图等。

(5)讲究语言艺术。课堂上进行讲授时,语言要生动形象、富有感染力,清晰、准确、简练、条理清楚、通俗易懂,音量、语速要尽可能适度,语调要抑扬顿挫,适应学生的心理节奏。

(二)课堂讨论法

1.课堂讨论法的含义

讨论法是在教师的指导下,学生以全班或小组为单位,围绕教材的中心问题,如教学内容的重点、难点和热点,各抒己见,通过讨论或辩论活动,获得知识或巩固知识的一种教学方法。讨论法也是大学课堂教学中广泛采用的一种教学方法,它能将教师指导、个人独立钻研、集体学习与交流三者有机地结合起来。课堂讨论法有助于学生加深对授课内容和问题的理解。

与讲授法不同,讨论法是双向的,是信息交流的最好方式,改变了由教师讲授或学生自学单向输入信息的弊端,形成了多渠道的信息交流方式,有利于调动学生学习的积极性,有利于培养学生的独立思考能力和创造能力,有利于学生将书本知识与实际结合起来,同时,需要教师高水平的把控、指导和点化,也有助于教师水平的提高。

2.课堂讨论法的类型

大学课堂教学的讨论根据讨论的目的可分为两种类型:一是知识性讨论,以理解和应用教材的有关知识为目的,其应用性较广;二是学术性讨论,以超越教材内容为目的探讨相关学习问题,一般在高年级采用。根据讨论性质可分为三种类型:一是互补性讨论,主要通过各种意见的相互补充,弄清问题;二是辩论,即针对对立的观点双方展开交锋;三是比赛性讨论，就某一共同问题发表各自的观点，依据水平评出优胜者。根据组织形式，可分为三种类型：一是全班讨论；二是小组讨论；三是经过小组讨论后再全班讨论。

3. 课堂讨论法的应用

讨论主要包括讨论前的准备、讨论的组织与引导、讨论的总结与评定三个环节。各有要求，而又环环相扣。在讨论前的准备中，教师主要是认真研究讨论的主题，确立具体明确的讨论内容，做出对讨论的具体安排、活动方式，指定必要的参考资料等。在讨论的组织与引导过程中，教师应要求学生发言的内容始终围绕论题，把学生的注意力调动到问题的焦点上来，善于启发、引导学生自由发表意见，让每个学生都有发言的机会，鼓励学生敢于坚持自己的观点，同时，不要固执己见。认真做好课堂讨论发言记录。这不仅有利于对学生的讨论进行点评，也体现了教师对学生的尊重，而且还是评定学业成绩的重要参考，易于激励学生参与讨论的积极性与主动性。在讨论的总结与评定中，教师对学生的讨论加以归纳和评价，肯定正确的意见，尤其是创造性的意见，指出模糊乃至错误的观点，同时，不断改进成绩考核的内容和方法。总结评定既是讨论法的一个不可或缺的组织环节，又是整个讨论成果的点化与提升，因此，需要教师紧扣问题设计，厘定学生讨论成果，并提升到相应的知识高度。

（三）问题教学法

1. 问题教学法的含义

问题教学法是指教师根据以往教学中所掌握的学生学习本课程时所遇到的普遍性问题，或者在讲授过程中所遇到的新问题来组织课堂教学的教学方法。问题教学法容易将理论知识与现实问题结合起来，也容易将书本知识与学生的困惑结合起来，由此也容易激发学生的学习兴趣，激活学生的思维活动。问题教学法有助于将书本理论与现实问题结合起来，它可以与课堂讨论法融合在一起。

2. 问题教学法的应用

运用问题教学法需要做到三个精准：精准选择问题，精准导引、精准点评。

精准选择问题，这是应用问题教学法的关键与核心，教学内容的切入与知识点的回归都要围绕问题来进行。教师要对所授内容容易遇到的问题进行搜集、整理、提炼，也要注意问询学生，就其所关心的与本课程相关的问题进行归类，必要时也可发放问卷调查。

精准引导学生思维，引导学生分析问题并尝试解决。如文学教学中，市场经济与大众文化环境中的伪经典化问题、文艺贵族化问题，现象普遍，要引导思考。"伪经典化"现象，即在特定历史时期出于非文学原因将某部作品人为拔高，使之一度获得本应只有经典才可能获得的影响和地位的活动。文艺贵族化问题即把文艺当成奢侈品，过度包装，买椟还珠，一部书有的用丝绸印刷，有的镶金，售价动辄上千上万，一张戏票、音乐会票也是上千上万。这些现象在文艺接受中也有一定依据，但是太过则走向反面，文艺不能面向大众，不能循着精神追求之路，是会很危险的。所以要引导学生讨论，引导学生思维伸进问题的各个层面，以得出正确的文艺认识。

精准总结点评。教师要适度总结学生的各种解答。由于大学生思维的活跃性和开放性，对于同一个问题的思考可能会得出不同的看法，甚至可能会得出错误的看法。为此，教师不仅要适时肯定学生的各种有创造性的思考，肯定他们思维的深刻性和独到性，而且还要对于他们的片面理解和错误认识给予引导和纠正。

（四）练习法

1. 练习法的含义

练习法是学生在教师的指导下巩固知识、运用知识、形成技能技巧的方法。根据练习的手段，可分为口头练习、书面练习、实际操作练习；根据技能的练习的程度，可分为模仿性练习、独立性练习、创造性练习；根据技能的类型，可分为心智技能练习和动作技能练习。这是技能类、语言类和操作类课堂所经常采用的一种教学方法。

2. 练习法的应用

通过练习巩固消化所学知识，是课堂教学必不可少的。首先要提高练习的自觉性。进行练习，要使学生明确练习的目的和要求，掌握练习的方法，防止练习中可能产生的盲目性。精选练习材料。其次，要精选练习材料，做好问题的设计，强化基本技能的训练，把典型练习、变式练习和创造性练习结合起来，使学生举一反三，发展他们的实际操作能力和创造能力。第三，让学生掌握正确的练习方法，适当分配练习的分量、次数和时间。练习方式多样化，以提高学生的练习兴趣和效果。仅以文学课程为例，练习不只是论文、还有评论，仿作，表演等。最后，了解练习的结果。教师要及时检查，根据反馈信息组织校正练习，保证练习的质量。

（五）读书指导法

1. 读书指导法的含义

这是一种具有很强的现实意义的一种教学方法——尽管它主要是服务于

课堂，并且主要地发生在课堂教学活动之外。应鼓励与指导学生多读书，并且学会读书。大学生的阅读可分为专业性阅读和非专业性阅读，专业性阅读包括消化性阅读、独立性阅读和研究性阅读三种类型。消化性阅读是为针对教师所教授内容而进行的一种阅读方式；独立性阅读不依赖于教师的讲授，而是直接理解和掌握教材内容或其它学习材料，研究性阅读是为了研究一定的课题而阅读相关的文献资料。非专业性阅读包括修养性阅读和娱乐性阅读，它对提高大学生的人文素养有着很重要的价值。如信阳学院文学院提出的"双三一工程"，其中要求精读经典 100 部（篇），要求精到完全消化，能写出论文，化成学问，提升人文素养，通过实践，效益明显。他们用优秀的经典著作的内容滋养自己，陶冶自己，提升自己。在学习、生活和各种专业的综合素质竞赛中充分地展示出来，正应了那句名言："胸藏文墨怀若谷，腹有诗书气自华"。

2. 读书指导法的应用

读书指导法的应用要则大致体现在五个方面：读、导、问、思、研。

读。要选择有学术价值的经典书籍来读；要根据书的价值选择精读或略读，对本学科最有影响的代表作，应潜心精读；读书要有比较，能够鉴别内容、观点上的异同及其独到指出；读书要把握全书的意图、主题与层次结构，尤其要理解和掌握书中提出的论点、论据及论证方法。

导。在阅读时，遇到问题，教师要指导学生查阅相关文献资料，指导学生掌握本学科领域的图书情报体系和检索方法。

问。在阅读过程中能够提出高难度的问题，是读书深入的重要标志读书时发现的问题一般有三类：一是比较模糊的问题；二是对阅读材料的评价问题；三是通过读书启发出来的应值得探究的问题。

思。只有学思结合，才会有所收获，这就要求学生克服读书时的依赖心理，运用科学思维的方法，防止思维的片面性和盲目性。

研。组织学生将自己读书的心得体会、发现、问题和思考坦白地与同学和教师进行交流、研讨，促进深度理解。

读书指导法的应用，不只是课堂教学的点缀，而是关涉甚广，影响至深，关键在顶层设计，在从人才培养质量的高度去认识和践行。如信阳学院文学院为培养优秀的文科人才，提出"双三一工程"，其中要求精读经典 100 部（篇），要求精到完全消化，能写出论文，化成学问。同时要求教师做好指导，纳入课程考核。推出此举后，该院学生图书借阅率稳居全校榜首，考研率超过 60%，在全国全省汉字大赛、经典诵读大赛、写作大赛等各种关联赛事中捷报频传。

三、教学组织形式

所谓教学组织形式，就是根据一定的教学思想、教学目的和教学内容以及教学主客观条件，组织安排教学活动的方式。在大学教学工作中，为了达到教学目的，怎样把一定的教学内容传授给大学生，如何组织教师和学生的双边活动，如何妥善安排和有效利用教学的时间、空间及其条件，都是教学组织形式所要解决的问题。目前，班级授课制依然是大学课堂教学的最基本的组织形式。

（一）班级授课制

班级授课制又称课堂教学，班级授课制是把一定数量学生按年龄特征和学习特征编成班组，使每一班组有固定的学生和课程，由教师根据固定的授课时间和授课顺序（课程表），根据教学目的和任务，对全班学生进行连续上课的教学制度。最早是欧美一些学校出现以班级为单位的教学组织形式，随后夸美纽斯对此组织形式进行总结而确定下来。后来赫尔巴特完善了这一理论，苏联的教育家凯洛夫最终完善了这一理论。我国最早使用班级授课制是1862年开办的京师同文馆，20世纪初以来，随着现代学制的逐步确立，班级授课制随即在全国推广。

1. 基本特点

班级授课的基本特点有三：一是以班为单位由教师同时对整个班级进行教学。二是以课为单位来安排各科教学。教学内容按学校和学年分成许多既有系统又相对独立和均衡的部分，每部分采用相应的教学方法和手段，有计划、有步骤地展开教学活动。其中，每一部分的内容和活动叫做一节课。每门学科每周预定课时数，一般根据国家规定的课时安排课时标准。各班的课时表规定每日的教学安排。每一课都限定在统一且固定的单位内进行，课与课之间有一定的休息时间。三是各种教学均依照国家有关规定和要求以及学校制定的教学大纲进行教学。

2. 优势与局限

班级授课制的既有优点也有一定局限。其优势很大，至少有如下五个方面：其一，一位教师可以同时教许多学生，扩大了单个教师的教育能量，有助于提高教学效率。其二，以"课"为教学活动单元，可使学生的学习循序渐进、系统完整。其三，由教师设计、组织并上"课"，以教师的系统讲授为主，兼用其他方法，有利于发挥教师的主导作用。其四，固定的班级人数和统一的时间单位，有利于学校合理安排各科教学的内容和进度并加强教学管理，从而可赢得教学的高速度。其五，在班集体中学习，学生可与教师、同学进行多向交流，互相影响、互相启发和相互促进，从而增加信息来源和教育影响源。

但是，随着教育的发展和教学艺术多元化探索，班级授课制也显示了一定局限，或者说，班级授课制不是唯一的形式。这种局限主要是：教学活动多由教师做主，学生学习的主动性和独立性受到一定程度的限制。学生的学习主要是接受性学习，不利于培养学生的探索精神、创造能力和实践能力。再则，时间、内容和进程都程序化、固定化，难以在教学活动中容纳更多的内容和方法。由于以"课"为活动单元，而"课"又有时间限制，因而往往将某些完整的教材内容人为地割裂，以适应"课"的要求。此外，教学面向全班学生，步调统一，难以照顾学生的个别差异，不利于因材施教。

3. 班级授课制改革

随着时代发展和科技进步，班级授课制的局限性和弊端日益显露，人们不断批评、抨击班级教学压抑了学生的个性培养，阻滞了学生的整体发展，改革传统班级授课制度的呼声也就日益高涨，于是，在对班级授课进行革新的基础上，产生了许多新的教学组织形式。

（1）专题研讨（Seminar）

专题研讨最早见于 16 世纪初德国虔敬派教育家弗兰克创办的师范学校中。1737 年，德国大学教授格斯纳在其任教的哥廷根大学创办哲学专题研讨班，旨在培养从事教学的神学家，他是将专题研讨班引入大学教学中的第一人。

"Seminar"可译成"研讨班"、"讨论班"，它是用来训练学生对某个重大问题进行独立调查研究的。一般来说，是一名研究专家向他的学生提出问题或鼓励学生自己发现问题，然后在他的指导下开始进行解决问题的活动。其后，这种教学形式在哥廷根大学、哈雷大学扩展开来，在当时欧洲的高等教育中影响极大。

（2）选科制

20 世纪 20 年代前后，受美国大学教育模式的影响，我国大学就曾尝试实行以主辅修制为形式的选科制和学分制。1917 年 10 月，北京大学召集会议，着手学制改革，仿照美国大学学制，采用选科制度。具体办法规定 7 项：（1）各科皆有系统之编制。（2）学生以习满若干单位为毕业（每周一时，全年为一单位），不必拘定年限。（3）预科 40 单位，以 3/4 为必习科，1/4 为选科。选科皆由各预科主任因程度而指定之。（4）本科 80 单位，半为必习科，半为选科（理工科酌量减少）。（5）本科学生入校时，皆须择定本科教授 1 人为导师。（6）选科于本门专治一系外，更当兼治与专科有重要关系者，其尚愿旁治他学者亦听之。（7）凡前一学年之平均分数在甲等者，本学年可择选科规定之最多单位。此为中国大学行选科制之始。采用这种形式的目的，是为了使教学更加符合学生及家长的需要、愿望和学生的学习准备。澳大利亚的教育研究人员曾就选科制的两种形式进行了实验研究。一种是按照学校开设的主要科目建立侧重点有所不同的班级，学年开始时，学生在教师指导下选择自己愿去的班级，然后学习该班的课程，同时，也服从学校为加强管理而采取的一些措施，如控制班级人数、调整男女比例等。另一种是对于某些"核心课程"，学生有权选择自己要去的班级，但学习其他课程时仍由学校或教师规定在班级内；学习"核心课程"的班级是由做出了共同选择的学生组成的，因而能适合学生本人的兴趣、爱好和准备程度。

（3）凯勒制教学

20世纪70～80年代，由美国心理学家、教育学家凯勒提出的"个别教学制"，[1]主要是用于大学和中学的教学。这种教学首先是以引导式的讲课来激起学习动机，而后学生按自己的速度学习教材，再采用预测性的测验检查和测定学生对教材的掌握情况，并加以相应的纠正教学。在教学的组织和监督方面，由教师指定学生中能力强或年龄较大的学生来担任，同时也起到一种互教互学的作用。

（4）小队教学

小队教学又称"协作教学"、"协同教学"，由教师、实习教师和教学辅助人员组成教学小队（teaching team）集体研究并编订教学工作计划，分工合作完成教学任务和评价教学效果的组织形式。最早出现于20世纪初，50年代以后逐渐在美国和西方其他国家流行。其基本做法是：由若干名教师组成教学小队，共同负责一个班或几个平行班的教学工作，共同制定培养工作计划，并根据各人所长，分工合作，完成教学任务并评价教学效果。小队教学本来出现在20世纪初，但是未引起重视，20世纪50年代，美国"全国中学校长协会"发起组织"中等学校教职员利用实验研究委员会"，鼓励和帮助学校开展改革教学组织形式和教学方法的实验。协作教学是在该委员会帮助下发展起来的。50年代末传入英国，60~70年代曾在日本和其他一些国家试行。

在小队教学的早期实验中，小队教学的教学组分为大组和小组两种，大教学组由5～6个教师组成，小教学组由3个教师组成，由小组组长和高级教师负责小队的工作，每个教学组配备一名教师助手。后来，具体做法发生了变化。目前，多数情况是一个精通业务的教师同一个经验少的教师、一个

---

① 个别化教学系统（Personalized System of Instruction，简称PSI）又称凯勒计划，由凯勒及其同事于1968年创立，目的是避免单一的演讲式教学和呆板的时间安排，允许学生学习时在保证对教材真正掌握的前提下按照适合自己的速度前进。PSI能给学生更多的个人选择机会，被称为适应个人的教学系统。

实习教师及一个教师助手组成教学组，精通业务的教师负责教学组的工作并上大课，其他教师则负责小班或小组教学、讨论或个别辅导。小队教学的一般实施过程是：50～100名学生合成大班上课，由一位教师顺次主讲（包括介绍单元活动内容、学习动机、说明教材设计学习活动、评价学习结果等），其他教师协助工作。然后，学生分组学习和讨论，教师分工辅导。最后，学生到指定教学中心，利用各种仪器、图书和设备进行独立学习，包括独立阅读，听录音、唱片，独立观察，实验、制作，写笔记和报告等。教学小队的教师集体定期开会研究、评价和计划教学工作。

小队教学的特点是能发挥教师的集体力量和教师个人的特长，共同对学生进行教学，这有助于提高教学质量，起到互助合作的效果。根据学生向教师学习、相互学习和自我学习的不同途径，采用大班上课、分组讨论和独立学习相结合的形式，能够做到既有集体的学习，又兼顾学生的个性特点，有助于培养学生的自学能力，能够比较有效地使用人员、图书、仪器和其他设备，提高教学效果。还有助于教学小队的教师开展某些教学研究活动，有助于提高新教师的水平。

（二）教学组织形式发展

随着社会的发展，大学教学组织形式由最初的个别教学制，发展为众所周知的班级授课制。随着信息技术和时代精神的发展，大学课堂教学组织形式必然面临新的转型，呈现出新的模式和样态。

1.班级概念重建

学分制是一种富有弹性的教学管理制度，它以选课为基本核心，以学分为学业完成情况的计量单位，学生按专业培养方案和本人的需要与可能，在教师指导下自主修读相关课程，获取学分，学生达到毕业要求的学分，即可毕业。

（1）传统班级概念

传统的班级划分是按专业和入学年限进行的划分，由专职班主任或辅导员负责常规性管理。这样的班级，不仅学生是固定的，而且班主任一般也是相对固定的，有时甚至能从入学军训到毕业连续几年都是由同一位班主任进行管理，班级与班主任之间具有行政意味的隶属关系。不仅如此，同一个班级学生所学课程、任课教师甚至上课地点，也是统一且固定的。这样的班级制度，对大学招生、建档、学籍管理、成绩登记、助学济困、学生评优考核以及道德教育，甚至对教师绩效考核都具有相当的稳定性。多少年来，人们已经习惯了这样的班级概念，并且天然地认定了它的合理性。

（2）班级概念重建成因

学分制管理强调在教师指导下，学生要根据自己的兴趣、职业或学术发展规划，自主选择专业和设计课程组合，这实际上是要求学生要提高自己的自主学习能力，强调了学生在学习中的责任。

学分制教学管理，学制将由过去的刻板划一转变为具有个人色彩的弹性学制，部分学生可能会提前修完学分毕业，而同时也会有部分学生因种种原因不能在常规时间内修够学分，需要延长在学时间，这决定了学生的学业进程也不再步调一致。

由于学习能力的不同，也会有部分学生将其余力用于跨学科修习第二专业或学位，在指导教师的帮助下，每个人都会根据自己的能力、兴趣、就业倾向，选择不同的课程组合与进度安排。在那些实行了按学科大类招生的学校里，即使是同一个专业的学生，在学习完公共课和专业基础课以后，学生还要考虑专业发展方向的课程组合问题，甚至申请改变自己的既有专业。除公共必修课、专业必修课及部分专业限制选修课程外，大量的其他选修课程的学分比例，一般能占到30%～40%，在美国的一些高校，这个比例甚至能达到50%。选修课程的数量与质量是实行学分制的基本保证，没有足够数量的选修课程，学分制是不可能得到保证的。我国高等教育发展还不平衡，"双一流"高校资源富集，能够开出数量与质量都较理想的选修课，而一般高校，特别是欠发达起区高校，师资力量薄弱，在高质量的选修课提供上捉襟见肘，明显困难。

在师资充裕的情况下，甚至同一门课程，也可安排不同的教师开设。重点大学已为普遍现象，大大丰富了学生的选课余地。这样，从班级的角度，原来具有行政划分意味的班级概念就大大地淡化甚至会消失，因为不仅选择了不同课程组合的学生可能不在一个班级，而且即使选择了相同课程组合的学生，也可能会选择不同的教师，从而至少在某门课或某位老师的课堂上，他们要分属不同的班级。这样，实行学分制后事实上面临着班级概念的重建问题。

2. 小班化教学

班级授课制摆脱了少数贵族对教育的垄断，加速了普及教育的进程，提高了教学工作的效率，促进了知识的快速传播。但不利于学生的个性与创造性的发展、不利于因材施教，却是它难以克服的痼疾。300多年来，教育一方面享受着班级授课制的益处，另一方面也在经受着它对人才培养的损伤。随着在校生规模的扩大，班级授课制的痼疾被进一步放大。原来一般不过40人左右（外语25人）的课堂教学渐渐地不见了，代之以百人左右的大课堂，这无疑增加了互动、探究的实施难度。我国高等教育经历了精英化向大众化的转型，大规模扩招，毛入学率的大幅提升，导致了大班现象的普遍化。使高校发展面临着既要适应大众化教育的规模扩张，也要思考探寻内涵发展的适当路径。而降低过多的班额，小班化教育是题中之要义。

3. 网络辅助教学

由于网络技术的影响与普及，目前绝大多数的高校都已经具有较好的网络平台，它为大学课堂教学改革提供了新的路径，网络平台辅助下的课堂教学，将成为大学课堂教学的新型组织形式。

（1）网络辅助教学若干模式

①基于网络教学资源的开放式讲解模式。此种教学模式与传统教学的最大区别就是讲授内容不受教材和教案的制约，它可以随时根据需要联通网络教学资源，以便对所讲内容进行更新、补正。当授课涉及关于不同观点的争鸣，或需要调阅信息量很大的实际资料时，这种教学模式能增强教学的便利性和可信性。

②基于网络教学资源的自主学习模式。大学生具有较强的自学能力和自主探索能力，他们有能力自主查阅或下载网络教学资源中的课件、案例、思考题、答疑留言等，从而实现基于网络教学资源的自主学习。

③基于网络讨论的交互式教学模式。对于每一门课程，都可以建立网络交流与讨论平台，通过这个平台，学生可以将自己收集到的所有有助于课程学习的资源（包括相关网址）与同学共享；也可以通过这个学习平台，交流自己的学习体会，提出自己的看法，与教师和同学交流，从而促进学习。作为"互联网＋教育"产物的慕课（MOOC），即是新近涌现出来的一种在线课程开发模式。

（2）网络教学资源建设

有效实现网络平台辅助课堂教学的关键是网络教学资源建设，一般性的浩如烟海的信息，起不到教学资源的作用，为此，必须根据课程需要，将有价值的信息资料筛选整理出来，形成教学资源，如今发展的大数据是最好的应用技术。

网络教学资源建设的主体首先是任课教师。教师根据自己丰富的教学经验和学习经验，按照课程需要和教学目标，对自己所掌握的有用资源精心挑选，归类整理；将自己的学习建议、教案、推荐网址、案例、难点与重点分析发到网上，由此，形成教学资源的主要内容。此间，教师将本学科最先进的研究成果（包括自己的）也发布到资源库里，将大大充实课程的知识内涵，提升学术品位，从而实现科研为教学服务的目的，消除教学与科研的"两张皮"问题。

　　教学资源建设的另一大主体是大学生自己。学生们结合课程内容，就自己感兴趣的问题，通过信息检索查找可用的信息资源，或结合自己的探索研究，将自己的发现、结论或未解疑惑充实到教学资源中。学生参与建设教学资源不仅可以激励学生积极学习和研究课程，而且还可以由此熟练掌握资料检索方法，提升信息素养。在网络条件下，学生不仅可以建设教学资源，还可以管理教学资源，甚至学生本身就是教学资源。

　　随着教育的日益信息化，教学资源正在成为一个越来越大的市场。专业公司的技术人员，在学科专家和教师的直接帮助下，已经开发出面向各类教育和培训的教学资源商品，这些商品已走进大学的图书馆和资料室，成为大学教学的宝贵资源。随着大数据技术的应用，教学资源的整合与更新也不再困难，为教育教学开辟了宽阔的道路。

第二章 现代高校教学设计

教学设计，就是对教学的各个要素的谋划，是教学前对教学的各项工作的基本策划，目的是使教师教学工作能按照预先计划有条不紊地进行。这在大学教育中已成常态。即使在传统教学中，也都经常做教学计划，包括了解学科（专业）培养目标，课程教学要求，做好课程学期（或学年）教学进度计划、章节教学计划以及每课时的计划。但是，从总体上看，大学教学这种设计还未提高到应有的高度，多数还是"经验型"教学设计。现代教学设计，亦即信息时代的教学设计，是一项复杂的教学技术和教学艺术，需要以心理学、学习学、教育学及其他相关学科（诸如系统论、信息论、控制论等）的理论和方法作指导，形成其独特的理论和方法，才能更科学、有效地组织教学，实现教学的最优化。

第一节 高校教学设计理论基础

大学教学设计学是整个教学设计学的一个分支，也是大学现代教育技术学的核心。它是针对大学教学系统进行教学设计的学问。

一、大学教学的特点

（一）学习目标更为明确宏远。中学是为德智体美劳发展奠定基础的学习，往往是为进一步升学而学，标准化，规程化比较明显，其知识往往是线性的；大学学习则是为获得德智体美劳高度全面可持续发展并形成（或构建）某种专门智能结构和成才素质的学习，是为了成为高素质人才奠定基础，是为了就业和创业做准备的学习，目标更加明确，更加宏远，知识谱系会更丰富，更具整体性。

（二）教学内容更为广博高深，更具时代感。与中等教育相比，大学教学内容更为广博高深，更具时代感。其教学内容关联域更广，更贴近时代发展，社会发展对人才培养的客观要求、科学技术和人文发展的规律和水平、大学生身心发展特征、教师群体的高水平以及办学的物质技术条件等因素都会成为大学教学内容要素，其中科技发展的制约作用更直接、更突出。因此现代大学教育内容要适应现代科技发展的趋势：知识信息剧增，科学概念变革速度加快；科学发现和技术发明日益加剧；产品更新换代周期越来越短；学科高度分化和高度综合加快；科技整体化、综合化越来越明显。因此，大学教学内容呈现出特殊的活性，具有基础性、通识性、前沿性、综合性、实践性、探索性等鲜明特点。

（三）大学教学过程与基础教育相比呈现出很多明显的特征，集中表现在学科性、专业性、阶段性、创造性、开放性和自主性等方面。

（四）大学课程结构与基础教育相比有更明显的层次性、多样性、迁移性、综合性等。因此，大学生选修课就有了广泛的选择性，同时也产生了选课的科学合理性和最优化等。

（五）大学教学形式与基础教学相比更加丰富多彩，也更有特点。主要体现在多样性（课堂教学、实践教学、教学实习、综合训练、设计作业等）、互补性（各种形式互相依存、互相补充）和层次性（依据学生在学习中的独立性程度可分为：传习性、自主性和研究性三种层次）等方面。

仅从上述五个方面分析就可以看出，大学教学与基础教育的教学相比，有其显著的特征。因此，大学教学设计自有其特殊性，需要广大的大学教师和高等教育专家、学者不断求索。以现代大学的教学理念为指导，以大学学习理论、大学教学理论、信息传播理论和系统科学理论为理论基础，运用系统论的方法和观点调查、分析当代大学教学中的需求和问题，确定大学教学目标，构建最优的教学过程，选择或策划最优的教学策略和教学资源，并随时评价其结果，从而使教学设计成为最优化教学效果的科学指南。

二、大学教学设计的理念

所谓"理念"，是指理性领域的看法、观念和信念。它是旧哲学中的一个名词，柏拉图、康德、黑格尔等哲学家都采用过。在今天，该词已从哲学家的书斋中走进广场，进入现实社会的领域。

大学教学设计的理念，就是人们对于大学教学设计领域总的看法、理想、观念和信念。它是建立在对现代大学教育、教学规律和时代特征的深刻认识的基础上的。只有充分明确了大学教学设计的理念，才能以正确的指导思想搞好大学教学设计。纵观现代教学设计思想的形成和发展历程，存在着各种错综交叉的观念（图 2-1）。

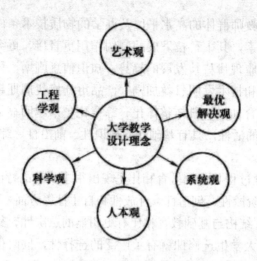

图 2-1 大学教学设计理念

（一）教学设计的艺术观

传统教育教学观，把教学设计看成是一种艺术创作过程，认为教学是艺术，教师是艺术家。其理由是，不同教师对同样的教材和学情有着不同的教学策略、不同的教学方法和不同的教学风格，因而有不同的教学效果；即使是同一位教师，处于不同的教学背景和教学时空，其教学策略、方法和风格，也会不同，教学效果也不一样，甚至大相径庭。优秀教师总能根据教材和学情，采用相应的教学艺术策略，达到最佳的教学效果。应该说，这是对教学设计的深度把握，也是传统教育观魅力不减的表现之一。精心策划运作的教学过程就是一个艺术创作的过程。在现代教学设计中，虽然科学性和技术性会有所增强，但教学策略的策划，教学媒体的设计或选择，绝非单单是一项技术性操作，其中也包含着不容忽视的艺术性。因此，教师不仅要知识渊博，是其所在学科的行家里手，而且还应该具有较高的教学艺术修养和创造能力。

（二）教学设计的科学观

这种观念将教学设计看作是一门科学。科学是讲究求实、求是、求真的，教学设计作为教育科学的一个现代分支也不例外。这种观念的形成也有长久而复杂的历史。早在19世纪初，夸美纽斯和赫尔巴特就提出过"教育科学"的观点。把教学设计视作科学过程，在早期是和程序教学直接相关的。斯金纳在1954年发表的《学习科学和教学艺术》中，就肯定了科学过程的基调，并在程序教学中予以贯彻，以保证教学的有效。现代认知心理学的迅速发展，为教学设计提供了更为有效的科学观点。现代学习科学、教育科学、信息科学和系统科学的发展，为教学设计提供了强有力的科学基础。

（三）教学设计的工程学观

工程学观把教学设计视为一种系统工程，把教学设计所制定的教学方案及其实施看作是评估需求、确定目标、策略策划、实施、评价效果、反馈修正等一整套有序的操作过程和操作技术；同时，也找到了科学设计运行的机制，通过系统分析和不断测试提供的反馈信息，调控系统设计的教学达到最佳的效果。

（四）教学设计问题的最优解决观

最优解决观认为教学设计就是发现并解决教学活动中问题的过程。强调这种观念的优点在于使教师主动发现教学问题、阐明问题和解决问题，通过策划和设计解决问题的方案、试行方案和不断评价、修改方案，达到最优解决问题的目标。一方面可以把设计注意力和精力集中在真正需要解决的教学问题上，另一方面又能在学习需求分析的基础上创造性地研究问题，并寻求更多的创意创造性方案，通过筛选获得最优方案。这样就可以突出教学设计的创造性。

（五）教学设计的人本观

作为人文精神在教学设计上的反映，形成了教学设计的人本观。这种观念认为教学设计应凸显"以人为本"的理念，倡导尊重、关心、理解和相信人。教学设计要发现人的价值，发掘人的潜能，发展人的个性，发挥人的创造性；体现"学为主体，教为主导"的教育教学模式，调动学生的主体性和积极性，调动教师的积极性和创造性。在创设优良教学环境中，也要周密考虑师生的心态和教学氛围。总之，教学设计要充分关注学情和教情。充分发现人的价值，激发人的潜能，发展人的个性，发挥人的创造性。只有这样，才能获得最优的教学效果。

（六）教学设计的系统观

自从整体论在学科研究与教育中大放异彩后，系统观便成为普遍的方法论，应用于教学设计，形成教学设计的系统观。这种观念认为，教学过程是极为复杂的，参与教学过程的诸多变量因素，对整个教学过程和效果的影响极其错综复杂。因此，教学设计要综合考虑上述诸种观念，以系统论的基本观点作为设计的指导思想，把各种教学设计观点熔于一炉、融为一体，且贯穿于教学设计过程始终，从而科学地吸收各种观念的合理因素，使系统观的教学设计形成扬弃、综合、互补、协调、统整的功效。系统观教学设计，要求以系统论的理论、观点和方法作为教学设计的指导思想，从系统论的视角，对参与教学系统的各个要素，以及各要素构成的结构和教学环节等都施以最优化设计，以达到最佳的教学效果；并在最大限度上摆脱传统教学的条条框框，克服种种主观片面的倾向，充分体现现代教学的理念和观点。总之，系统观下的教学设计是具有现代特征的教学设计，它是实现教学最优化的关键所在。

三、大学教学设计的学科性质

教学设计作为教学的理论（the theorits of instruction）与教学的实践之间的桥梁。二者之间存在着直接的联系。教学的理论是教学，实践的总结是理性认识，而在将教学的理论转化为教学实践的过程中，其中间环节是教学实践观念，即关于将理论变为事实的目的、计划和方案等，这这是教学设计的任务。教学方法，作为教学的理论的一个方面。虽是教学的理论具体化。但不足以直接付诸于具体的教学实践。还需要通过教学设计将它与具体教学情景联系起来，这也就是教学设计的桥梁作用和教学的理论的基础指导作用。因此，在庞大的大学教育科学体系中，教学设计是一门重要的应用学科，起着连接大学教学理论和教学实践的"桥梁"作用，故被称为"桥梁学科"。大学教学设计所起的桥梁作用，一方面是指大学教学理论与大学学习理论在教学设计中的最优化结合；另一方面，也是更重要的，就是它把两种理论同大学教学实践活动紧密地联系起来，具有很强的实践性和可操作性。

大学教学设计是一门设计科学，它既具有设计科学的一般特征，又深深地根植于大学教学的实践领域里。设计的本质在于科学决策、课题最优解决和创造。大学教学设计正是一种大学教学课题（新问题）求解，侧重于各种解决方案的求索、寻优和决策的过程。实际上，它是运用已知的大学教学规律和学习规律，创造性地解决新的教学课题。

理论按其性质可分为描述性理论和规定性理论。描述性理论是探索、发现和揭示事物发展的客观规律；规定性理论则是描述性理论所发现的规律的依据，规划达到理想结果或境域应采用的最优方法。大学教学设计理论正是这样一种规定性理论，它是以达到最优教学目标作为归宿，在一定的教学条件和环境下构思、选择和确定最优教学策略的。这种策略的制定，是以大学学习理论、教学理论、信息传播理论和系统论等描述性理论作为科学依据的。

第二节 高校课堂教学设计过程及模式

大学教学系统是一个涉及多因素、多层次的错综复杂的动态系统。因此，其设计过程也必然是一个极其复杂的系统工程。通过对这个复杂的设计过程进行归纳、概括、抽象化的理论研究，可将其概括为简约化的表达形式，即教学设计过程的模式，简称教学设计模式。现代教学设计理论产生以来，已取得了丰硕的成果，发表了大量的论著，构建的教学设计过程模式也是多种多样。

一、大学教学设计过程

（一）大学教学设计内容体系和设计过程

大学教学设计有着极其丰富的内容，从整个学校的教学系统的设计到学科（专业）教学系统的设计；从课程教学系统的设计到课堂教学子系统的设计等，可以说是多层次的。各层次内容、过程是不同的。根据系统的大小、结构、功能和任务的不同，大学教学设计可大致分为三个层次，如图 2-2 所示。

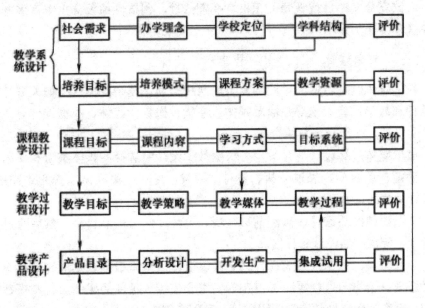

图 2-2 教学设计的层次和过程

（一）教学系统设计层次

教学系统设计属于宏观设计层次，它所涉及的教学系统，诸如一所大学或学院、一个新建学科或专业、一个培训系统等。教学系统设计，首先要根据社会发展对人才的需求，制定培养目标和培养规格；再根据培养目标和规格，制定培养方案，包括学科（专业）课程设置、结构（即课程计划或教学计划）和课程规格标准（即常说的教学大纲）；第三则是设计或选择教学资源，包括人力资源和物质资源；最后，在教学实践中实施、检验、评价和修正。

由于宏观层次的教学系统设计比较复杂，影响因素较多，一般都组织专家来进行。

（二）教学设计层次

一般可分为课程教学设计（如对一门课程或一个单元的教学设计）和教学过程设计（如对一节课或某个知识点的教学设计）。

课程教学设计，是根据课程规定的总教学目标，经过对教学内容和学情（学习者的情况）的认真分析，确定每个单元、章节的教学目标和各知识点的学习目标以及该课程知识智能结构框架和素质培养要求以形成完整的目标体系。一般由教研组（或学科组）或教师来设计。

教学过程设计，则是根据上述目标体系，选择或设计教学策略和教学媒体，制定课堂教学过程方案，并付诸实施、做出评价和修改。由任课教师进行。应该充分发挥每位教师的积极性和创造性，创造性地设计出丰富多彩的教学过程设计方案。

（三）教学媒体设计，也称教学产品设计

教学媒体产品包括简单的和复杂的两种类型。复杂媒体产品如大型计算机软件和教学设备设施等，简单媒体产品指一般教学媒体、小型课件等。媒体产品设计，往往与开发结合在一起。

简单媒体产品设计与开发，可根据教学设计中选择的媒体类型和使用目标，确定产品目标，经过分析、设计、开发、生产、集成试用等程序完成，再经评价修改，直至完善。

复杂媒体产品设计，需经前期分析、论证，确定产品目标，然后经过上述程序，完成产品设计和开发。

一般来说，对于教师而言，教学媒体设计通常是根据教学内容和教学策略的需要，恰当地选择媒体类型和如何组合使用。最佳的媒体组合和巧妙的使用，也会产生奇妙的功效，同样是一种创意创造。

图 2-2 所示的教学设计层次，是一个完整的过程。上一个层次的输出，正是下一个层次的输入，环环紧扣，步步衔接。整个设计体系的输入为社会需求，而最终输出则为最优化的教学设计方案。每个层次都是一个完整的子系统，形成网络，而评价随时进行，可确保设计目标的实现。其中，教学过程设计处于中心地位，最为关键。

二、大学教学设计过程的模式

（一）大学教学系统的设计模式

在国内外教学设计的论著中，很少涉及大学的教学系统设计模式的构建问题。该层次教学设计，属于宏观设计的范畴，应运用宏观设计理论和方法来解决。研究者据此尝试构建一种网络式模型（图 2-3）。

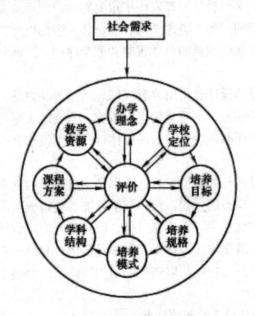

图 2-3 网络式教学系统模型

图示可见，大学教学系统设计是一个相当复杂的系统，包括了构思办学理念，确定学校定位，制定培养目标和培养规格，设计培养模式，优化设计学科结构体系，构建课程方案，选配教学资源（人力、物力等资源），进行系统整体和各要素的评价等部分。整个模式采用了网络式结构。设计时，各步骤可依顺时针方向依次进行，也可以跳过某些步骤重新排序。系统评价处于模式的中心，表明它可随时进行；同样反馈——矫正也可随时进行。

（二）教学过程设计的模式

1. 构建教学设计模式的历程

著名教育家迈·艾略特于 1988 年总结了 60 年代以来各个时期，不同理论背景下的教学设计模式，将其划分为三个阶段，并分析了各种模式的特点。

第一阶段，教学设计视为应用科学，将行为主义心理学理论应用到教育和各种培训中，强调以行为目标作为教学设计的标准，注重学习行为及其先决条件，侧重学习任务分析、注意教学设计的系列化；设计的任务是分析和分解学习内容，并转化成各类行为目标，再根据这些目标，选择适宜的教学方法和教学媒体。这些模式反映了教学设计的实效性和可操作性，但过分强调分析和分解学习内容，缺少对学习者获知过程的阐述，对教学的整体性重视不够，使学习者处于被动地位，师生交往性较差。

第二阶段，美学对教学设计发生了重要影响。侧重从美学角度设计教学活动，吸引学习者的兴趣，考虑学习者的情感。强调以综合方式传授知识和技能，选择师生交互性较强的教学策略和教学序列；强调教学系统和教学设计系统的开放性。

第三阶段，教学设计着重研究解决问题的过程和方法。认识到学习是一种复杂的活动，必须通过学习者的自行探究、自我解决学习问题，才能最终实现学习过程，亦即要发挥学习者的主体性。教学设计者设计了较复杂的探究性的学习目标。

随着社会的发展与教育的发展，特别是信息时代的到来，教学设计进一步把学习看作一个动态的过程，认识到学习能否获得成功，还与学习者原有的知识储备状况密切相关。在信息时代，信息呈几何级数增长，学习者获知范围在逐步扩大。教学设计的目标不仅仅是提供一套教学程序和策略，更重要的是指导学习者自己构建获取知识的结构和体系，增强结构体系的活力与对社会的广泛适应性。

2. 教学过程设计模式的多样分类

根据各种设计模式的侧重点的不同以及设计范围和设计程序上的差异，可以分为三类：以课堂为中心的模式；以产品为中心的模式；以系统为中心的模式。

以课堂为中心的教学过程设计模式，以课堂教学为焦点。设计的目的是解决在目前条件下（学生、教师、课程计划、设施和资源）如何改善教学工作，更好地完成教学目标；设计的重点是选用合适的教学策略，选择、改造和应用已有的媒体，而不是重头开发。以产品为中心的教学过程设计模式。设计的任务是如何开发出符合教学目标要求和适合学习者特点的教学用产品，以及如何高效开发产品。以系统为中心的设计过程模式，涉及的系统化课堂教学或教学产品大而复杂，并以问题解决的思想为导向，有更大的价值。

根据建构模式的理论基础的不同，教学过程设计模式又可分为三类：以学习理论和教学理论为基础的模式；以传播理论为基础的模式；以系统理论为基础的模式。

3.国外主要教学过程设计模式简介

尹俊华在中介绍了国外流行的四种设计模式，在此摘要转述，对我们在教学设计时有重要的参考意义。[①]

（1）格拉奇和埃利模式

一种教学系统设计中的教学模式，强调确定教学内容和阐明教学目标之间的交互作用；继而根据内容、目标对学习者的初始能力进行评估；然后再制定教学策略，安排教学组织，分配时间和空间，选择教学资源（五个方面并列，相互联系和相互制约）；接着对学习者做出评价，提供反馈信息，对模式中各步骤重新审查、修正。

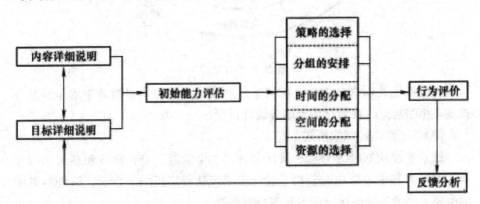

图 2-4 格拉奇和埃利模式

该模式属于以课堂为中心的教学过程模式，它便于教师借助模式描述的过程来识别和确定其任务。

（2）凯普模式

凯普模式由 10 个要素组成。强调要素之间相互联系、相互作用，其中某个要素的决策会影响其他要素的决策；学习需要和目的在这种环境结构模式的中心，说明它是教学设计的依据和归宿；教学设计是一个很灵活的过程，可以从任何环节开始，并可按任何顺序进行。

---

① 参见尹俊华主编.教育技术学导论[M].北京：高等教育出版社，2002.

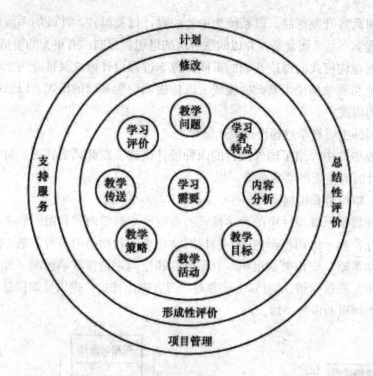

图 2-5 凯普模式

该模式也是以课堂为中心的教学过程模式。教师可根据教学实际情况寻找其工作的起点，按具体需要编排设计程序。

（3）"史密斯—雷根模式"

他们把模式划分为分析、设计和评价 3 个阶段。分析阶段包括对学习任务、学习者和学习环境的分析；设计阶段包括确定组织、传送、管理等方面的策略；评价为形成性评价，并进行反馈修正。

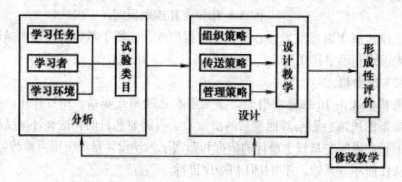

图 2-6 史密斯—雷根模式

（4）迪克和卡里模式

迪克和卡里模式得到了普遍的欢迎和应用。该模式的最大特点是贴近教师的实际教学活动，并且比较详细具体。

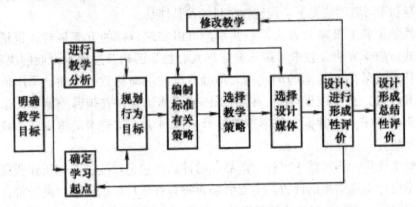

图 2-7 迪克和卡里模式

4. 我国对教学过程设计模式的探索

我国教育学者也从未停留过教学过程设计模式探索的脚步，一方面引进西方的成果，学习借鉴；另一方面，根据中国的教育国情进行探索，取得了一些进展。

（1）教学过程设计模式的组成要素的把握

通过研究，我国教育学者对大学教学系统的认识渐趋科学，认为，大学教学过程，作为培养高素质人才的教学系统，是极其复杂多样的，参与教学过程的因素很多，各有其作用与影响。但从教学设计的视角来看，构成教学设计的模式的不外四大基本要素：学习主体、教学目标、教学策略和教学评价。

教学主体：教师还是学生？是需要首先解决的问题。以谁为主体、中心进行教学过程系统的设计，这是教学设计的根本问题。长期以来，在传统教育观念的影响下，过分注重教师教，忽视学生学，从而导致各种教学安排，总是从教师教的角度出发，以教师为中心。教学设计则明确指出，学习者才是教学过程的主体、中心，而且是唯一的主体、中心。教学设计要做到：尊重学生的主体地位，发挥学生的主体作用，调动学生的主体积极性。因此，在策划教学过程之始，就要分析学习者的特点，评估学习者的初始状态（认知结构、知智能水平和心态），预测学习者发展的可能空间。教学主体的科学定位，保证了教学设计的正确方向。

教学目标：目标犹如灯塔，指引成功的征程。确定教学目标，是决定教学设计成败的关键要素。教学目标，要包括学习者学习和掌握的知识、技能，智力获得怎样的发展，培养什么样的能力以及达到的水平，培养什么样的情感态度等，必须用可观测性的术语清楚地表达，要在认真分析学习需要、学习内容和学习者的前提下，构建教学目标及其体系。

教学策略：策略是方法，是艺术，可以实现目标的方案集合，包括教学模式、教学方法、教学手段、教学形式、教学活动及过程等方面的决策。采用何种高效的教与学的形式，安排哪些学的活动和教的活动，采用何种学法和教法，选择或设计什么样的媒体或媒体组合，安排哪类课型，选用哪些教学环节、步骤等。教学策略设计得越科学，越艺术，越周密，教学效果就越好。

教学评价：是对教学设计"产品"的评估。它是对经过上述步骤所完成的教学设计实施结果的评价。主要看是否符合教学目标的要求，是否符合学习者的实际，能否确保最优的教学效果。根据实际需要和可能，可进行预评、实施中评价、形成性评价和总结性评价。

（2）教学过程设计模式类型及其构成

国内构建的教学过程设计模式，主要有两类，一类是环路式模式（图2-8）另一类是网络式模式（图2-9）。两类结构模式，都由教学分析、策略设计和教学评价三个模块组成，结构简单、明确、具有可操作性。

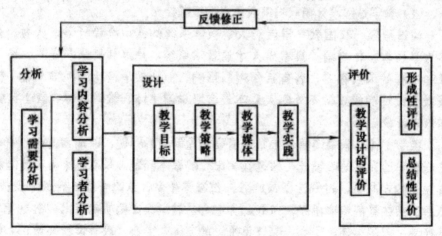

图 2-8 闭路式模式

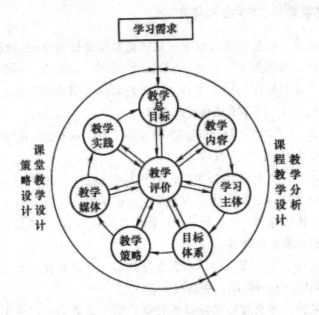

图 2-9 网络式模式

这些模式都经过了教学的反复检验，具有理论意义与实践意义。但是，教学设计是一种开放的艺术的学问，需要不断总结修正和创新。

第三节 高校教学媒体的选择与设计

教学媒体是教学内容的载体，是教学内容的表现形式，是师生之间传递信息的工具，如实物、口头语言、图表、图像以及动画等。教学媒体往往要通过一定的物质手段而实现，如书本、板书、投影仪、录像以及计算机等。教学媒体的发展经历了四个阶段，具有共同特性和个别特性。它们根据不同标准，可以划分为不同类别。科学运用教学媒体，才能真正发挥其效用。

现代媒体能够同时以各种方式传递不同形态的信息，包括能同时获取、处理、编辑、存储、展示含有文字、图形、声像、动画等不同形态的信息。它超越了教育、教学的传统视野，使课堂突破了时空限制，丰富了教学内容，增加了教学的信息量，且能创造出多样化、多元化的文化教育环境和氛围，为培养全面发展又富有个性的人才提供了无限广阔的时空，在整个教学设计中具有不容忽视的地位。

一、教学媒体的特性和作用

媒体，即是在信息传递过程中，从信息源到受信者之间承载并传递信息的载体或工具，例如报纸、书刊、广播、影视等。对媒体，可以有广义和狭义的理解。广义的媒体包括人本身；狭义的媒体，则指人以外的承载和传递信息的载体或工具。本章采用狭义的理解。

教学媒体是教学中的信息的载体和传递的工具，具有共性特征和个性特征。

1. 教学媒体的共同特性及功能

（1）固定性。各种媒体都可以记录和储存信息，并能根据需要而再现。如印刷媒体将文字符号图形印制在书本上，供学习者阅读；电子媒体将语言文字、图像等转换成声、光、磁信号，固定在磁带（盘）、光盘或胶片上，学习时可通过相应设备再现等。

（2）重复性。所有媒体都可多次重复使用，且质量稳定不变；而且可以复制，在不同地点同时使用，受益面大。

（3）扩散性。所有媒体均可将各种符号形态传送到一定的距离，使信息在扩大范围内再现，实现远程教学。

（4）组合性。若干媒体能够组合起来使用。亦即几种媒体可适当编排，轮流使用或同时呈现各自的信息；也可以把各种媒体功能结合起来，组成多媒体系统，形成综合功能和效果。

（5）工具性。各种媒体都是人的创造物，受人操作支配，对人有从属性，是人的工具。教学媒体只能扩展和替代师生的部分教学功能。

（6）能动性。在特定的时空条件下，教学媒体可以离开人独立起作用。例如，优秀设计的声像教材或计算机辅助教学课件等。

2. 教学媒体的技术特性及功能

技术特性是由于设计和制作而具有的功能特性，不同的媒体呈现出来的特性优势不同的。

第一，从表现力看，即表达事物的时空、运动特性等的能力，各种现代教学媒体具有不同的表现功能。例如，录音机具有提供听觉形象的功能；幻灯机、投影器具有提供静止视觉形象的功能；动态模型投影系统具有提供运动状态的视觉形象的功能；电视机、激光视盘既可具有听觉形象，又有提供运动状态的视觉形象的功能。用计算机制作动画，表现事物的动态变化过程。

第二，从重现性看，即不受时空等条件的限制，把已记录、存储的信息内容加以再显示的功能。重现可分为即时重现和延时重现两种。录音机录制内容后，便可即时播放，录像机可边录边放，这都叫即时重现；幻灯、电影拍摄后，需经过后期加工制作才能使用，这叫延时重现。

第三，从接触面看，即信息传递给接受者的范围，可分为有限接触和无限接触两种。广播、电视、网络能跨越时空的限制，到达家庭、社会，属无限接触；其他媒体只能在一定范围内使用，属有限接触。

第四，从参与性看，即在使用媒体过程中，师生利用媒体参与教学活动的方式和机会。可分为情感参与和行为参与两种。各种媒体一般都可提供情感参与的方式和机会，能用具体的形象和音响引起学生情绪上的反应，诱发学生在情感上参与；有些媒体（如幻灯、投影、录像等）既可以使学生观察图像，又可在观察过程中师生进行交流（如提问、答疑、讨论等），具有较强的行为参与性。

最后，从受控性看，即媒体被使用者操作和控制的难易程度。录音机、投影器、录像机比较容易操作和控制，而更精密的电子设备功能的发挥则需更高的计算机技术。

二、教学媒体的选择

（一）选择教学媒体的依据

技术是为目的服务的，采用教学媒体的根本目的是有效提升教学效率。因此，教学媒体的选择，始终要服从教学的功能需要。

第一是教学目标。每节课每个知识单元都有其教学目标，如认知某个概念或原理、掌握某项技能和技巧、开发某种思维能力等。教学目标不同，就得使用不同的媒体。如教授文学理论，我们将教学内容分解若干知识点，有的是概念，只需讲授即可，但涉及相关理论分析，需要辅以板书或投影材料，如古今中外文艺理论家们对这个问题的理解，有的还要涉及到作品还原，比如恩格斯致敏·考茨基的信谈典型的问题提到具体的文学作品，为了让学生透彻理解，需要借助相应的技术手段快速展示；至于涉及到影视作品本身就需要是想还原，必须借助视像媒体。至于语言课程的教学，采用播放录音或音像材料；让学生就某个题材进行会话练习，可采用角色扮演并辅以幻灯、投影或录像资料；纠正学生发音，运用录音媒体等，则是一种标配了。

第二是教学内容。教学内容不同，宜用的媒体也不一样。例如数、理等学科的概念、法则和公式比较抽象，要经过分析、比较、综合等一系列复杂的思维过程方能理解，所用媒体就应提供一些具象或意象、图解、动画，帮助学习者理解；再如文学史课程和大学语文中讲解富有文艺性的记叙文，则宜配合再造形象，可通过提供相应情境的媒体，使学生有亲临其境的感受，以唤起他们对课文的人物、景象和情境的想象，从而加深领悟，甚至产生新的灵感。

第三是学情。不同年龄的学生的认知能力不一样。大学生的感知经验比较丰富、抽象概括能力有了较大的发展，注意力持续集中时间也可较长，因此选用媒体可以广泛一些，传递的内容可以深化一些，感知、分析、综合、抽象、概括，可以应有尽有。但是，学科不同，学生的思维方式和思维力不同，例如理、工科善于理性思维，而文艺学科则习惯于感性思维和形象思维。因此选择媒体时，应依据学科的学习特征和具体学情选用适宜的媒体。

第四是教学文件，包括教学资源情况、经济实力、师生技能、使用环境、管理水平等因素。

（二）选择教学媒体的程序

在遵循学科特点和该知识点的学习目标前提下，按以下程序选择：其一，确定教学媒体的使用目标。依据知识点的学习目标，认真分析教学内容，确定教学媒体的使用目标。其二，选择教学媒体的类型。依据教学媒体的使用目标和教学对象的特点，按照戴尔对于教学媒体的层次划分，选择合适的媒体类型。其三，确定教学媒体的内容。查阅资料目录，确定所选媒体的具体内容。如果现有媒体内容合适，即可使用；否则可通过选编、修改，甚至重新制作等方法来确定适合内容的媒体。其四，试用评价。先在小范围内试用，进行评价。若能够达到预期的目标，即可推广使用；否则，需重新修正。

三、教学媒体的应用

现代教学媒体的基本技能是帮助人延伸其人体各种功能。如广播、录音机延伸了听觉功能；幻灯、投影延伸了视觉功能；影视、视盘延伸了视听组合功能；计算机则延伸了人脑的多种功能（信息储存、处理、计算、设计等）。正如有人所说的，"媒体是人体的延伸"。

现代电子媒体集多种功能于一体，包括信息的显示、记录、储存、检索、控制、选择、复制、反馈等，能深入、灵活地表现事物的特征，突破时空局限，变微观为宏观，化抽象为具象，具有直观、形象、动态、生动、色彩纷呈的特点，从而使现代教学丰富多彩，信息量显著增加，有助于科技和人文素质教育的结合。

多媒体、超媒体等技术的发展，使计算机能同时处理文字、数学、图形、影像、动画、声音和视频信号等多种信息，实现了信息传输、处理、呈现和集成化、数字化、综合化，使人机之间的双向交互式交流变为现实。

（一）选择最佳应用点

教学媒体最佳应用点，亦即其最有效的作用点。该点选准了，媒体就会发挥最优功能，达到事半功倍；否则可能事倍功半，难以完成教学目标规定的学习任务。课堂教学过程中媒体最佳应用点宜选在下列各处。

1. 突出并强化教学重点。教学重点是构成知识体系中最重要、最本质的知识点，应着重突出和强化。方法很多，如利用投影、电视等色彩反差大的媒体，并以文字或符号形式展示给学习者，以加深印象；或者利用投影、电视等具有能提供画面的媒体，以鲜明的画面形象展示出来，以加深领悟或理解。

2. 突破并解决教学难点。难点即难以理解或领悟的知识点。例如数学中的抛物线，机械中的磨损、疲劳点蚀、胶合、表面塑性变形等失效形式，可以用电视、电子计算机模拟它们的动态变化过程，就可以使学习者弄清现象，理解实质。

3. 创设情境，引发兴趣和动机。教学活动是师生的知、情、意共同参与的活动。只有创设令人愉悦、震撼或好奇心等情境，才能引起学习者的兴趣和学习动机，调动其学习的主动性、积极思维与探索。教师利用其丰富多彩的言语、生动形象的描述或利用电视、多媒体播放声画并茂的画面，引人入胜、触景生情，就能达到这种奇效。

4. 提供事实，建立经验。恰当选用媒体，可以在短时间内提供可感知的事实材料，帮助学习者获得与学习内容相关的经验。

5. 显示过程，形成表象。媒体可提供学习者无法直接感知的事物或现象发生发展的过程，帮助他们形成表象。尤其是利用多媒体计算机，能综合处理和控制符号、语言、文字、声音、色彩、图形、图像和影像等多种媒体信息，按教学要求有机组合或融合，展现给学习者，并可通过人机交互操作，完成教学或训练过程。

6. 举例验证，形成概念。借助媒体提供的、具体生动的感知材料，可使学习者在感知的基础上抽象概括，形成概念。

7. 提供示范，掌握操作。利用媒体，可以较易解决一些不易观察或示范不够规范而操作中又容易犯错误的问题。

8. 解释原理，启发思维。利用媒体形象、生动、直观等特点，可把一些抽象原理具象化，使观察者受到启发、展开联想、类比、想象，进行积极思维，更快地理解原理。

9. 设置问题，引起思辨。可以通过媒体设置很多问题，引导学习者观察、思想、发现和提出问题，进而引起思辨。比如，碰瓷等社会诚信问题的讨论，案例需要现场还原。

（二）找出利用媒体的最佳时机

找出、并掌握教学媒体利用的最佳时机，可使媒体的功用得到最充分的发挥，获得最优的教学效果。

1. 学生无意注意与有意注意相转换时。人的注意力集中的时间是有限的，长时间注意，会引起疲劳和厌烦。无意注意有时可在轻松愉悦中，起到调节气氛、调动积极性、加强学习效果的功效。

2. 学习由无意识状态向有意识状态转变时。有意识学习效果较佳。课程开始或某些单元开始，有些学习者对学习内容不甚了解，往往处于无意识状态，选用适当媒体，就能使他们更迅速地进入有意识状态。

3. 学习由抑制状态向兴奋状态转化时。学习者处于抑制状态下难以开展学习活动，利用媒体能较快地变抑制状态为兴奋状态，由消极、被动地学习转入主动、积极地学习。

4. 学习状态由平静转向活跃时。当学生对教师的教法习以为常，又无新意时，就会进入平静状态甚至变得麻木，如果不加改变，就会蜕变为抑制状态。这时，就要利用媒体出入意料地带来新颖或新奇的东西，令人耳目一新，打破平静状态，使学习者心态活跃起来。

5. 学习心态由兴奋向理性升华时，理性升华，学习效果最佳。当学习者进入兴奋状态，为提高教学效果创造了良好的心理条件时。教师就应采用最佳的媒体，引导学习者的心态适时升华到新的理性（或悟性）境界。

6. 克服畏难心理，增强自信心时。学习者遇到新颖或新奇的刺激时，会有一种"山重水复疑无路，柳暗花明又一村"的感悟，增强自信、集中注意力，克服畏难情绪，突破难点，直至有所收获。有效媒体可以起到这种拨开迷雾的作用。

7. 帮助学生进入"最近发展区"，树立新的学习目标时。新的富有创意的学习内容，可以使学生进入"最近发展区"。恰当地选用有关的媒体，可使学习者较快地进入这种学习境界，开展研究性学习，激励他们的求知欲和创新欲。

8. 满足学生表现成功欲时。满足学习者某种尝试成功的欲望和要求时，可显著提高追求新知的积极性和创造性，并训练他们的认知能力。如讲完一个新的设计课题，并且能向多方向延伸时，就可以让学生选择适宜的媒体进行尝试。

教学媒体的最佳应用点，是从教学目标的角度确定发挥现代教学媒体的地方；而教学媒体的最佳作用时机，则是从学习者学习心理和时机出发。在课堂教学过程中，这两者是密不可分的。教师只有经过预先的周密思考和策划，才能解决两者的配合问题，最佳地运用教学媒体。

四、教学媒体的组合

几种媒体的合理组合，可以实现扬长避短，优势互补、效能叠加，取得整体优化的功效；有时还可能取得创造性的成果。

（一）教学媒体组合的基本原则

教学媒体多种多样，组合使用成为必然。怎么组合？遵循什么原则？是需要教学实施者考量的。从技术服务功能，形式服务内容而论，以下原则必须遵循。

首先，最优实现目标原则。依据教学目标和教学内容的具体要求，设计媒体组合，是科学地组合媒体的基本依据和总原则。为了形式上或表面上的多样化而滥用多种媒体，会产生相反的效果。过多使用现代媒体，追求表面的红火热闹，会削弱教师的面授、指导作用，减少学生主动而充分的思维空间和过程，甚至会造成眼花缭乱、走马观花、认知肤浅、思维纷乱的景况。因此，媒体组合要讲究高效果。

其次，多感官有机配合原则。教育心理学研究表明，在人类五种感官中，以视觉、听觉的学习最重要，而两者的有机组合使知识的记忆率远大于视、听觉分别记忆率之和。此外，人脑功能的研究也表明，单一的持久刺激，会导致抑制效应，使大脑迅速疲劳；而多种感官的交替刺激，可充分调动大脑功能，长久保持激活状态，提高学习效率。应根据多感官协调配合的原则设计媒体组合，以符合学生认知规律，提高教学效果。

第三，大信息量原则。科学地组合教学媒体，可显著增加单位时间内的教学信息量。为此，宜将信息表达特性可以互补的媒体组合应用。

第四，相得益彰的原则。系统各要素能实现有机联系，功能互补或融合，才能形成系统的最佳结构，产生最佳功能（整体功能大于各要素功能之和），显著提高教学效果。

最后，易实现原则。媒体组合，以简洁实用、少而精、省时省力、易于操控为宜。

（二）常用的媒体组合

1.投影与幻灯的组合。投影以显示文字、数字、图表、模式图见长，可以书写，使用方便，可作为提纲导引式讲授的主要媒体；再用幻灯显示彩色逼真的图片，增强直观性、形象性和感染力。两者组合，可取得相互补充、相得益彰的效果。

2.投影与录像的组合。利用投影对难点作简要提示，再播放录像，可提高看录像片效果；用投影提示若干问题或关注要点，再放录像，可起思维定向、预期引导作用；先放录像，再放投影显示应用示例或讨论题，可活跃教学，提高认知水平。

3. 幻灯与录像的组合。录像宜显示动态过程（但有一过性缺点）；幻灯宜呈现关键的静态结构。两者结合，便于理解动态过程和关键结构，有利于学生全面地理解和掌握。

4. 录像、投影与幻灯的组合。投影有利于显示复杂的事物或过程的总体流程、结构或模式，使人有一个概括性的认知；再播放录像，全面地、动态地反映这一复杂过程或结构；最后用幻灯再现关键结构或难点，进行必要的讲解、提高或提示。这种组合宜用于某些重点、难点的教学。

5. 投影与 CAI 的组合。先用投影简要讲解 CAI 课件的要点或范例，再让学生独立地进行 CAI 式学习。

6. 录像与 CAI 的组合。先播放有关 CAI 操作示范的录像，再进行 CAI 独立操作练习；或先做 CAI 式学习，再以录像形式归纳小结。

7. 录音与幻灯的组合。将幻灯片内容配上标准规范的录音，同时播放，可实现声画同步，提高教学效果。

8. 语言实验室与视听设备组合，构成视听型语言实验室，可产生更丰富的组合功能。

9. 多媒体投影电视系统或多媒体文件传送系统。可以方便、灵活地呈现多种媒体的图像；可以同步、多角度、多层次、不同倍率地显示教学内容，且图像大、清晰逼真。可以独立播放，也可以配合教师面授播放。

第四节 高校教学设计的评价

教学设计评价是根据大学的教育价值观或教育目标，运用可以操作的科学手段，通过系统地搜集、分析、整理信息、资料，对教学活动、教学过程和教学结果进行价值判断，从而为不断自我完善和教学决策提供依据的过程。

一、教学设计评价的作用与原则

（一）教学设计评价的作用

教学评价的功能是多方面的，至少可以概括出鉴定功能、导向功能、激励功能、诊断功能、调节功能、监督功能、管理功能、教育功能等，由此可见评价的重要性。在教学设计活动中，评价功能主要体现在以下几方面，一是诊断性评价；二是形成性评价；三是总结性评价。诊断性评价，通常是在新的课程内容学习开始前，针对学习者的实际水平和准备状况，判断其是否具备学习新课的必要条件和基础；形成性评价，指在教学活动的过程中，为了使教学活动的效果更好而不断进行的一种评价，侧重于检查前一阶段的工作是否达到了规定的标准，以推进下一步进程；总结性评价指在教学活动告一段落时，为把握活动最终效果而进行的评价，借以进行鉴定、区分等级和对整个教学方案的有效性做出评定。因此，其作用也体现于如下几个方面：

一是诊断作用。教学设计成果的评价不仅可以获取教学设计质量方面的信息，而且通过对信息的分析处理可以进一步明确教学设计质量所存在的问题，并分析存在问题的原因，找出改进教学设计质量的方向，以便改进教学设计的方法，提高教学设计的质量。

二是导向作用。教学设计成果评价指标体系中，有明确的指标项目和评价标准，它指出了教学设计的目标和方向。在教学设计成果评价过程中，无论是指标体系的建立，还是对评价结果的利用，都会对提高教学设计质量起到导向作用。

三是激励作用。教学设计成果评价可以区分教学设计工作的优劣，明辨是非，具有横向比较的作用。教学设计成果评价的结果可以作为优秀教学设计方案评选的依据，并且优秀教学设计成果的评选带有竞争性，在竞争中获得压力、动力和活力，可以调动人的积极性和创造性，激励人们不懈努力，最终达到提高教学设计水平、教育教学质量和教学效能的目的。

四是指导作用。教学设计必须符合教育方针，必须符合教育教学发展规律，必须与专业或学科的要求相适应，必须与学生的身心特点相吻合。通过对教学设计成果评价可以为实现以上要求进行及时指导，引导其不断地校正设计方向。

（二）教学设计评价的原则

从教学设计评价的目的出发，教学设计评价需要遵循以下原则：

第一，分层次评价原则。从教学系统的层次上看，教学设计成果分为课程教学单元课、单节课等不同层次。因此，对教学设计成果的评价也要分层进行。

第二，多主体评价原则。作为评价客体，教学设计成果具有多个评价主体。为了保证对教学设计成果做出全面的评价，需要每一个评价主体都参加评价活动。评价主体包括学生、教师、教学管理人员、教学辅助人员、教学设计者等。

第三，整体性评价原则。教学设计成果的评价，应依据教学系统理论的观点，将各个教学设计成果放到教学系统当中进行分析，追求教学系统的整体优化效果，反映教学设计水平的全貌，防止突出一点，不及其余。即不仅要对教学系统的基本要素或者局部进行评价，更主要的是对整个教学系统的结构和整体进行评价。

第四，全过程评价原则。一个教学方案的设计需要经过教学目标确立、学习者分析、学习内容分析、教学策略确定、教学评价等几个阶段完成。教学设计成果的水平，当然也就取决于各个教学设计阶段设计成果的水平。因此，需要对教学设计成果进行全过程的评价。

二、教学设计评价的实施

从操作层面讲，教学设计的评价过程一般包括明确评价目的、确定评价指标体系、获取价值主体的信息、获取价值客体的信息和做出价值判断五个环节。因此，可以根据教学设计评价的一般过程来构建大学教学设计评价的实施模式。

（一）明确教学设计评价目的

教学设计评价的目的很多，一般可归纳为教学设计的改进评价、教学设计的选择评价和教学设计的适用评价。

教学设计的改进评价是指为了开展教学设计研究，进一步改进教学设计而进行的评价。这种评价多由教学设计部门组织进行。

教学设计的选择评价是指为了在众多同类教学设计中选择优良教学设计而进行的评价。多由教学管理与教学设计的使用部门组织进行。

教学设计的适用评价是指为了检验教学设计对特定学校、特定学生的适用性而进行的评价。教学设计部门、教学设计的管理与使用部门都需要这种评价。

（二）教学设计评价信息的收集

评价信息的可靠性决定了评价结果的有效性。评价信息的准确获取在教学设计评价过程中十分重要。教学设计的评价信息主要来自教学设计评价的价值主体和价值客体。

1.教学设计价值主体的信息

价值主体对教学设计的价值的自身需要，是教学设计评价的信息基础。一般需要获取以下信息：教学设计的学生的特征，包括学生的生理与心理发展情况，学生的学习目的和目标，学生已具备的能力水平和学习能力水平，学生自我管理、自我发展的能力，学生的兴趣爱好与价值观念等；教学设计使用的社会背景，包括社会的时代特征、政治经济制度、经济发展阶段、科学技术水平、价值观念、教育与文化传统、社会发展趋势与社会对学生的预期等；要预见社会发展的前景，包括未来社会对人才的预期、人们价值观念的变化趋势、未来社会经济发展可能达到的水平、未来生产和生活方式的发展趋势、未来政治经济制度的发展等。还要明确社会对人才的要求，包括社会对高级人才思想、精神、意志、情感的要求以及对高级人才知识、能力、素质的要求等。

2. 价值客体的信息

即教学设计的信息。它包括教学设计自身的信息和教学设计的背景信息。教学设计自身的信息一般是指教学设计的理论取向、属性、功能；教学设计的目标、内容、结构；教学设计的使用过程、使用方式、效果等。教学设计的背景信息则是包括教育类型、教育任务、教育目标、教育方式以及学校因素、教师因素和管理因素。学校因素包括教学资源的完备程度、对教学设计实施的组织与协调水平、对教师的激励等；教师因素包括教师教育理论水平，教师对教学设计的接纳程度，教师实施教学设计的忠实程度，教师的教育教学经验、能力和水平，教师的敬业程度等。

（三）做出教学设计的价值判断

教学设计评价组织及其成员依据教学设计评价指标体系对有关指标进行评价，得到评价教学设计各个指标的分值，最后通过加权计算，可以得到对所评价教学设计的定量判断和定性价值判断。

第三章 高校课堂教学组织策略

近年来，教育部大抓本科教学质量，强调打造金课，淘汰水课，课堂教学质量得到极大重视，在此背景下，讨论高校课堂教学组织策略很有意义。

课堂教学是一个复杂的系统工程，它由一个个相互联系、前后衔接的环节有机构成。一般来说，课的类型不同，其教学环节的组成也各不相同；新授课与复习课的教学环节不同，实验课与讲授课的教学环节差别很大……但是，无论什么课型，其基本目的是相通的，那就是要有效传输知识和培养学生能力。比如围绕教学目标，课堂教学的开展均由几个核心环节组成，只是随着课的类型不同，其顺序和结构表现出一定的差异，正所谓"本同而末异"。

"本同"于何处？19世纪德国哲学家、心理学家、科学教育学的奠基人赫尔巴特的教学过程观给我们以很好的答案。他把系统的教学过程划分为"明了、联想、系统、方法"四个阶段。明了，是向学生明确地讲述新的教材；联想，是通过教师和学生的谈话，使学生把新旧观念联合起来；系统，是学生在新旧观念联系的基础上，去寻找结论、定义和规律；方法，是把已学得的知识应用于实际，培养学生具有创造性的技能。我国传统的教学理论与实践就是受赫尔巴特"四阶段教学法"的影响，将教学过程划分为感知教学材料——理解教学材料——巩固知识——运用知识四个大的环节，无论什么课程这些环节的实质都要体现。

第一节 课堂教学管理策略

以具体的课堂教学管理而言，着眼学生动机和兴趣及教学目标和教学评价，课堂教学的核心环节更加精细化。一般来讲，其核心环节由引起注意、呈现目标、讲授新课、巩固练习、课堂总结、布置作业六部分组成。每个环节都是相对独立的，各自发挥着独特的作用，各个环节之间又存在着有机联系，相互衔接，共同组成一个完整的课堂教学过程。

一、课堂教学核心环节的组织

（一）引起注意

注意（attention）是心理活动对一定对象的指向和集中，是伴随着感知觉、记忆、思维、想象等心理过程的一种共同的心理特征。"聚精会神""专心致志"是其表现形态。注意有两个基本特征，一个是指向性，是指心理活动有选择的反映一些现象而离开其余对象。二是集中性，是指心理活动停留在被选择对象上的强度或紧张。指向性表现为对出现在同一时间的许多刺激的选择；集中性表现为对干扰刺激的抑制。它的产生及其范围和持续时间取决于外部刺激的特点和人的主观因素

注意对于人的知识接受具有极大意义。在具体的教学过程中，教师要有意识地把学生的注意力集中到教学上来，把学生对教学内容的无意注意转变为有意注意，并能够较长时间地保持。教师要设法引起学生对学习内容的兴趣，激发学生的学习动机，让学生积极参与到教学活动中来。如果学生感到教学内容与己无关，其注意力水平就低或者不会集中太久。尤其在课堂教学之初，学生的注意力往往停留在课间活动等无关刺激上，教师必须采取一定的策略，唤醒学生的注意力，使学生对学习内容产生浓厚的兴趣。兴趣是最好的老师，一旦学生对教学内容发生兴趣，其注意力就会贯穿于教学活动的过程。

在具体教学中，教师可以根据学生的心理特点，或者巧设疑难，引发学生求知欲；或者提醒旧知，引起新旧知识的过渡与衔接；或者创设情境，引领学生身临其境；或者形象描绘，引导学生感同身受。

（二）呈现目标

教学目标始终是课堂教学的核心，确定教学目标是实施课堂教学最重要、最关键的环节。一方面，它对教学活动起着导向、激励和检测的作用；另一方面，它又是对教学效果进行评估的重要依据和指标。课堂教学中，教师要合理地设计教学目标，同时也要明确地表述教学目标，只有通过目标的表述，才能使学生明确本节课的学习重点和难点，才能使学生有的放矢，朝着教师预期的发展方向努力。而对学生学习结果和教师教学效果的检测，也必须以目标是否实现为依据。

教师只有科学、合理、明确地表述教学目标，才能使学生明确学习的基本任务和努力方向。但现实课堂教学中，教师对教学目标的表述经常过于笼统、含糊，对学生的学习缺乏明确的指导。例如，一精品课程教授《红楼梦

诗词》将教学目标明确定位于：1. 通过该诗词特点的分析提高诗词鉴赏能力；2. 分析诗词对于人物塑造的作用；3. 把握《红楼梦》中的诗词的美学意义与文学史价值。目标清晰，具有导向作用和教学规范作用。但也常见将教学目标泛泛表述为"学习"、"认识"、"了解"、"体会"、"品味"等要求，这些要求到底在多大程度上能够达到或不能达到，都很难操作、观察和测评；还有的以教学活动来代替对学生学习的目标要求，如"使学生了解鸦片战争爆发的原因"、"培养学生的合作意识、竞争意识"等，这里的动词"使"、"培养"是对教师的行为要求，很难说明学生的发展变化。教学目标的阐述必须明确具体，才有利于切实提高教学质量。否则，只能流于形式，给课堂带来随意性，给学习和检测带来盲目性。

（三）讲授新课

讲授新课，是教师采用多种教学方法，借助各种教学手段，引领学生系统学习书本知识的过程，是课堂教学过程中的关键一环。教师讲授新课的方式多种多样，教师可以根据需要和兴趣选择，但总体上应该注意以下方面：1. 注意激发学生的兴趣；2. 注意突出重点突破难点；3. 根据不同的教学内容，采用灵活多样的教学方法；4. 注意新旧知识的联系，帮助学生建立知识的结构体系。

按照教育学心理学规律，一堂新课知识的教授，少不了讲解、演示、交流和提问等基本的环节，只有这样，才能促进学生对新授内容的感知和理解，课堂结构也才完整。

1. 讲解

讲解是教师以口头语言为媒介向学生说明、解释或论证概念、原理、法则等科学文化知识的一种教学方法。讲解之所以必要，是因为在各学科的学习中会经常遇到比较抽象的概念和原理，单凭学生自己的阅读和体会难以有效消化和吸收，教师必须以讲解的方式加以解释、说明和论证，因此，讲解法成为课堂教学的重要方法。

2. 演示

演示是教师向学生呈现实物、教具、模型、图片或示范实验过程、动作技能的过程。这是一种直观的教学方法，能够让学生获得一定的感性认识，具有形象性、具体性、真实性等特征。这种方法常在低年级学生的教学中普遍采用，因为入门不深，抽象思维能力还较低，必须借助形象的再现获得对事物的感性认识和理解。另外，有些课程内容的特殊性也需要演示。演示法通过对直观教具和实物等的运用，真实地再现了事物的真实面貌，使学生获得形象、生动的直接经验和感受，加强了书本知识和现实生活的联系，在学生的感性认识和理性认识之间搭建了沟通的桥梁。

3. 提问

课堂提问是教学中使用频率最高的一种教学方式，也是师生交流的重要途径。有效的课堂提问是课堂教学成功的重要保证。课堂上，教师恰当而得体的提问不仅能激发学生的求知欲，还能活跃课堂教学氛围，促进学生思维水平的提升，检验学生学习效果。提问也是门艺术，不仅要目标明确，而且要难度适宜，还要突出学生主体，激发学生的学习兴趣。此外，方式要灵活多样，而且要引导学生运用所学话语回答问题。当然，提问也要注意度的掌握，目的是更好地传授与更好的消化，不是为提问而提问。

4. 讨论

课堂讨论交流是教师和学生围绕教学内容而展开的，有目的、有组织的教学信息传递和反馈过程。有些内容单凭教师讲解无法让学生理解和掌握，为了深化学生的认识，教师可以引导学生围绕教学内容进行充分交流，以丰富和强化对教学内容的理解。对于一些理解和掌握起来稍有难度的内容，只有师生之间、学生与学生之间不断进行思维的交流、智慧的碰撞、感悟的分享，才能使困惑在不知不觉中轻松化解，也才能使课堂呈现出活跃、灵动的色彩。

二、课堂教学的导入策略

教学作为一门特殊的艺术，不仅要对教学内容熟化于心，对于教学组织也需要精心构思结撰。一堂课的开始，如同文章之开篇，需要"凤头"漂亮新颖，引发兴趣。高尔基在谈创作体会时说："开头第一句是最难的，好像音乐定调一样，往往要费好长时间才能找到它。"开好了头就等于成功了一半，一堂课如果没有成功的开端，学生情绪未调动起来，教师就会讲得索然无味，学生也很难进入学习状态，教学的其他环节也就很难进行。良好的导课艺术是现代教师必备的基本技能之一，教师必须重视教学的导入环节，构建导入策略。

（一）温故知新

温故知新，借力腾跃。孔子说："温故而知新，可以为师矣。"任何一个新问题的解决都是利用人们头脑中已有的知识和经验来完成的，各种新知识都是从旧知识中发展而来的，原有的知识和经验是任何学习活动开展的基础。所以，教师在带领学生进入新的课题、领略新知识的风光之前，不妨以学生原先所学为基础，通过对原先知识的回忆和引申来进入新课题。

"温故知新"导入新课方式在具体教学中便捷易学，应用普遍，但并不是说不需精细考量，新旧知识的准确对接是一方面，而使用过程中新旧课题之间的及时过渡又是一方面，这就是分寸火候。因为课堂教学时间有限，教师如果在旧课题中长时间盘旋而不能适时地引出新课题，就会导致主次颠倒、喧宾夺主。因此，温故知新导课，"温故"是手段，"知新"方是所求目的。

（二）开门见山

这也是一种导入方式，开门见山，看似没有导入设计，却实际是教师在把握教学内容和学情的基础上所采用的导入策略，谁说没有引入就不是导入，正如白色也是色一样，此种方式直接点出课题，表现了教学内容内质的自信，也表现了对学生学力的信任。

课题是整节课教学内容的旗帜和眼睛，透过课题常常可以窥视全文的奥秘。因此，教师从解释课题词语、引发题意入手，不但有助于学生审题立意，了解所学内容的概况，而且为学生进入新课铺垫了心理基础。运用这种方式导课，要求教师带领学生直接进入课题，围绕课题提出一些能揭示教学目的、教学重点、难点的问题，引发学生的兴趣和思考。只有那些能通过释题，引起学生注意和发人深省的内容，才可采用开门见山的方法导课。有些课题与内容关系明显，无须解释学生即可理解的，教师如果还围绕课题喋喋不休，就会让学生感觉画蛇添足，从而失去对新课题的学习兴趣。

（三）背景铺垫

有时候，教师为了让学生更详细地了解知识的产生过程及事情发展的来龙去脉，可以在讲授新课之前先介绍当时的历史背景，让学生了解当时所处的经济、政治、文化等场景，引发他们对课文内容进行联想，激起他们学习的积极性，然后导入新课。这样，既让学生对课题有了一定的感性认识，又激发了学习兴趣。

（四）情境激趣

在教学改革理念中，教学情境的创设始终是热烈的话题，教学情境能形象地再现故事发生的具体场景和氛围，引发学生的学习兴趣和情感体验，使其积极投入到教学活动中来。所谓情境导课，就是教师利用各种教学手段，创设一定的情境，激发学生的兴趣，启迪学生的思维，使学生兴趣盎然地投入新课题学习的过程。

（五）故事导行

对身心发展不成熟的学生尤其是低年级学生来说，他们的认识水平大多停留在感性认识阶段，即便是能够理解抽象的教学内容，也必须经由感性认识的过渡。因此，教师在讲解新内容之前，可以用故事、传说的形式为学生的认识发展创设感性基础，架接起学生感性认识和理性认识的桥梁。由于故事、传说语言生动、形象活泼，富有一定的趣味性，比较符合低年级学生的年龄阶段和认知水平，所以，故事导课是低年级学生比较喜爱的导课方式。

（六）设疑解惑

师者，传道授业解惑，学生学习的进步是由解惑开始的，每个惑的解除，知识就增加一分，人就进了一步。故古人云："学起于思，思源于疑。"疑问、矛盾、问题是思维的"启发剂"，它能使学生的求知欲由潜伏状态转入活跃状态。教师导课时可以精心设疑，把学生带入一种思考状态，调动学生思维的积极性和主动性，激发学生强烈的求知欲，然后在师生的共同努力之下，探究课题，揭示答案，让学生体验到学习的乐趣。运用与学生息息相关的疑问导入新课，能激发学生强烈的求知欲和探究兴趣，使学生为了得到问题的答案而密切关注教学内容，充分发挥学习的主动性和积极性。

课堂教学的导入策略很多，远不止上述几种，另外，规矩只能教我们规范，不能给我们巧，巧是靠活用规范而化出来的，因而，需要根据实际创造性运用。

第二节 课堂教学的展开策略

讲授新课的过程也是课堂教学展开的过程，讲授新课需要讲解、演示、交流、提问等环节与方式，来促进学生对新授内容的感知和理解，这个过程也是课堂教学具体展开的过程。对课堂教学的展开策略而言，同样需从这几个环节入手。

一、课堂讲解、演示策略

课堂讲解、演示的过程是教师以教学语言为媒介向学生传递知识的过程，在此过程中，教师使用的教学语言主要包括口头语言和板书两种形式。其策略也可从这两方面构建。

（一）口头语言的使用

讲解，主要是使用口头语言，要求科学规范、生动形象、情感丰富，节奏适当。

首先是科学规范。要求教师使用语言要准确、精炼、符合逻辑，避免词不达意和不必要的重复。同时，在讲课的过程中应该重点突出、层次分明、条理清楚。具体来说，科学规范对教师有三方面的要求：一是教师的口头语言必须准确反映科学概念、定义和定理，不能出现科学错误。如日常生活中，可以把货币称为钱或钞票，而政治课上必须按规范称其为货币。二是教师的口头语言必须遵循学生思维和语言发展的规律和特点，要能启发学生思维，并能促进学生的思维由形象向逻辑、由具体向抽象发展。三是强调标准化和规范化，要运用标准的普通话讲课。对于一些新出现的尚不稳定的"新词"和"洋词"，教师要持慎重态度，不要在教学中轻易使用。

其次是生动形象。教师生动形象的教学语言，能够帮助学生形成对事物形象的直观感知，加深对教材内容的具体理解。要锤炼生动形象的教学语言，一方面，需要教师对所教内容的深刻理解、形象体验，才能够准确、鲜明、生动地描述和再现事物的形象及发展过程；另一方面，需要教师具有形象的思维加工能力，根据自己对教学内容的感知，依据学生认识发展的规律，对教学语言进行精细加工，增强语言的形象性和感染力。语言手段很多，全在活用，调用修辞手法是一途，运用比喻、拟人、象征、映衬、对仗、引用、联想等方法，把抽象的事物具体化，把深奥的理论形象化，给学生一种直观感和动感，增进他们的理解和记忆。活用名言警句、成语故事、诗词歌赋、民间传说等，也能点石成金，有效增强教学语言的形象性与表现力，帮助学生加强对教学内容的感知和理解。还可以跨度大些，采用角色扮演。教学过程中，遇到学生难以理解的人物形象或故事情节，教师可采用角色扮演的方法，假设自己或学生是故事的主人公，通过内心独白或形象表现，帮助学生达成对教材内容的理解。采用编制故事情节。教师可以根据教学内容的特点进行联想和想象，把讲解的内容编织成趣味性很强的故事，使学生乐学易记。

第三是情感丰富。教师的口头教学语言不仅仅是师生之间知识传递的渠道，也是师生之间情感交流的桥梁。情真意切的教学语言，不仅有助于丰富学生对教材内容的认识和体验，还有助于激励学生意志，发展学生健康的道德认识和社会价值观。因此，教师要深入研究和准确把握教材内容，正确理解教材的思想和情感因素，并采用恰当的方式传递给学生，使其感同身受。如同特级教师斯霞所说，"讲到主要的地方，重复一遍；讲到快乐的地方，就自然地露出微笑；讲到愤怒的地方，情绪就很激昂；讲到悲伤的地方，声音变得很低沉。"如此包含情感的语言必能使学生受到震动、感动，从而增强对教材内容的理解以及对教材所传达的情感的深刻体认。

最后是节奏适当。课堂教学是师生的双边活动，教师的口头教学语言必须快慢适当、详略适宜、情感适度，才能引发学生的最佳关注状态。语言节奏是指教师讲课时语音、语调的高低和说话的速度。语音清晰悦耳。明快清晰的语音，能博得学生的好感，为拨动学生的心弦创造良好的条件。语调要抑扬顿挫。知名演说家首都师范大学李燕杰副教授在总结他演讲的体会时说：每一场报告，都要有相声的幽默、小说的形象、戏剧的冲突、诗朗诵的激情。"讲到最典型的人物，最生动的事例，最感人的情节，要绘声绘色，细致刻画，使听者如临其境，如见其人，如闻其声。"单调呆板的讲话能使听者昏昏欲睡，教师要根据教材的内容和学生的反应情况，适当地调节语音大小、音调高低等。口头语言还要快慢适度。密切结合讲课内容和学生情况，重点要反复讲，以强调加深学生印象；难点要缓慢地讲，让学生有回味咀嚼消化的过程；一般内容要简明扼要地讲，使学生了解概要。因时制宜，因内容制宜，因学情制宜。

（二）板书的设计

板书也是一种教学语言，它是以书写形式传达知识信息。教师在课堂教学中除了运用口头语言讲解教材内容外，还要把一些重点或难点呈现在黑板上。板书的合理使用，有助于突出教学重点、剖析教学难点，帮助学生提纲挈领地认识教学内容。充分发挥板书的作用，使之与口头语言密切配合，可以提高课堂讲解的效率和效果。因而，教学艺术中将板书作为一种艺术和技巧，要求板书周密设计。

一般要求做到，整体观照，提要钩玄。板书配合讲解流程，提要钩玄，将内容之魂之眼关键词同步书写出来，带教学过程结束，板书关联成体，成为整课知识的纲领。其次，简明扼要，言简意赅。板书时不光内容要提纲挈领，书写文字也要重点突出，简明扼要，言简意赅。同时还要书写规范美观，布局合理。板书之文字、图画端正秀丽，出表意外，还有形式美功能，显现一个教师的教师的学识、智慧和审美情趣。因此，在课堂教学之前，教室就要对半书作整体周密的设计，充分发挥板书辅助传送教学信息的功能。

二、课堂交流策略

课堂交流是课堂教学的重要环节，同样需要精心构思。教学过程，是教与学两个主体，是两个主体的互动，如果只有教师的讲解、演示，而没有与学生的沟通交流，教师就无法及时了解学生的学习情况，而且会使课堂氛围显得沉闷乏味、缺乏生机。因此，教师必须围绕教学内容组织有效的课堂交流，让师生、学生与学生真正互动起来，促进学生的探究意识和合作能力的发展。

（一）创设民主和谐的教学氛围

课堂教学活动是在师生共同组成的"场"的氛围中展开和进行的，教学氛围适当与否，直接影响着"场"中人的心理和行为，并最终关系着信息传输的效率和质量。作为教学活动的主导，教师应以积极的态度和饱满的热情投入教学，创设和谐、民主的课堂交流氛围。

从心理学角度分析，创设宽松、民主、和谐的课堂氛围，有利于建立师生融洽的情感，激发学生表现的欲望，活跃学生的理性思维。在愉悦的氛围中，学生敢于发表自己的想法、需求，敢于对同学的发言提出质疑、补充。如果教师专制和霸权，则教学气氛就沉闷、呆板。为避免招致教师的批评或惩罚，学生会出现严重的保守倾向，课堂交流也就无法有效展开。因此，要使课堂交流取得预期成效，教师必须由课堂教学的控制着、领导者，转变为学生学习的引导者、组织者，与学生建立宽松、信任的民主氛围，激发学生表达、交流的情感和欲望。

（二）选择适当的交流形式

交流形式的选择是教学交流策略的一个重要方面，在教学中，学生是学习主体，要考虑他们学习能动性的充分发挥，这就必须做到与学生的具体学情相适应。这里至少涉及两个重要前提：一是教师对学生有全面认知。教师只有了解学生的兴趣爱好、知识技能、需要、态度、价值观以及心理成熟水平等，才能针对学生特点采取灵活机动、学生感兴趣的交流方式。二是教师灵活地选择各种不同的交流方式。教师选择的交流方式与采取的交流节奏要适合该层次学生的年龄特征，使学生对交流的信息容易理解与接受。

课堂教学中，教师要正确运用语言（包括口头语言和板书）交流系统，并辅之以适当的非语言（包括面部表情、手势、身体动作等）交流系统，从而保证教学信息的全方位传输，增强信息的传递效果。而且，要取得较好的交流效果，除了在课前对交流方式进行有效预设以外，还要根据课堂中出现的问题，敏锐地捕捉学生的需求信息，灵活选择和及时调整交流方式。

（三）积极主动地倾听

教师在与学生的交流过程中，除了要承担组织者和激发者的角色，还要扮演好倾听者的角色。善于倾听学生的心声，不仅是一种优良的品质和修养，而且是一种睿智机巧的教育艺术，更是新课程改革对教师的基本要求。

教师只有认真倾听学生的发言，才能对学生的学习状态有真实合理的了解，从而采取得力措施，调整教学的节奏和内容，使课堂教学与学生的认知状态达到有效的适应和平衡。而学生只有真正感受到教师在认真倾听，才能更加认真思考并合理组织自己的发言，从而激发思维、提升学习成效。

第三节 课堂教学的结课艺术

古人作文讲究"凤头猪肚豹尾"，开头要像凤凰的偷哪样美丽漂亮吸引人，中间要像猪肚那样充实饱满，而结尾要像豹尾那样强而有力。明代美学家谢榛也说说："凡起句当如爆竹，骤响易彻；结句当如撞钟，清音有余。"[①] 也是讲文章开头要响亮，使人为之一震；结尾要有韵味，使人觉得余音绕梁，不绝于耳。这里讲的虽然是写作，但更适用于课堂教学。有经验的教师，常把最有趣的东西放在课堂教学的"末场"，压轴，越是临近"终场"，学生的注意力越是被情节吸引，就越能激起对下一次教学的强烈渴望。但是，通常情况下，课堂的结尾部分是学生心理的疲劳区，也是想离开教室的躁动期。注意力开始分散，出现"盲动地带"。这时，要使学生持之以恒地把教师表述的东西或巩固的问题印在大脑中，并随着教师的思路产生"共鸣"，确实不易。所以，需要教者充分认识结课的重要性，巧妙地处理，是课堂教学臻于完美。

一、结课的作用及要求

结课，又称为课堂教学的结尾，是教师在课堂教学任务终结阶段，引导学生对知识与技能、过程与方法、情感态度与价值观的再认识、再总结、再升华的教学形式，其本质在于总结、升华和延伸课堂教学内容，为后续学习奠定基础。也就是说，结课的目的是将本节课的要点和主要概念总结出来，并将它们整合到学生已有的认知结构当中。但是，结课不是简单的知识回顾，而是应该帮助学生将教学内容与其他各节课的内容联系起来，使其有所升华。

课堂"结尾"与课堂"导入"一样，都是课堂教学的重要组成部分。从课堂"导入"开始，学生就在教师精心创设的情境中愉悦地、积极地探索知识，然而，在获取过程中得到的新知识可能是零星散碎的、不系统的，如果在课堂结尾阶段，教师有意识地穿针引线，诱导学生对教学目标中的知识要点、学习方法、情感要求进行简明扼要的梳理、概括，就会使学生把所学知

---

① 谢榛. 四溟诗话 [M]. 北京：人民文学出版社出版，2005.

识与已有知识有机地联系起来，连成知识线，进而形成知识网，当然，结课不是机械地复习前面所讲的内容，而是重在教方法、抓规律，引导学生站在更高的层次上，从新的视野对所学知识进行拓展延伸，使学生纲举目张，执简驭繁，并能创新实践，恰当地利用所学知识解决实际问题。

一、结课的功能和作用

在课堂教学中，好的结尾，可以使课堂教学锦上添花，余味无穷，给学生留下难忘的记忆，激起进一步学习的愿望。具体来说，结课的功能和作用有如下几点。

（一）将所学知识系统化，帮助学生理解记忆

完善、精要的结尾，画龙点睛般地对本节课的中心内容归纳总结，提纲挈领地加以强调、梳理或浓缩，不仅使学生对新知识、新技能的理解更加清晰、准确，记忆更牢固，而且有利于学生将所学到的新知识和新技能及时地进行系统巩固，并纳入自己的认知结构中。

（二）及时反馈教学信息，帮助教师评价教学

教师在下课前需要得到一些诊断教学的信息，一种非常有效的方式就是让学生演示学到的内容或者加以应用。这个方法具有的另一个优点是能立即向学生提供反馈，所以，很多教师都用让学生完成课堂练习或者作业来结束课堂教学，并立即反馈给学生，进而评价教师的教学目标和学生的学习目标。

巧妙自然的结尾，可以为教师提供足够的信息，如聆听学生的发言，提出试探性问题让学生回答，布置作业后密切观察学生的完成情况等，都可以让教师了解学生对所学知识的掌握情况，从而评价教学效果，为接下来的教学准备提供参考。

二、结课的艺术方式

艺术性的教学，在结课的形式上有所设计创造，要求教师在课堂教学结束时，给学生以余音绕梁，启发再思的效应。总结长期的教学实践中的成功创造，有以下方式可资参考。

（一）总结式结课

总结式结课是指在结课的时候，教师自己或组织引导学生用准确简练的语言，提纲挈领地把整节课的主要内容加以概括总结。这种结课方式在日常课堂教学中最常用，既能帮助学生理清思路，构建知识网络，又能帮助学生

突破重难点，加深对所学内容的记忆、理解、把握和巩固。例如：在使用总结式结课时，教师可以利用黑板、投影仪或多媒体等手段用文字、图示或表格的形式加以概括，让学生明了，从总体上把握教授内容。

如上述案例所示，也可以先引导学生总结，然后教师做适当的补充，给学生一个系统而完整的认知印象。不管采用哪种方式进行课堂总结，只要有学生参与，效果就会更好。

值得注意的是，总结式结课不是教学内容的复述和再现，切忌"眉毛胡子一把抓"的全面完整，因为面面俱到的归纳总结容易冲散教学重点，造成学生不知道哪些是必须掌握的知识点的混乱局面。所以，总结式结课应该对教学重点、学习难点、重要思想和方法等进行归纳总结，使课堂核心内容更加显豁突出，让学生在听课的基础上，进一步理解和提高。

（二）悬念式结课

悬念式结课指教师用设置悬念的方法结课，给学生留下一个有待探索的问题，使学生急切地等着下一节课。这种结课方式能够很好地把前、后两节课联系起来，既引申前一节的意蕴，又为后一节课做好铺垫。例如：和心理学上的"蔡加尼克效应"一样，半途而止的讲解更有效。所谓"蔡加尼克效应"，是指人在执行某个任务时的紧张状态会一直持续到任务完成，如果工作中断，紧张状态会让人的心理活动指向未完成的任务，从而对有关内容记忆更牢。"蔡加尼克效应"说明，当心理任务被迫中断时，人们就会对未完成的任务念念不忘，从而产生较高的渴求度。悬念式结课，有效地利用了"蔡加尼克效应"半途而止的讲解效果。

悬念式结课，"悬念迭起，丝丝入扣"，可使学生对将要学习的知识跃跃欲试，促使他们主动预习，寻找答案，也为下节课的开始埋下伏笔。有经验的教师经常使用悬念式结课，使学生在"欲知后事如何"时戛然而止，给学生留下一个有待探索的疑问，激发学生的学习兴趣和继续思考的热情，让"且听下回分解"成为学生的学习期望和探索动力。

（三）回味式结课

回味式结课，指教师用含蓄隽永、耐人寻味的语词、诗歌、箴言、口诀或隐喻结课，从而引发学生对所学内容展开想象，回味再三，达致意味深长和难以忘怀。例如：大量的教学实践研究表明，充满情趣的课堂结尾能有效地再度激发学生的学习动机，使学生的身心得到放松，浓厚的学习兴趣得到保持。所以，通过那些生动形象、简明扼要、通俗易懂、富有韵味的口诀或歌谣来概括本堂课的主要内容，会让学生喜闻乐见，回味无穷，大大提高记忆效率，同时能启发学生课后自学的兴趣。

（四）激励式结课

激励式结课指教师在结课时，结合本堂课的教学内容，以充满激情、洋溢理想的话语或故事，对学生进行生动的情感、态度与价值观教育，寄厚望于学生，打动学生的心扉，给学生留下深刻的印象。

激励式结课的作用，不仅仅是对课堂教学知识的小结和概括，而且要在短短的几分钟里，使学生通过教师几句激励性话语，在牢记一堂课内容的同时，智慧得到启迪、情感得到升华、志趣得到培养、人格得到塑造、求知欲及探索欲得到激发等等。这正是结课艺术的精彩所在，因为这些极富激励性的语言，能升华学生为科学献身的情感，激励学生努力学习的意志，起到了"言已止而情未收"的永久效果。

（五）延伸式结课

延伸式结课指在结课的时候，教师注意把课堂教学和学生的课外学习结合起来，将课堂上的内容和活动延伸到课外甚至校外，激发学生课外学习与探索的兴趣和行动。实践证明，一堂好课，不应是学生学习的结束，而是把结束作为一种新的开始，即把结课作为引导学生联系课堂内外的桥梁，让他们把课堂上学到的知识在课外得到延伸、扩张、充实，培养学生学以致用的能力。这样让学生积极寻找知识的应用，就把学生从课堂上激起的学习兴趣延伸到了课外，从课堂所学通往远方。

第四章 高校课堂教学评价策略

　　教学评价是依据教学目标对教学过程及结果进行价值判断并为教学决策服务的活动，是对教学活动现实的或潜在的价值做出判断的过程。教学评价是研究教师的教和学生的学的价值的过程，教学评价是教学活动的重要环节，教学评价理论的研究是当代教学研究的一个重要组成部分，教学评价是科学指导教学工作不可缺少的一种手段与方法。教学目标制定得是否合理，实现与否，课堂行为是否恰当，教学结果是否良好，说到底教学是否有效，都要根据评价的结果才能判定。掌握课堂教学评价策略，对于我们有效地开展教学活动是非常有益的。

第一节 教学评价的基本理论

　　教学评价是以教学目标为依据，运用可操作的科学手段，通过系统地收集有关教学的信息，对教学活动的过程和结果做出价值上的判断，并为被评价者的自我完善和有关部门的科学决策提供依据的过程。教学评价是教学过程必不可少的一个环节，它可以提供教学的反馈信息，以便及时地调整和改进教学，保证教学目标的实现。

一、教学评价的历史演进

　　教学评价是伴随着教学的产生而产生的，也随着教学的发展而发展，在探索中发展演变。从最早的初衷来说，教学评价是对学生的学力测验，随着教学的发展，由此延展到关涉的全面性，主要经历了考试、测量、评价三个发展阶段。

（一）传统考试阶段

　　在中国，古老的典章制度专著《礼记》中有一篇《学记》技术了古代的教育考核制度："比年入学，中年考核"，"一年视离经辨志，三年视敬业乐群，五年视博习亲师，七年视论学取友，谓之小成。九年知类通达，强立而不反，谓之大成。"这可以说是中国最早的教学评价思想，也是世界上最早成熟的教育评价思想。我国历史上持续 1300 年的科举考试是世界上最早的一种教学评价形式。它实际上是一种通过设科考试并根据学科的成绩录用官吏的考试制度，主要是针对考核学生学力水平而言的。在相当长的一段时间里，考试成为一种鉴定和选拔人才的主要手段。在 18 世纪以前的西方各国，学校教育尚未正规化，学校考试主要是口试。1702 年英国的剑桥大学先以笔试替代口试，开西方学校考试笔试之先河。1845 年，美国波士顿市率先在美国以笔试取代口试，后逐渐在美国普及。由于笔试的客观性与可靠性比口试高，并且节约时间，结果大大优于口试。

考试在某种意义上公平合理，摒弃了很多门槛，但是也有评分的主观因素介入，偏见难免，且试题太少.考试内容大多是有关阐述性的知识，偏于记忆，不足以反映学生所获知识和能力的全貌。为改进考试方法，教育测验应运而生。

（二）教育测量阶段

教育测量始于十九世纪后期至 2011 世纪 30 年代。英国的高尔顿通过对个体差异的长期研究，于 1869 年发表了《遗传的天才》一书，揭开了教育测量的序幕。1879 年，德国的冯特在莱比锡首创了心理实验室，使实验心理学家逐步摸索出了一套测量力一法，对教育测量的发展产生了积极影响。十九世纪最后十年，各种测量随着心理实验的发展层出不穷：1889 年厄恩编制的测验，将能力分为知觉、记忆、联想和运动机能等四种；1892 年波尔顿试行记数测验，测量儿童记忆力；18% 年艾宾浩斯首先用填充法测量学生智力；18% 年皮尔逊改进了他的老师高尔顿的相关系数的训算，在法国数学家布拉维的研究基础卜创立了积差相关公式；1897 年，美国的莱斯发表了他对 20 个学校的 1600 名学生所作的拼字测验的结果，更引起了人们对测验力一法的普遍关注，对后来教育测量的发展产生了深远的影响。在这种背景下，1904 年，美国心理学家，动物心理学的开创者，心理学联结主义的建立者和教育心理学体系的创始人桑代克发表了《精神与社会测量导论》一书，系统地介绍了统计力一法和编制测验的基本原理。该书提出了"凡存在的东西都有数量，凡有数量的东西都可以测量"的基本观点，为教育测量奠定了理论基础，对教育测量学的建设与发展做出了巨大贡献。桑代克被称为"教育测验之父"，他拉开了美国教育史上著名的测验运动的序幕。在学习测验方面，有桑代克与其弟子共同开发的标准算术测验，研究重点在于将测验客观化和标准化。

随着教学测验运动的不断发展，人们逐渐认识到，教学测验尽管能使考试客观化、标准化，并能把人的能力换算成数字，对人的能力差异程度加以量化，但它毕竟不能测出人的全部，难免流于形式而机械化。如学生的兴趣、创造力、鉴赏力等是十分复杂的，很难全部量化。这与当时的机械主义精神是一致的，它有效地解决了研究中的量化问题，保证了对元素分析的深刻性，但又对整体性无能为力，尤其是涉及人的智能情感这种整体复杂的关联物，则是完全无力的。1937 年塞蒙兹发表了《人格与行动的诊断》一书，主张学力中非智力因素测量应用评定法、问卷法、交谈法、轶事记录法、自我报导法等，从方法论上否定了单纯的人格测量法，使教学测量的研究逐步过渡到教学评价的研究。

（三）教育评价阶段

教育评价自产生至今大致经历了三个发展阶段，在这三个阶段中教育评价方法论各有其不同的特点。

1. 开创时期（1930—1958）

在这个阶段中，教育评价方法论的实证化特点非常明显。这一特点主要表现在泰勒的目标导向评价模式之中。首先，泰勒认为开展评价的依据是把所要评价的内容分成具体可见的、可操作的学生行为目标，以便在评价中能够围绕这些行为目标进行观察和测定。其次，泰勒在他的评价模式中非常强调对学习和教育结果进行客观地测量、统计。他曾提出过三种评价手段：（1）由评价专家测验，通过这些测验测得学生的行为变化情况；（2）把学生置于特定情境之中，对学生的特定行为进行有目的的观察；（3）用提问的形式使学生表达观点，借以引起学生做出能体现其知识和能力的回答。泰勒在运用这些手段时，提出过三个重要准则：客观性、信度和效度。任何一种手段违背了这三条准则，都将是无效的手段。二战以后，教育评价领域在维持泰勒模式基本思想的同时，又从标准化测验和教育目标分类学两个方面对评价手段作了进一步的发展。前者通过避免人的因素对测验的干扰，使评价手段的客观化程度进一步加强；后者通过对行为目标的精细化研究，使评价手段的可操作性又向前迈了一步，这都又加强了评价手段和方法的实证化倾向。

2. 大发展时期（1958—1972）

在这个阶段中，教育评价方法论的主要特点是实证化倾向仍占主要地位，人文化倾向已开始萌芽。在这一时期，由于社会条件的变化，对评价需求迅速增加，在评价领域不断扩大的形势下，泰勒的目标导向评价模式已不能完全适应形势发展的需要，许多人从不同的需要、不同的观点出发，提出了许多不同的评价模式。在这些评价模式中,有些是在泰勒的目标模式的基础上进一步发展,有些是对泰勒模式的改造,也有些是对泰勒模式的批判。其中实证化倾向最明显的是系统分析评价模式。这一模式的具体评价方法有两个重要特点:(1)强调科学实证的方法,要求在评价分析过程中所使用的材料必须是能证实的;(2)强调使用定量的资料和数学技术,如线性规划、回归分析、计算机技术等。此模式的提出者认为"明确性是系统分析的最小公分母,在分析中使用的假设和判断准则必须是具体的,对于不可比和不确定的资料要仔细地加以清除。"① 可见在系统分析评价模式中,客观性和数量化被提到了前所未有的高度,在这里教育评价的对象成了没有任何主观因素的纯客观现象,人们只要掌握了高级实验和统计分析技术,就可以了解认识它的一切。

在教育评价方法论方面强调实证化和客观性的同时,人文化因素在这一时期也开始萌芽。人们开始反思教育评价,并探索新的发展路径。教育评价开始沿着实证和人文两个方向发展。实证倾向强调科学实证的方法,要求在评价分析过程中所使用的材料必须是能证实的;强调使用定量的资料和数学技术,如线性规划、回归分析、计算机技术等。与此同时,人文倾向的教育评价则重视评价人自身的因素。如斯塔弗尔比姆在他倡导的 CIPP 评价模式中,首次提出了过程评价的思想,并且指出过程评价是通过描述真实过程,持续地与工作人员相互交流,观察其活动,控制评价活动的潜在问题,并保持对意外问题的警惕,来对评价对象的工作过程进行有效地改进和提高。在评价中,评价者开始注意到与评价对象充分的交流,反映了人文化的某些特点。另外在这一时期,还有如斯塔克的表象模式、艾斯纳的文艺评论模式等,都试图考虑人的思想、观点和主观经验在评价中的作用,但由于它们影响较小,在实证化倾向仍占较大优势的情况下,很难受到重视。

3. 专业时期(1973 年至今)

在这一阶段中,教育评价方法论的人文化特点得到迅速发展,并有超过实证化倾向的势头。二战后,随着美国经济的增长,公民权运动开始高涨,特别是 20 世纪 60 年代的社会动乱和社会变革时期,迫使人们在研究教育问题时,开始考虑人的需要和人与人之间交互作用对教育的影响,在方法论上逐渐向人文主义哲学靠拢。教育评价也顺应这种潮流,出现了一系列新的教育评价模式,如古巴和林肯的自然主义评价模式、斯塔克的应答评价模式等。这些评价模式的共同特点就是在评价中不只是单纯从评价者的需要出发,而

---

① 豪斯.作为评价基础的假设 [A]. 瞿葆奎.教育学文集(教育评价卷)[C] 北京:人民教育出版社,1989,第 375 页.

是考虑到所有评价参与人的需要，强调个体的经验、活动和主观认识的作用，不过分追求客观性，并试图摒弃数量特征；从人的角度出发，重视人文社会科学方法在评价中的运用。如应答评价模式中的应答，就是让评价对象和其他与评价有关人员提出他们关心的问题，并表达他们各自的意见。在评价过程中，评价者的职责就是把收集到的这些资料与众人讨论，并以磋商的形式，逐渐消除分歧，最后达成共同的、公认的、统一的观点。正如应答评价模式的创始人斯塔克所说："该方法是以牺牲某些测量上的准确性，换取评价结果对方案有关人员来说更多的有用性。"教育评价方法论的人文化倾向得到迅速发展的同时，实证化特征并没有完全消失，而是在新的形势下得到了进一步的发展，如泰勒的目标导向评价模式在这一时期经过波帕姆和布卢姆的改进后，仍在教学领域中广泛使用。另外，20世纪70年代末80年代初出现的费用——效果分析方法，则是教育经济学的数量化方法在教育评价中的独特运用。

（四）教育评价的发展趋势

由上述发展阶段可以看出，教育评价在发展中，还颇有局限性，还缺乏阔大的视野，深刻的反思精神，整体的和多元化的视角以及对话式交流等等，需要进一步发展突破。

一是反思和批判精神。反思和批判精神是任何一个学科保持旺盛生命力的源泉。教育评价研究在我国起步较晚，其发展的历史较短，一些评价方法模式基本上是从国外引进的，更多的是一种拿来主义，没有形成自己的理论体系，直接搬进教育评价的研究领域。对此要有一种批判、反思的态度。包括教育评价研究的水平、方法、模式，与别的学科研究之间的差距；国内研究水平与国际上的研究的差距；国外研究成果可借鉴和学习之处；本身已有的成果、缺陷和不足等。通过对已有成果和不足之处的反思，找出问题的症结，再进一步深入研究，才能不断推动教育评价研究向更高层次发展。二是教育评价研究者要反思、批判自身。对前人的研究成果不要迷信，不迷信已有成果，不迷恋权威。从实际出发深入探索，追求真理。既敢于质疑批判，也要敢于突破创新。

二是要倡导多视角、多元化的方法论。由上述发展阶段缕述可见，长期以来，教育评价研究的方法论是一个单一的、封闭的体系，在实证和人文之间徘徊，要么强调实证，要么强调人文，非此即彼，把两者看成对立面。教育现象是复杂的，多样的，从单一的视角看问题是远远不够的，这只会把教育评价僵死在自己的方法体系中。必须倡导多视角、多元化方法去尽可能全面评价，做出科学的判断。

三是强调评价者与被评价者之间的对话。强调开放性和平等性对话可以说是现代教育特别是新时代教育理念的核心内涵。以往的教育评价基本是自上而下的，评价者完全以一种权威的方式出现在评价对象，评价者和被评价者之间没有建立一种平等、信任的对话世界，评价双方互相沟通、理解，让评价成为一种双方作为活生生的"人"的交流，这样才能保证评价的真实性和公平性。同时，平等的对话世界是对人的自由创造性的强调，能为人的自由创造敞开宽松、和谐的空间。罗蒂认为："在平等的对话中，我们的自我形象就会是去创作而不是去发现新的形象。"例如教学评价，教师是教学活动的发起者，在评价的整个过程，可以说教师是最有发言权的，评价者应尽量给予教师最大的主动权与最多的发言机会，让他们首先对自己的教学行为和效果做出预测和判断，进行"自我评价"[①] 以充分获取全方位信息，确保评价的科学性和激励作用的有效性。

二、教学评价的功能

教学评价在学校教育中的作用日益明显，成为学校工作中必不可少的环节。要充分发挥教学评价的作用，就必须明确教学评价的基本功能。

（一）诊断功能

评价是对教学结果及其成因的分析过程，借此可以了解教学各方面的情况，从而判断它的成效和缺陷、矛盾和问题。全面的评价工作不仅能估计学生的成绩在多大程度上实现了教学目标，而且能解释成绩不良的原因。如，学校、家庭、社会和个人中哪方面的因素是主要的；就学生个人来说，主要是由于智力因素，还是学习动机等其他非智力因素的影响，抑或是两者兼而有之。教学评价如同体格检查，是对教学现状进行一次严谨的科学诊断，以便为教学的决策或改进指明方向。

（二）激励功能

评价对教学过程有监督和控制作用，对教师和学生则是一种促进和强化。通过评价反映出教师的教学效果和学生的学习成绩。在一定限度内，经常进行记录成绩的测验对学生的学习动机具有很大的激发作用。心理学表明，较高的评价能给教师、学生以心理上的满足和精神上的鼓舞，可激发他们向更高目标努力的积极性；即使评价较低，也能催人深思，激起师生奋进的情绪，起到推动和督促作用。

① 王景英.教师教学质量评价三题 [J]. 东北师大学报（哲学社会科学版），1998，第 6 期，第 88-92 页.

（三）调控功能

评价的结果必然是一种反馈信息，这种信息可以使教师及时知道自己的教学情况，也可以使学生得到学习成功和失败的体验，从而为师生调整教与学的行为提供客观依据。教师据此修订教学计划、改进教学方法、完善教学指导；学生据此变更学习策略、改进学习方法、增强学习的自觉性。教学评价有利于使教学过程成为一个随时得到反馈调节的可控系统，使教学效果越来越接近预期的目标。

（四）教学功能

评价本身也是一种教学活动。在这种活动中，学生的知识、技能将获得长进，甚至产生飞跃。测验就是一种重要的学习，它要求学生事先对教材进行复习，巩固和整合已学到的知识技能，事后对试题进行分析，又可以确认、澄清和纠正一些观念。另外，教师可以在估计学生水平的前提下，将有关学习内容用测试题形式呈现，使题目包含某些有意义的启示，让学生自己探索、领悟，获得学习经验或达到更高的教学目标。

三、教学评价的种类

（一）根据教学评价的功能，分为诊断性评价、形成性评价和终结性评价

1. 诊断性评价

诊断性评价指为查明学生的学习准备状况及影响学习的因素而实施的测定。在教学过程中，教师要形成适合每个学生特点和需要的教学方案，必须要深入了解对象，把握对象，学生已有的知识、技能的掌握程度，学生的学习动机状态，尤其是学生学习中存在的问题及原因等，这些应了然在握。这些信息的获取渠道和方法应该是多样化的，但其中最常用、最有效的手段之一就是诊断性评价。诊断性评价的主要用途有三个方面：（1）检查学生的学习准备程度。常在教学前如某课程或某单元开始前进行测验，可以帮助教师了解学生在教学开始时已具备的知识、技能程度和发展水平。（2）确定对学生的适当安置。通过安置性诊断测验，教师可以对学生学习上的个别差异有较深入的了解，在此基础上经过合理调整使教学更好地适应学生的多样化学习需要。（3）辨别造成学生学习困难的原因。在教学过程中进行的诊断性评价，主要是用来确定学生学习中的困难及其成因的。

2.形成性评价

形成性评价主要指在教学过程中为改进和完善教学活动而进行的对学生学习过程及结果的测定。形成性评价有点类似于教师按传统习惯使用的非正式考试和单元测验，但它更注重对学习过程的测试，注重利用测量的结果来改进教学，使教学在不断的测评、反馈、修正或改进过程中趋于完善，而不是强调评定学生的成绩等第。正因为形成性评价以获取反馈、改进教学为主要目的，所以这类测试的次数比较频繁，一般在单元教学或新概念、新技能的初步教学完成后进行，测试的概括水平不如总结性评价那样高，每次测试的内容范围较小，主要是单元掌握或学习进步测试。要使形成性评价在改进教学方面真正发挥作用，教师应注意做到：（1）把评价引向提供信息，而不要把它简单地作为鼓励学生学习或评定成绩等的手段。（2）把形成性评价与日常观察结合起来，根据测试的反馈信息和观察的反馈信息对教学做出判断和改进。（3）仔细分析测试结果，逐项鉴别学生对每个试题的回答情况，如果大部分或相当数量的学生对某个试题的回答都有误，那就表明自己在这方面的教学有问题，应及时加以改进。

3.总结性评价

总结性评价一般指在课程或一个教学阶段结束后对学生学习结果的评定。这类评价的主要目的是评定学生的学业成绩。确定学生达到教育目标的程度，证明学生掌握知识、技能的程度和能力水平，以为确定学生在后继教程中的学习起点，预言学生在后继教程中成功的可能性，以及制定新的教育目标提供依据。

总结性评价着眼于某门课程或某个教学阶段结束后学生学业成绩的全面评定，因而评价的概括水平一般比较高，考试或测验所包括的内容范围也比较广。评价的次数不多，一般是一学期或一学年两三次。学校中常见的期中考试、期末考试或考查以及毕业会考都属这类评价。相比较而言，形成性评价侧重于教学的改进和不断完善，属于"前瞻式"评价，而总结性评价侧重于对已完成的教学效果进行确定，属于"回顾式"评价。

（二）根据教学评价的参照指标，分为相对评价、绝对评价和个体内差异评价

1.相对评价

相对评价是在被评价对象的群体中建立基准（通常均以该群体的平均水平作为这一基准），然后把该群体中的各个对象逐一与基准进行比较，以判断该群体中每一成员的相对优势。对学生学习成绩的评价，通常是以该生所在

群体的平均分数为标准，这一平均分数常被称为"常模"，以此为参照来衡量和判断学生成绩在一个群体中所属的位置。所以相对评价又称作常模参照评价。进行相对评价时常用标准分数和等级分数来确定某一分数在团体中的相对位置。

相对评价，具有一定的封闭性，有利于在群体内做出横向比较，故常作为选拔和甄别的依据。还可以利于学生在相互比较中判断自己的位置，激发学生的竞争意识，增强学习的动机。因此，这种评价方法一度成为教师评价学生的主要方法。从另一方面看，这种评价方法的缺点也是显而易见的。一是相对评价只在评价对象团体内部相互之间进行高低、优劣比较，这种比较不涉及教学目标，所以不能确切地说明学生成绩的真实水平。第二，相对评价因按正态分布曲线比例固定各等级人数，这样，在优秀的学校和班里，许多优秀的学生评不上优秀等级；反之，在差劲的学校或班里，许多成绩不佳的却被排在优等的位置，就容易降低评价标准。所以相对评价法只能适用于一定范围，超过这个范围，就变成不客观、不公正了。第三，相对评价按一定比例将学生分等，容易造成学生之间过于激烈的"病态竞争"，给教学带来副作用，尤其是差生容易产生自暴自弃的消极心理。

2. 绝对评价

绝对评价法是在评价对象的集合之外确定一个标准，评价时把评价对象与客观标准进行比较，确定评价对象达到目标基准绝对位置的评价方法。教学评价的标准，一般是教学计划和教学大纲，以及由此确立的具体评定指标。对学生学习成绩的评价是根据达到既定教学目标的程度而进行的，因此又被称为目标参照评价，这种评价并不照顾评价对象的整体状况而提高或降低评价标准。

绝对评价的特点是它有一个客观的评价标准，能较客观的对评价对象价值水平做出评价。其次，评价对象可以根据评价结果，清楚地知道自己与评价标准的差距，从而明确努力目标。另外，由于只要达到评价评价标准，就被评价为同一水平，客观上对缓解分数竞争、减轻思想负担、促进全面发展也有一定积极意义。

绝对评价的问题在于很难制定出符合一定价值目标的客观标准。不仅很难制定出完全符合学校的教养目标的毕业评价标准，甚至也很难制定出完全符合一学年、一学期、一单元教学目标要求的评价标准。此外，绝对评价的结果，仍然可以用来进行排列名次，无法避免引起分数竞争。

自20世纪80年代以来，将绝对评价与相对评价结合在一起，使双方形成相容的互补关系的各种思想，代表了教育评价理论的发展趋势。美国和日本等国家都是两者并用。

3. 个体内差异评价

个体内差异评价法是以被评价对象自身某一时期的发展水平为标准，判断其发展状况的评价方法。从被评价对象的实际出发，判断其发展状况的评价法。

这种评价方法比较充分地照顾到了学生的个别差异，有利于减轻学生的心理负担和压力，增强自信心，强化学习动机。其缺陷是：首先，由于个体内差异评价既不与客观标准比较，又不与其他被评价者比较，很容易使被评价者坐井观天、自我满足；其次，评价是按一定的价值原则进行的判定，没有标准又没有比较，很难令人相信是一种评价。

（三）根据评价中实证与思辨的特色，分为实证化评价和人文化评价

1. 实证化评价

实证化评价是指用实际的证明来判断事物属性或发展变化规律的一类方法，主要有观察法、调查法、测验法、实验法、模拟法、理想化方法、逻辑方法、数学方法、控制方法、信息方法和系统方法。

实证化评价主要借助自然科学方法，其优点：

（1）准确、高效。实证化评价方式的主要表现形式是数量评价，它可以用严密的数学方法精确地分析所得资料，以极少的人力和时间对评价对象进行准确地描述，特别是借助于计算机技术使这一特点显得更为突出。

（2）广泛的适应性。实证化评价方式一般都有较固定的评价程序和步骤，且每一步都有较强的可操作性，评价人员只要稍加培训，就可以依程序进行评价。在具体评价过程中，对评价人员的经验和技术水平要求较低，易于推广实行。

（3）可移植性强。由于实证化评价方法如观察、调查、数学处理等方法在不同的评价目的、对象和条件下都有较强的通用性，评价人员可以依不同的需要对实证化方法相互移植。同时由于实证化评价方式在评价中强调客观性、信度和效度，在得出结论时常可发现评价对象的共性和规律，从而可以把一次评价结论推广到其他同类评价对象中去。

（4）说服力强。实证化评价方式常用客观事实和数据做出结论，相对于人文化的推理或阐释式结论来说，更加简明易懂，更有说服力。

实证化评价虽然能够对评价的对象进行分解测评，易于进行定量比较，获得终结性结论，但较难体现出评价的整体性。

（1）重结果、轻过程。实证化评价方式所依据的客观事实和数据基本上

都是结果的产物，而以定量化为代表的实证化评价方式，也基本上适合于对结果的评价，或者对评价对象输入、输出两极进行分析处理，很难对评价对象内部发展变化的情况及其原因进行分析，在评价中只能把教育过程当作黑箱来处理。

（2）忽视评价者与被评价者的交流。实证化评价方式过分强调客观，极力避免主观性给评价带来偏差的特点，容易在评价中忽视人与人之间的交流。由于教育现象是"人一人"系统，而以教育现象为对象的教育评价必然是人与人交互作用的过程。如果在评价中缺乏人与人之间的交流，就容易产生主评与被评的心理偏差。影响评价功能的正常发挥。

（3）易造成评价信息的失真。实证化评价方式在评价过程中过分依靠定量化手段，在复杂的分数转换和统计处理过程中，或者造成某些信息的丢失，或者渗入一些"噪音"，而建立在这些信息资料基础上的评价结论就难以反映评价对象的真实情况。

（4）缺乏灵活性。实证化评价在评价时借助于一套严密的程序来提高它的客观性和可操作性，但在适应不同的评价目的特别是处理评价中的意外事件方面缺乏灵活性。

近年来，实证化评价的趋势很明显，但是确实需要与其他评价协同使用，唯实证化评价倾向与人们对自然科学方法的盲目崇拜有关，与人们长期偏重于教育经验的简单总结有关，也与课程评价的行政管理有关。为克服实证化倾向的不足，，在评价中我们还要重视发展性评价，从人的角度出发，重视人文社会科学方法在评价中的运用。

2. 人文化评价

人文化评价是侧重于个体的主体意识和心理活动规律，强调评价者与评价对象的交流，对评价对象做出价值判断的一类方法。主要包含哲学方法、历史方法、伦理方法等。其优点如下：

（1）重视过程评价。人文化评价方式不仅重视结果评价，对教育过程的变化及其原因也给以更大的关注。它通过对过程的评价来验证和说明导致结果的原因，并及时、有效地解决过程中出现的问题。

（2）强调评价过程中的人与人交流。人文化评价方式重视所有参与评价人的看法在评价中的作用，并以协商、对话的方式来消除分歧，得出结论。同时，评价者亲自进入评价现场，参加到评价对象之中，取得评价对象的信任，并与他们建立良好的关系，利用参与观察、行动研究的方法收集信息资料。以这种资料得出的结论由于其真实具体，切合被评价者的需要而易于被评价者所接受。

（3）方法灵活，针对性强。人文化评价方式一般事先没有既定目标，只是在评价过程中发现问题，并围绕这些问题收集、分析资料，最终解决问题。在具体评价中，使用方法有较强的灵活性，对评价者的束缚较少，对问题的针对性较强，有利于评价功能的发挥。

（4）重视评价中多种因素的交互作用。人文化评价方式把教育作为一个整体来看待，重视教育现象内外部多种因素的交互作用，在评价中不只是把评价对象看作一个个孤立实体，而是把评价对象放在教育这一整体中来理解、诠释；不只研究评价对象的表面现象，还试图理解现象背后存在的意义，重视问题背后的原因分析。

人文化也有其缺点，表现如下：

（1）总体效益较低。人文化评价方式的许多方法一般都需要投入较大的人力、物力和财力，并且花费较多的时间，才能得出结论，投入与产出的比例明显不如实证化评价方式。

（2）主观性强。人文化评价方式所收集的资料常常是文字或图片等描述性资料，如观察记录、现场笔记等，这些资料在收集过程中难免会带有主观色彩；在分析现象背后存在的意义以及存在问题的原因时，常会打上评价者个人思想的烙印；评价结论中也常常会有评价者思想的投射。

（3）对评价者个体依赖性较大。人文化评价方式要求评价者亲自参加到评价现场中去收集资料，并对资料作综合分析，这些都要求评价者具备较高的知识、能力和经验水平。对同一问题，不同的评价者可能会做出不同的结论。

（4）易受干扰。人文化评价方式虽然相对于实证化评价方式来说，在方法的选择和目的的确定上有更大的灵活性，但在评价过程中可能会受非本质问题（现象）的干扰或迷惑，影响对本质问题的探讨。

由此可见，无论市政评价还是人文评价，都是既有优长，也有局限，因此，必须整体观照，协同使用，既要实证，也要人文化，综合运用，评价全面化，过程化，多角度观照，会很好地把握评价对象。

（四）根据教学评价的主体性，分为自我评价和他人评价

1. 自我评价

自我评价是指被评者自己根据一定的标准，对自己的学习、工作、品德等方面的表现所进行教育评价，简称自评。自评易于开展，且能激发被评者的积极性。人对自己的思想、动机、行为和个性的评价，直接影响学习和参与社会活动的积极性，也影响着与他人的交往关系。一个人如果能够正确地

如实地认识和评价自己,就能正确地对待和自理个人与社会、集体及他人的关系,有利于自己克服缺点、发扬优点,在工作中充分发挥自己的作用。实事求是地评价自己是进行自我教育、自我完善的重要途径之一。人的知识,才能通常是处于离散,朦胧状态的,需要人们不断地挖掘,发现和开发。每个人从自身兴趣爱好,思维方式的特点,毅力的恒久性,已有的知识结构,献身精神等方面可以作出自我评价。可以体验到自己存在的价值,也能接受自己,对自己抱有正确的态度,不骄傲也不自卑。心理不健康的人常缺乏自知之明,对自己的优缺点缺乏正确的评价,自高自大,自我欣赏,还有的是自暴自弃,都不利于自己健康成长。

2.他人评价

他人教育评价亦称"外部教育评价"。被评价人之外的其他人对被评价人所进行的评价。如专家评价、领导评价、同事(同学)的互评、学生评价以及社会评价等。其优点是要求严格,评价结果客观性较强,可进行横向比较,有权威性。缺点是组织工作较为繁杂,耗费的资源也较多。

四、教学评价的理论基础

教学评价是植根在深厚的理论基础上的,教学评价涉及教与学两个方面,所以,既有教的理论,也有学的理论,涉及教学过程与教学结果两个维度,因此其所涉及的相关理论比较丰富。

(一)目标理论

目标理论是研究目标与行为关系的一种理论,是后期行为科学学派理论体系的重要组成部分。这种理论认为:人的行为是实现目标、满足需要的活动。它可以分为两类:(1)为实现目标所采取的准备行动,称目标导向行动。这种行动对需要强度起促进作用。(2)直接实现目标的行动,称目标行动。这种行动对需要强度起减退作用,管理者应通过目标的设置来激发动机,指导行为,使职工需要与团体目标联系起来,从而调动他们的积极性;目标是一种外在的对象,它可以是物质的,如一定的产量,质量指标,也可以是精神的或理想的对象,如达到一定的文化水平、思想水平等。目标理论的出现使目标管理成为可能。教育管理目标理论一般包括泰勒的行为目标模式和其后布卢姆的目标分类模式。

泰勒模式是美国心理学家 R·W·泰勒提出的一种课程评估模式。泰勒在所著《课程与教学的基本原则》(1949 年)一书里最早提出应当根据课程目标编制"合理的"课程计划,即根据事先确定的目标选择教学内容和方法,而后评估和改善教学制度，直到达到既定目标为止。这种理论强调把学生的行为目标作为评价的主要依据，把教育方案、计划所达到的目标用可以进行观察、测验的学生的行为来表示，认为评价就是判断教育活动实际达到目标的程度。同时，也就是找出教育活动偏离目标的程度，通过信息、反馈使教育活动尽可能逼近目标。

目标分类模式是 20 世纪 50 年代美国教育心理学家布卢姆提出的。这种理论认为，教育目标是教育教学评价的基础，而教育目标从整体上可以分为认知领域、情感领域和动作技能领域，每个领域在实现最终目标的过程中都有相应的目标系列。其中最为成熟的是认知领域的目标，该目标理论的提出实际上解决了在教育和教学评价中测什么的问题，在学术界引起了广泛的反响。

（二）多元智力理论

传统的智力理论认为人类的认知是一元的、个体的智能是单一的、可量化的，而美国教育家、心理学家霍华德·加德纳（Howard Gardner）在 1983年出版的《智力的结构》一书中提出"智力是在某种社会或文化环境或文化环境的价值标准下，个体用以解决自己遇到的真正的难题或生产及创造出有效产品所需要的能力"。每个人都至少具备语言智力、逻辑数学智力、音乐智力、空间智力、身体运动智力、人际关系智力和内省智力，后来，加德纳又添加了自然智力，故谓"多元智力"。这个结构至少有上述七种智力要素组成，具有多元性、文化性、差异性、实践性、开发性等特征。多元智力理论给教育教学评价带来了新的思维方式：从评价观来说，它认为个体具有不同的智力及其组合。如果给予适当的教育，每个人都能发挥自己的优势智力，同时带动其他智力的同步发展，因而不存在智力水平高低的问题，只存在智力类型和学习类型差异的问题。所以，对学生的评价应由关注"学生的智商有多高"转为关注"学生的智力类型是什么"。就评价的目的而言，多元智力理论关注的是学生的智力特点及其发展状况，而传统评价则以预定教育目标为中心来设计、组织和实施评价，目的在于对学生进行选拔和鉴别；就评价的特征而言，评价是多元化的，这不仅体现为评价内容的多元化，还体现为评价主体、评价方式等的多元化。

（三）替代性评价

替代性评价之所以得名，是因为这种评价是传统纸笔标准化测验的一种替代方式，由于多数评价任务比较接近真实的生活，故又称为真实性评价、表现性评价等。它兴起于 20 世纪 90 年代的美国。传统学生评价中采用的纸笔测验或标准化测验更多的是考查学生对知识的获取能力而非应用能力。随着教育实践的发展，人们发现实际操作、解决问题的能力更为重要，因此替代性评价就成为评价学生实际操作能力和解决问题能力的重要方式。替代性评价被认为是对学习者运用先前所获得的知识解决新异问题或完成特定任务的能力进行测量的一系列尝试，具体来说就是运用真实的生活或模拟的评价练习来引发最初的反应，由高水平评定者按照一定标准进行直接的观察、评判，其形式主要包括建构式反应题、书面报告、作文、演说、操作、实验、资料收集、作品展示等。

海曼等人认为，替代性评价具有以下六个特点：（1）评价时要求学生演示、创造、制作或动手做某事；（2）要求激发学生高水准的思维能力和解题技能；（3）使用有意义的教学活动作为评价任务；（4）唤起真实情景的运用；（5）人工评分、人工评判而不是机器评分；（6）要求教师在教学和评价中担任新的角色。

（四）有效教学的理论

有效教学理论是教育学的一个重要分支。它既是一门理论科学，也是一门应用科学；它既要研究教学的现象、问题，揭示教学的一般规律，也要研究利用和遵循规律解决教学实际问题的方法策略和技术。它既是描述性的理论，也是一种处方性和规范性的理论。有效教学研究的最初目的是要提高课堂教学的效果，并由此对教师的行为特征进行了系统研究，出现了一系列有代表性的观点。

伯利纳等通过研究阅读和数学教学，总结出了有效的教学行为和无效的教学行为。其中有效的教学行为有：教师建设性地对学生的情绪和态度做出公开的言语或非言语的反应；教师认真听学生在讲什么，谈什么；教师给学生某种指导或警告，并且说到做到；教师对所教的学科充满信心，并显示出对此学科的驾驭能力；教师检查学生的学习进度，并根据检查结果调整自己的教学工作；在教学过程中，教师表现出一种积极的、令人愉快的、乐观的态度和情绪；教师能够充分有效地利用课堂上出现的迹象预测意外事件；教师鼓励学生认真做好课堂作业，并对学生课堂作业负责。无效的教学行为有：教师突然改变教学程序，如从教学转向课堂纪律管理；教师当众训斥学生；教师为了打发空余时间，让学生在课堂上做一些无用的作业；教师在课堂上不是为了达到明确的教学目标，而是要表现自己。

盖奇等提出了四类课堂教学评价中需要重点关注的教师行为：（1）组织，指教师对课堂教学的组织，它与保持学生的注意、维护正常的教学秩序及信息传递的效果有关，其作用在于发出信号以引起学生注意，并提示某些教学内容的组织结构和线索；（2）提问，它与学生学习的进行和结果直接相关，它一方面唤起学生已有知识经验中与当前学习有关的内容，使新旧知识产生联系；另一方面有助于引起学生注意，激活学生思维，促使学生积极思考并调动已经掌握的知识技能；（3）探究，指教师的教学活动有一定的探索性和发现性，它有助于保持由组织、提问所引起的学习准备，同时也有助于学生对信息、材料进行智慧加工，并通过这一加工过程真正理解和掌握知识以及智慧活动的技能；（4）奖励，指在课堂教学中用言语或非言语的形式对学生的学习活动或学生所提出的观点和看法给予肯定性的鼓励，当学生在学习活动中受到奖励时，其智慧活动进行得比较持久，效率也比较高。

五、教学评价的原则

教学评价运用科学可行的评价方法，对教学过程和教学成果给与价值上的判断，以提供信息改进教学和对被评价对象做出某种资格证明，要发挥教学评价的积极功能，就需要遵循以下教学评价原则。教学评价的原则是对评价的基本要求，是评价的有效性和可靠性的根本保证。一切评价都是为了促使评价对象正面发展，评价什么就会拥有什么。要以培养"完整的人"为评价导向，通过评价激励个体，引导群体的正能量。教学评价应该遵循以下一些基本原则：

（一）真实性原则

真实性原则又叫客观性原则，指课堂教学评价、特别是学生学习结果的评价，强调在真实生活情景下对学生的发展进行评价，在真实性评价中应该包括有真实性任务，即某一具体领域中专家可能遇到的那些真实的生活活动、表现或挑战。

美国学者戈兰特·威金斯认为真实性评价有五个特征：一是评价既指向学生学习的结果，也指向学生学习的过程，凸显评价的诊断与服务功能，即为学生的学习提供有效的反馈和建议，而不仅仅是选拔与区分功能。二是强调在现实生活（或模拟现实生活）的真实情境中，给学生呈现复杂的、不确定的、开放的问题情境以及需要整合知识和技能的活动任务（即"有意义的真实性任务"）来对学生进行评价，评价重在考查学生在各种真实的情境中使用知识、技能的能力，而不是重在考查学生对知识信息的积累与占有程度。三是任何一个真实性评价都必须事先制订好用以评价学生的"量规"或"检核表"。所谓"量规"，是一种界定清晰的、用来对学生的表现或作品进行评分或等级评定的评估工具。一个完整的"量规"应当包含三个基本要素，即

"具体的评估标准"、"区分熟练水平"以及"明确的反馈",学生应该提前知道评价的任务及具体标准,而不是像传统的测验那样需要保密。四是真实性评价承认个体差异,主张对不同的学生提供不同的评估策略,以适应各种能力、各种学习风格以及各种文化背景的学生,为展示他们的潜能与强项提供机会,而常规的考试与测验往往忽视学生的个体差异,且常常用来找出一个人的弱点,而不是他的长处。五是评价通常被整合在师生日常的课堂活动中,成为教师教学、学生学习的一部分。在真实性评价中,评价是师生共同的任务,学生不再是被动的测验接受者,而是评价活动的积极参与者,学生参与评价(包括对同伴的评价或自我评价)是学生学习的一种形式。

（二）多维性原则

多维性原则指的是在课堂教学评价中,应该从多种维度、运用多种方法对课堂教学的过程和课堂教学的结果进行评价。具体而言,多维性主要体现在三个方面:

首先是评价内容的多维性,即在评价中应该考虑到课堂教学的各个方面,包括课堂教学的过程、教师的教学能力及水平、课堂教学要素、课堂教学结果、学生的参与度等各个方面。但这并不是说,每次课堂教学都必须要完整地对所有的因素进行评价、或者所有的因素在每次评价中所占的权重都是一样的,而是需要根据评价的目的有侧重地进行选择。在选择过程中,既要考虑到评价的目的,也要考虑到课堂教学评价的一般要求,同时还要考虑到当前教学评价发展的理论前沿。

其次是评价主体的多维性。在以往的课堂教学评价中,评价主体往往是研究者和教育管理者,缺少课堂教学内主体的充分参与。而评价主体的多维性要求评价主体既有课堂教学之外的人员,如研究者和教育管理者,也有课堂教学内的被评教师或学生,同时还可以考虑同事或同伴在评价过程中的参与,改变原来单纯以他评为主的方式,重视自评和互评。

最后是评价方法的多维性。传统的课堂教学评价多以量表或者纸笔测验为主,这种评价方法的主要优点在于其编制过程的科学性,它在评价过程中能够尽可能地保证评价的公正性,但是其弊端也是非常明显的,如评价的内容与真实的生活内容脱节,不太适合于情感、态度、价值观的评价等。评价方法的多维性要求课堂教学评价中改变单纯以纸笔测验为主的方式,更多地采取观察、成长记录袋、真实性评价等方法进行多方面的评价,既要重视客观、量化的评价方法,也要重视量化和质性评价相结合的方法,以质性评价统整量化评价。因为量化的评价把复杂而又丰富多彩的课堂教学过程简单化、格式化了，而质性评价却更关注复杂而丰富的课堂教学过程，强调教学过程的完整及其间真实的表现。

（三）过程性原则

所谓过程性教学原则，是指教学必须以知识的发生发展和认知形成的内在联系为线索，充分展现和经历其中的思维活动，使学生真正参与到发现的过程中来。

过程性原则改变了以往评价中过分重视总结性评价的倾向，要把评价对象当前的状况与其发展变化的过程联系起来，由一次性评价改变为多次性评价。强调以教育教学过程中评价对象的表现作为评价的主要内容，以促进评价对象的发展为根本目的，体现满足社会发展需要与个体发展需要的辩证统一，使评价过程成为促进发展和提高质量的过程。过程性原则有三个基本的特征：一是把全部有价值的教育教学活动都纳入评价的范围，不论这些活动是否与预期的目标相一致；二是在方法论上，既倡导量化研究的方法，也给质性评价一定的位置；三是本质上受"实践理性"的支配，它强调过程本身的价值，强调评价者与评价对象之间的交流和相互理解。

（四）发展性原则

发展性原则指的是课堂教学评价着眼于促进学生发展，侧重于观察和衡量学生的表现，着眼于促进教师教学水平的不断提高，激励教师转变观念，进行课堂教学的改革。

课堂教学评价的目的尽管不排除其检查、选拔和甄别的作用，但其基本目的在于促进学生发展、提高和改进课堂教学实践，在于反馈调节、展示激励、反思总结、积极导向等基本功能。因此，课堂教学评价应该坚持发展性评价原则，即以发展的眼光来客观评价主体的变化，重视对课堂教学过程的评价，强调评价内容多元化、评价过程动态化以及评价主体间的互动等，以实现评价的最大收益，达到促进发展和改进的目的。

发展性原则有以下特征：第一，发展性原则着力于人的内在情感、意志、态度的激发，着力于促进个体的和谐和发展，强调以人为本；第二，发展性原则强调评价主体多元化，主张使更多的人成为评价主体，特别是使评价对象成为评价主体，重视评价对象自我反馈、自我调控、自我完善、自我认识的作用；第三，发展性原则在重视教学过程中的静态、常态因素的同时，更加关注教学过程中的动态变化因素，由师生之间情感等的交互作用而使得课堂教学出现的偶发性和动态性；第四，发展性原则更加强调个性化和差异性评价，要求评价指标和标准是多元的、开放的和能够体现差异的，对信息的收集应当是多样、全面和丰富的，对评价对象的价值判断应关注评价对象的差异性，有利于评价对象个性的发展；第五，发展性原则在重视指标量化的同时，更加关注质性评价的作用，强调用质性评价去统整定量评价，认为过于强调细化和量化指标往往会忽视了情感、态度和其他一些无法量化而对评价对象的发展影响较大的因素的作用。

第二节 学生学业成就评价

学生学业评价改革是教育课程改革的一个重要组成部分，特别是基础教育课程教学尤需注重学生学业成就之评价。国家《基础教育课程改革纲要》指出，要"建立促进学生全面发展的评价体系。评价不仅要关注学生的学业成绩，而且要发现和发展学生多方面的潜能，了解学生发展中的需求，帮助学生认识自我，建立自信。发挥评价的教育功能，促进学生在原有水平上的发展"。科学的学生学业成就评价有助于把握学生学习起点，正确地确定教学目标，选择教学策略；有助于评定学生学习的结果，做出恰当的教学决策；有助于教师了解教学的得失，改进教学方法；有助于了解学生的学习困难，帮助学生找出存在的问题；有助于激发学生学习的动机，促进学生的学习。

一、学生学业成就评价的意义

学生学业成就评价全面考评学生的综合素质，有效促进学生发展，提高学生学习的自信心，让他们充分享受学习、享受知识的乐趣，使学校真正成为学生享受教育幸福，收获生命质量的场所。同时改变教师唯分数传统观念，牢固树立新教学理念，促进教师全面关注学生的学习活动，注重过程管理和细节管理，关注学生的全面发展。其意义不可低估。

其一，有助于把握学生学习基础，科学确定教学目标，选择针对性教学策略。

任何课程的教学都需要充分考量原有的基础，针对性地确定教学策略，适用教学方法。诊断性评价就能使教师了解学生在学习一门新课程的知识、技能、能力与学习态度的准备情况，从而有助于教师有针对性采取适合学生特点的教学方法。基础厚实，新课程教学可以乘势而上，利用厚实的基础推动新的知识摄入吸收以及向深处的探索，基础较薄弱或者零基础，则需在传授新知识的同时，做好新旧知识的对接，和相应基础知识的弥补。

其二，有助于评定学生学习的结果，做出恰当的教学决策。

将学生的学习是否达到预定的教学目标与达到教学目标的程度作为评估

对象，从而对教学效果做出科学评判，以此推动教学策略的固化以及调整与校正。

吻合教学预定目标，要成为经验，扬长发挥，突显教学效果，而离预定目标尚有距离时，则应采取相应补救措施，针对性调整教学策略。

其三，有助于教师了解教学的得失，改进教学方法。

在评价学生学习成效时，也能反观教师教学得失，引发反思。根据教学结果与教学目标的吻合情况，做出相应调整校正，改进教学，实现预定目标。

其四，有助于了解学生的学习困难，找出存在的问题，对症下药，疗救病患，激发学生学习的动机，促进学生的学习。

学生在学习中，会有各种干预情况，有主观的，也有可观的，通过评价，找出问题症结，对症下药，可以疗救已病，也可以树立学生信心，激发动机，改进学习，以达至教学预定目标。

二、学生学业成就评价的过程

学生学业成就评价的核心工作是获取评价的信息和根据信息做出判断，但在通常的教学过程中，典型的学生学业成就评价应还包括评价前的准备和评价后的决定和措施。纵观整个评价，从评价准备、信息采集、到分析评判对应处置等有一个完整的过程，上述三大环节，连贯而生，以"三环节模式"名之。

（一）评价准备

和其他任何工作一样，在开始之前，必须精心准备，不打无把握之仗。开始评价之前，首先要把握评价对象，要熟悉评价对象的情况，明确评价的内容，以及评价依据。在开始之前，就已经明确评价的目的，满足什么需要，或解决什么问题，等等一应在握，由此，确定评价路线：应该收集哪些人（整个班级或是某些学生）的哪方面的信息和数据？采用什么形式的测量和观测手段？什么时间进行评价？需要学生做哪些准备和配合？具体展开评价时，有条不紊不走弯路。

（二）信息获取与分析

信息占有，是评价工作展开的依据，也是评价工作的目的，要在设定的时间内，采取合适的测量工具和评价策略（如测试、观察等），收集、记录一切相关的信息，并对这些信息加以分类、整理。在此基础上，根据评价的标准（教学目标、行为规范等）对获取的评价信息进行对照和分析，形成对评价对象的价值判断和结论。

（三）应对措施

评价的目的是为了诊断结果，立此存照，有效改进。在做出诊断结果后要对症施治，根据评价的结果做出相应的决策，采取后续的措施。这些决策和措施包括：反馈评价信息、激励学生进步、考虑调整方案、采取补救措施以及制定下一阶段的目标等。同时，应对评价过程、结果及决策作简要的总结，放入教学档案备用。

以上三个环节构成了学生学业成就评价的完整过程，也就是一个评价的周期。一次评价结束也意味着下一次评价的开始，尤其是在教学的过程中，评价总是伴随着整个教学过程。

三、学生学业成就评价的方法

学生学业成就评价的方法很多，而且是开放性的，在有效达成准确的评价基础上，可以采用多样的方法，正所谓条条道路通罗马，方法无非是途经，只要能通向罗马，达到所定目的，什么方法都可以尝试的。这里只介绍常见的基本的方法。

（一）主观题评价法与客观题评价法

1. 主观题评价法

主观试题，就是是指那些能更好地考查学生具体情况或个性的试题。通过这类试题的考试，可以全面了解学生对某门课程的某个具体部分理解和掌握的程度，可以测试学生精确地回忆所学内容，灵活地组织材料，清楚地表达问题，深刻地了解问题实质的能力。因此，主观题是现代考试中的一类最基本的题型，各科考试都有此类试题。

主观题作为考试的重要题型之一，出现最早、历史悠久。《汉书·晁错传》记载：汉代汉文帝将自己在治理国家的实践中遇到的重大问题，提炼成试题，要各地的孝廉、贤良方正回答。当时"对策者百余人，唯错为高第"。这可能最早的主观题的雏形，主观题的考察能调动考生自己的既有知识去理解问题，用自己的语言和背景知识，比较自由地解答问题，具有主观性、灵动性和深度性特征，对考生的分析问题解决问题的能力的考察有十分积极的意义。隋唐时期开始繁荣起来的科举考试选取人才，将主观题发扬光大，考试形式也日益多样。而明清科举考试产生的八股文由于格式过于固定和程序过于僵化（八股文，明清科举考试的一种文体，也称制义、制艺、时文、八比文。八股文章就四书五经取题，内容必须用古人的语气，绝对不允许自由发挥，而句子的长短、字的繁简、声调高低等也都要相对成文，字数也有限制），反而限制了考生的思路，致使主观题的功能从根本上遭到了摧毁。新中国成立以来，尤其是高考恢复后，关于主观题的探讨在高考各学科中广泛开展起来，不仅试题种类更加丰富，试题内容也更加注重联系实际。这其中以文科的材料性试题最具代表性，将学生的学习过程由"知识中心型"转变为"问题中心型"，以最大限度地实现对考生能力的考查。

主观题评价法要求学生基本上用他们自己的语言作答，而不是从一组答案中选择一个合适的答案。试题的题型有简答题、论述题、应用题、作文题等。主观题也称自由应答型试题。此类试题对于考查学生的语言表达能力、综合运用知识能力、分析评价能力以及思维创新能力等方面有独到的功能。但客观性差、评分较为主观、测题少且取样代表性差、评分困难且费时间。

主观性试题可分为限制性和非限制性主观试题。限制性主观性试题为学生答题规定了明确的限制条件。限制性试题无法让学生充分发挥其灵活性及创造性。然而，正因为限制性主观试题对学生的答题风格、篇幅和主题都减少了可变性，从而使得它们从总体上讲比非限制性主观试题更具信度和公正性。非限制性主观试题通常对学生的主观反映不做任何限制。因此，非限制性主观试题能让学生发

挥出更大的创造性和灵活性。学生答题的篇幅可随他们的意愿而定，可多可少，而答题的内容可以包括他们认为必要的所有知识点。非限制性主观试题能让教师更好地把握学生是如何表述并创造性地解决问题。

为了更好地发挥主观性试题的评价功能，应做好命题与评分工作，做到科学命题准确判分。一般来说，在命题上应注意以下事项：（1）所有考题紧扣所学知识点；（2）选出最重要的知识点并对其中每个知识点出一道题；（3）尽量出限制性主观试题，而不是非限制性主观试题；（4）在学生可能完成的情况下尽量增大题量；（5）指出拼写和语法错误是否纳入评分考虑范畴等等。主观性试题评分时也需遵循以下原则：（1）出好每道题后立即拟好参考答案；（2）标出你所拟参考答案的各个要点（得分点）；（3）依照参考答案对所有学生的试卷评分；（4）在不知道所阅试卷是哪位学生所答的情况下进行评分；（5）同时对所有学生的同一道题评分；（6）从阅卷后的试卷中抽样检查评分的准确性。

2. 客观题评价法

客观题是让考生从事先拟定的答案中辨认出正确答案的题目。题型有判断题、选择题、匹配题等。客观题也称固定应答型试题，具有客观性、科学

性、封闭性特征，答案具有唯一性，阅卷、评分完全避免阅卷人的主观因素的干扰，还可以通过机器阅卷，提高阅卷效率。

以选择题为代表的客观题则是伴随着美国的标准化考试而逐渐发展起来的。自20世纪40年代末，随着考试技术手段的不断更新，考试设计、实施、结果评价科学化、规范化、客观化的意识日趋增强，追求考试的标准化逐步成为考试模式变革的基本取向，从而促进了客观性试题的快速发展。尤其是进入20世纪90年代末，美国政府颁布了一系列的法令，试图建立全国统一的课程标准，进行标准化测试以提高教育质量和效益。标准化考试在美国受到了前所未有的重视和更为广泛的应用。客观题尤其是选择题基本上成为各种考试的主要题型。甚至许多考试完全由客观题组成。

选择题是客观性试题中运用最为广泛的题型，它能用来对任何学习内容和所有认知层次的知识进行检测。选择题能使得教师更加精确地区别出各个学生对所学知识掌握的深度和广度。相对于主观性试题来说，对选择题的评分容易而可靠。

但是客观题大多测量细节知识，碎片化，较难反映对知识的组织与运用以及创新能力。无法有效测评学生如何运用所学知识进行深度思考及其恰当表述，学生只是选择答案而已。这是它的局限性所在。

从命题判卷角度看，命题需要精心研究，尽可能使考察的内容全面，有足够的覆盖面和关联度，同时也能趋近考查被考者能力的基础。另外，提型不同要求也有所不同。

选择题一般要注意以下事项：（1）写出题干。题干应该提出一个完整的问题，避免使用陈述不完整的题干；（2）题干的表述要明确清楚，即使学生不看下面的备选项也能知道其正确答案；（3）在题干和备选项中避免使用否定的问题和陈述；（4）避免在题干中为正确答案提供语法上的线索；（5）首先写出正确的备选答案，然后想出2至4个合乎情理的备选项；（6）备选答案的长度要大致一样；（7）避免使用"以上各项都不"或"以上各项都"之类的字样；（8）为了对学生的深层思考能力进行测评，可在题干中要求学生对一些隐喻手法识别；（9）避免建立备选项的固定模式；（10）将每道题的题干和备选项置于同一页上。

搭配题可以看成是一系列的选择题，只不过搭配题的题干与备选项并排列出而已。搭配题通常将一组题干置于左列，而稍微偏长的备选项置于右列。学生需要从右边的备选项中选出最相关或者最合适的一项与左列中的每个题干相搭配。搭配题能有效地用于检测学生判定单词、术语或要素间关系的能力。因此，它们在检测学生的认知和理解能力方面最有效。搭配题能要求学生将术语或单词与定义进行搭配，或将简短的问题与答案进行组合，或将一些标志与相应的名称配对，或者将描述性短语与其他短语、原因与结果、原理与其适用的范围、图片与名称等等进行搭配。

搭配题的使用范围不及选择题广泛，但比判断题或者简答题更有效。搭配题的命题和评分工作很简单。由于学生做搭配题的速度较快，因而一次考试中可以使用大量的搭配题，从而可以对更多的知识点进行检测。搭配题最明显的不足之处在于它所考查的是学生的浅层思考能力。搭配题所注重的是学生的记忆力和回忆再现知识的能力，而不是理解能力，而且搭配题常常强调一些琐碎的知识点。

搭配题的命题要有计划。总体来讲，一组搭配题应该包括 10—20 个思想内容非常相关的题干。如果题干所涉及的话题明显不同，学生就很容易猜测出对应每一个题干的正确答案，因为有的备选项与有的题干内容无关。题干部分应该比备选答案的长度略长一点，应该标上数字序号，而且应该置于左列。备选项应该略短一点，用字母编上序号，并置于右列。备选项的数量应比题干数略多 25%，而且应在答题要求中指明每个备选项是否允许多次重复使用。

正误判断题要求学生对一个陈述判断其正确或错误。对这种题的解答只有两个选择中的一个，即要么对，要么错。因此，这类题有时称为二选一的选择题。正误判断题经常在教师自行设计的考试中出现。该类题型易于命题和评分，但不太可靠，适用范围也比较有限。正误判断题比较便于教师对大量的教学内容进行检测，但同时它所考查的是学生的死记硬背能力和猜测能力，而无法激励学生的理解能力。大多数正误判断题都局限于认知水平的浅层知识点上，部分原因是深层次的表述极少存在明确的正误之分。正误判断题被认为是检测学生认知水平（再现知识）能力的最有效的方式。

正误判断题命题的指导原则是：（1）先将每个题都写出正确的表述，然后将其中一些改成错误的；（2）错误的表述应该错在本质性的信息上，而不要在一些琐碎的小事上做文章；（3）每个题的长度保持一致（错误的题往往被写得比正确的题更短）；（4）避免直接引述笔记或讲稿中的内容。因为直接引述的题常常只趋于考查学生回忆知识的能力；（5）避免使用否定的陈述，因为否定的陈述更难写得清楚明了；（6）谨慎使用一些特殊字眼，如"总是"，"从不"等等。因为很少有"总是"或"从不"正确的事情，因此善于考试的学生很容易猜到带有这些字眼的陈述多数情况下是错的。同样地，尽量避免使用模糊的字眼，如"有时候"、"通常"等等。因为大多数事情都只有在有时候或者通常情况下才是对的，因此机灵的学生就猜到这样的表述是正确的；

（7）在一个陈述中只论及一个主要观点或问题。一道题中所包含的信息太多只会扰乱学生的大脑。（8）尽可能将至关重要的信息放在陈述的末端，以便使题干表述更加明了；（9）确保每一个陈述的正误性明确而真实；（10）正确的题目数与错误的题目数保持大体相当；（11）避免答案的模式化，例如对称交替出现。

填空题要求学生将一个陈述中所缺的部分补充完整或者用一个短语回答题干中所提出的问题。这类题型要么将一个陈述中的关键单词和短语删掉而代之以空格，要么提出一个简单的问题。填空题既不像客观题那样提供备选项，也不像主观题那样要求学生自行组织答案。相对而言，填空题特别适用于年级层次较低，以考查基础的基本知识为目的的考查。填空题比其他客观题更易于命题，填空题所要求的答题时间也较少，因而采用填空题能对大量的知识内容进行检测。此外，由于没有提供备选答案，因而学生无从猜测作答。但另一方面，这类题是典型的只对一些特定的名称或事实进行再现，而且也比较难于做到对知识运用能力的考查，对于高年级和主要考查分析问题解决问题能力方面而言不是主要方式。

填空题命题的指导原则是：（1）题目要求明确，是同义词的替换，还是纯粹的拼写问题；（2）确定只有一个可能的正确答案；（3）避免直接引用教科书或者课堂笔记中的表述；（4）一个陈述中尽量不要留多个空格，否则会使该陈述表述不清；（5）要求学生填写一个单词或者简要而确定的短语，而不是一个很长的句子；（6）直接性的问题一般来讲要比不完整的陈述更加清楚明了；（7）确定每个陈述都是正确而有依据的；（8）将关键性的单词或短语去掉代之以空格，而不是去掉琐碎而不重要的信息；（9）使用空格时，将空格紧挨着所给的陈述，或放在陈述之后，以便使陈述更加清楚；（10）如果所填答案是一个数字，应在题干的陈述中加上该数字的单位。

（二）表现性测验评价

表现性评价（performance assessment）是在 20 世纪 90 年代，美国兴起的一种评价方式。是指"教师让学生在真实或模拟的生活环境中，运用先前获得的知识解决某个新问题或创造某种东西，以考查学生知识与技能的掌握程度，以及实践、问题解决、交流合作和批判性思考等多种复杂能力的发展状况。表现性评价是注重过程的评价，在课堂教学与评价中受到普遍的重视和推广。

对于表现性测验评价的认识，也是不尽一致的。有人认为，表现性测验评价系要求学生完成一个活动，或制作一个作品以证明其知识与技能等，即主张让学生在真实情景去表现其所知与所能者；也有人认为，表现性测验评价包括文章写作、科学实验、语言表达与运用数学解决问题，强调做而不仅是知道，兼顾过程与结果；还有学者认为，表现性测验评价是介于一般认知能力的纸笔测验和将学习结果应用于未来真实情境的实际活动之间，系模拟各种不同真实程度的测验情境，让学生表现其所知所能者；另有学者认为表现性测验评价包含真实、直接、专业评定等三项要素，真实系测验作业与实际生活经验非常接近，直接乃作业本身就属于评价的目标或行为范畴，专业评定系指评定人员的专业素养；而台湾的李坤崇先生则认为，表现性测验评价具相当测量与评价专业素养的教师，编拟与学习结果应用情境颇类似的模拟测验情境，让学生表现所知、所能的学习结果。[①]

综上各种说法，可以看到表现性测验评价是通过客观测验以外的一类以行动、作品、表演、口头回答、操作、写作、科学研究、制作等更真实的行为表现，来测量与评价学生在真实情景或模拟真实情景下的所知与所能的一种表现评价方法。因此，表现性测验评价可以更真实、更直接地测量与评价学生的学习结果与发展进步，尤其是学生口头表达、文字表达、创新或创造、实验设计与操作、科学研究与写作、思考过程和策略、运用知识解决实际复杂的认知问题或实际生活问题、学生情感态度的发展等广泛而重要的学习结果。这些评价理念不仅与美国、英国、澳大利亚等西方国家以及我国的港台地区重视表现性测验在课堂评价中的应用一致。与我国当前教育改革也是相吻合的。

表现性性测验的方式是多种多样的，以下述测验题型与方式为常用。

1. 口头测验

口头测验在应用领域内常见，且效应显著：可以考察学生临场运用综合信息，分析问题、阐述观点并为自己的观点作解释与辩护的能力；可以考察知识理解的广度与深度；可以考察口头表达时逻辑思维及概括能力以及临产固定变的态度、气质与情感方面的特殊表现。口头测验既可用于正规的场合，也可用于日常教学过程，更常用于课堂中的考核提问，实用性强。

2. 论辩或辩论

通过论辩或辩论可以评估和考查学生的口头表达能力，反映学生的随机应变力、论证的逻辑性、思维的敏锐性、言语的深刻性、回答问题的针对性以及个人的知识面等能力品质。论辩方法在课堂教学中的应用，需要教师事先准备好适宜的论题，并应用行为评价表来描述和评定学生的表现，以便在有限的时间及时地记录多位学生的表现。

[①] 李坤崇. 多元教学评量 [M]. 台湾：台湾心理出版社，2001 版，第 134-136 页.

3. 短文题考试

短文题考试即通常所指的论述题、回答题、概述题等题型的考试，它可以有效地评价学生对某个问题或某门学科的理解程度。

4. 写作测验

写作能力被认为是一种高级的学习成果，向来受到人们的重视。写作是人的综合能力的体现，不光是语言技巧，还有思想感情及其组织表达。写作测验主要用于评价学生的写作技能，诸如语言文字表达力、想象力、创造力、描述事实与整理资料的能力以及根据写作要求能清晰表达自己思想观点的能力。写作测验通常有一般作文题和科学论文题两类。

5. 过程反应题

过程反应题是要求学生不仅要给出问题的答案，而且要把如何得出的结论有条不紊地加以叙述，它有利于记录及评价学生的思维过程和方法。对于描述学生的学习特点以及诊断学生的学习困难起着重要的作用。过程反应题的类型较多。常见的有证明题、作图、数量关系分析及计算题等。

6. 实验技能教学考试评价

实验技能教学考试评价是结合教学过程要求，学生操作实验设备材料直接去感知事物的一种综合性的考试评价。

表现性测验的类型丰富多彩，且因不同的学科而有所区别。除了上述几种外，常用的还有作品、公开演示、展览以及档案袋评价等。表现性测验虽具有吸引力，但也有很多局限。在学校教育中，表现性测验不能完全替代客观测验。二者应结合使用。

（三）评定量表评价法

量表评价法是根据设计的等级评价量表来对被评价者进行评价的方法。这是应用最广泛的绩效评估法。无论被评价者的人数是多还是少，这种方法都适用；而且这种方法评价的定性定量考核较全面。

评定量表是用来量化观察中所得印象的一种测量工具，它是以自然观察为基础，它既可用于现场观察的直接记录与评价，也可用于经过较长时间的纵向观察以印象为基础的综合评价。因此，评定量表的使用，具有收集接近客观实际情况资料的功能，尤其适合对学生表现性行为或作业的评价，因此它是表现性评价的常用方法之一。

评定量表的一个重要特点是由他人对被评者的心理或行为做出评价。

评定量表在行为科学、心理科学、教育学、临床医学以及工商企业等领域有着广泛的应用。评定量表的主要特点是结构明确、各条目描述精练、内容丰富、施测简便。评定量表具有三个重要的功能：一是可将观察方向引至具体、明确界定的行为或特质；二是可提供一个共同的参照架构，即可以同一组特质来比较学生的优劣；三是可提供记录观察者评判结果的简便方法。因此，在学校教育、行为科学等一些领域，人们已广泛使用评定量表法来收集资料。尤其是对于动作技能、工作习惯、社会态度、兴趣、欣赏、适应等方面的学习结果，通常需要用结构性强的评定量表加以评价。根据美国 70 年代和 80 年代对各大学系主任的调查，美国大多数公私立大学在评价教师时使用的是评定量表（Rating Scales）。美国 10 所名牌大学评价其教师时也是使用评定量表。据了解，国内在进行大学教师评价试点时也是使用评定量表。

1. 评定量表的形式

（1）数字等级评定量表

数字等级评定量表是用圈画数字的形式来确定所列行为特性的等级。行为特性一般分 3 ～ 5 个等级，用数字 1、2、3、4、5 来表示，并对数字等级做简单的文字说明。通常情况下，数字等级大小表示行为特性程度或优劣程度的大小。例如，为评价学生在课堂讨论中所表现出的积极程度，以及学生所谈内容与课堂讨论主题联系的密切程度等项目时，可以用"5——4——3——2——1"分别表示行为特性的"很高——较高——一般——较低——很低"这五个等级程度。由于数字等级和词语可以相互转换，所以数字等级评定量表也可以改编为词语等级评定量表。

（2）图示等级评定量表

图示等级评定量表是在每个行为特性项目的下边或右边给出水平横线图尺的等级刻度。一般分为 3 ～ 5 个等级，同一个评定量表中各条目的等级数是相同的。这些等级刻度可以根据被评价的行为特性，按照从低到高、从小到大、从少到多、从差到优的顺序分成若干个等级。譬如，分成五个等级时，那么评价学生在课堂讨论中所表现出来的积极程度、学生所谈内容与课堂讨论主题联系程度、学生谈话时语言与思维的条理性等行为特性时，可用"低——较低——一般——较高——高"或者"差——较差——一般——较好——好"等一些表示程度大小的词语在水平线图尺上加以表示。任课教师等评价人员，在利用"图示等级评定量表"评价学生的学习与发展时，应当建立在系统观察和证据较充分的基础上。具体操作时，评价人员可以在连续性图尺刻度的任一适当位置画个记号，不一定取其等分点。不难看出，图示等级评定量表和数字等级评定量表之间有许多相同的地方。但数字或词语等级评定量表一般只限于整数等级，而图尺等级评定量表可以在连续的水平图尺线上，任意取值。

评定量表除了上述两种外，常用的还有图示描述评定和脸谱图形评定等一些方法。图示描述评定是在每一题目下设有图尺量表刻度，并在若干个刻度下面，用语言描述其刻度值大小所提示的行为与心理特征，由评定者根据被评者的表现给予客观评定。这种评定形式是对上述的图示等级评定量表的一种改进。脸谱图形评定是通过一系列简单、形象而有趣的脸谱或图形，直观形象地反映人的情绪特征、行为特征及外貌特征等，由评定者对被评者的行为、表情、态度、情绪、容貌等事项进行对照评定。这种评定方法生动有趣、形象直观、容易操作，但它所能提供的心理活动与行为方面的信息量较有限。

2.等级评定量表的应用

等级评定量表可用来评价许多学习结果及发展侧面，它们在心理与教育测量及评价过程中有诸多方面的特殊应用。

第一，适用于过程评价。学生在许多课程或专题上的成就会通过行为表现出来，如学生说话的能力、辩论的技巧、课堂教学能力、实验设备与仪器的操作、团队班组工作、演唱、弹奏乐器、体育运动的动作技能、体操表演等活动。这些学习内容与活动用书面测验难以充分体现，只有以直接或间接的方式，从活动表现的全过程或部分过程去观察评价（例如，微格教学技能评价就是利用录像的办法，对被评价者的教学技能做出分科评价），才会客观真实。

第二，适用于成果评价。成果评价在许多情况下，具有实质性意义，如果学生的表现与成就能够以某种形式的结果体现出来的话，那么对成果的评价可以与预期的教育目标相结合，以便说明更多的问题。比如，学生的写作能力、绘图能力、归纳主题能力、网页制作、程序设计、数学建模等，最好是通过学生的作品与成果进行评价。而对写作过程观察、怎样设计程序、如何想出数学模型等方面的过程观测，虽然有一定的意义，但得不到更多的、有实质性意义的信息。教学过程中任课教师经常检查学生课堂作业、论文、读书笔记、科技小制作、书画作品等学习成果，都是成果的评价。不过，有些学习内容，如写字、绘画、烹调、木工技能等，学习开始阶段要从过程加以评价，而在学习进展到一定水平后，需要从学习者所做出的"产品"的质量去评价。

第三，适用于对学生诸方面发展的终结性评价。无论是评定学生认知发展，还是评定学生社会性发展，等级评定量表能进行终结性评价。

（四）行为检核表评价法

行为检核表（behavior check list）在特殊情况下观察并记录受测者行为的表格。列有各种行为活动，观察者在实际情境中逐项检核受测者的行为，然后整理统计，以了解受测者什么时候常出现何种行为。

行为缄默（behavioral silence）学习获得的知识在一定条件下不表现为行为动作的现象。托尔曼提出。习得的知识在缺乏应用动机时可能不表现在作业上。如，大鼠多次探索迷津之后进入盲巷的错误不见减少，即作业上未见进步，但若在迷津的终点给予食物奖励，大鼠作业很快就赶上。托尔曼认为，大鼠在没有食物奖励的情况下，多次探索迷津时已获得有关迷津路线的知识，只是由于缺乏沿正确途径通过迷津的动机，所获得的知识才未表现在行为作业上。

检核表是依据教学目标或评价目标，将学生应有的、可观察的具体特质、行为或技能，依照先后发生顺序或其他逻辑规则逐一详细分项，并以简短、明确的行为或技能描述语句来逐条列出行为或技能标准，而后请教师、家长等检核者就被评学生的实际状况依序勾选，以逐一评定学生行为或技能是否符合标准。检核表在记录与评价学生行为和技能时，较为方便和具体，尤其适用于动作过程、操作程序等有结构的行为历程。

评定量表与行为检核表在外观和使用方法上很相似，但两者还是有区别的：评定量表主要用于辨别某种特性出现的程度或频率，从而按顺序等级加以划分；而行为检核表仅对某种特性或行为进行"有或无"判断。行为检核表和判断量表在学生的表现性行为评价中特别有用。一般说来，行为检核表在记录判断行为或技能时，比评定量表方便，尤其适用于动作过程、操作程序、工作习惯等方面。而且，行为检核表设计简单，特别适用于对低年级学生的行为评价。

（五）成长记录袋评价法

1. 学生成长记录袋的定义

学生成长记录袋又称为档案袋方法、"文件夹评价"、"另类评价"，是一种新兴的质性评价方式。学生把自己有代表性的作品汇集起来，以展示自己的学习和进步的状况。学生成长记录袋注重学生参与的积极性。学生是评价的主人，最重要的是，学生成长记录袋给学生提供了对自己作品进行自我评价和反省的机会。

学生成长记录袋评价是属于质性评价的范式，是 20 世纪 80 年代中期在美国教育实践中出现并被普遍采用的一种对学生学业成就进行评定的方法。

成长记录袋是"学生作品的有意收集,以反映学生在特定领域的努力、进步或成就。它必须包括内容选择过程中的学生参与、选择的指南、评分的标准,以及学生自我反思的证据"。简而言之,学生成长记录袋是用以显示有关学生学习成就或持续进步信息的一连串表现、作品以及其他相关记录和资料收集。

2. 学生成长记录袋的功能与特征

与传统测验方法相比,学生成长记录袋能实现的功能是多方面的:通过自我反思与自我评价,加强学生在学习过程中的能动性,有助于学生多元能力的培养,并通过彰显自己在某些方面的独特能力,提升自尊,获得成功感受;更好地发现并诊断问题,为反馈提供扎实的基础;加强师生沟通,使教师更全面地了解学生。为了实现以上功能,一个好的学生成长记录袋应具有以下特点:

(1)采用多元方式评定作品。成长记录袋里要收集有关学习过程和进展情况的多方面信息,这些需要老师和同学共同发掘,目的是找到每个个体的长处与优点,激发其信心。对成长记录袋的评价应来自多种评价源,如同学、教师及家长,而且要调动学生的自评积极性。评价标准以个体纵向评价为主,而且多采用质性方法进行评定。

(2)强调纵贯的学习历程。学生成长记录袋特别关注对过程的评定,要求收集能反映学习过程及情意状况的多种成品,如笔记、学习计划、概念图等。

(3)鼓励自我反省和自我评价。成长记录袋需包含学生自我反思的证据,反思不仅是一种内在推动力,而且能培养学生的主人翁责任感。从心理学上看,让学生参与评定过程,能增强他们的自我意识和独立性,促进学生在学习中的自我调控能力。

(4)师生共同参与,家长等相关人士也能利用成长记录袋与学生沟通。成长记录袋内容是由师生共同商定的,教师在评定过程中起着观察者和支持、辅导者角色。教师评语、家长意见、同学读后感,再加上个人对评语的反省形成一个互动网络,使评定成为一种社会建构过程。心理学研究显示,学生在成就动机和交往动机的推动下,做事的积极性很高。

3. 学生成长记录袋的类型与结构

国内外学者不仅对学生成长记录袋的类型看法不同,而且对各类型的内涵界定也不尽相同。一般而言,学生成长记录袋分为三种基本类型,即成果型记录袋、过程型记录袋和综合型记录袋。

(1)学生成长记录袋的类型

成果型记录袋。指收集学生产品的学生成长记录袋,这些产品被评为是学生最好的作品,又被称为"展示学生成长记录袋"或"成就学生成长记录袋"，其内容可以是一盘表演录像带、一个模型，也可以是一篇作文或一件艺术品等。这是展现学生达成学习精熟任务的优秀作品与学习成果的评价手段。记录袋的主题由教师或者师生共同决定，可以是一个主题，也可以是多个主题。学生必须根据记录袋主题及有关制作要求，选择自己感到最优秀或最满意的作品或学习成果，装入记录袋。然后，学生需要对装入记录袋的优秀作品与成果进行必要的注解、反思和整理，形成符合要求的学习记录袋。成果型记录袋一方面常用于各种类型的展示会，另一方面也可用于教学评价（最高行为测验与评价）。正因为成果型记录袋常常用于学习成果展示会，所以有些人就把成果型记录袋与展示型记录袋看成是同一类型的记录袋。

过程学生成长记录袋。它的内容可能包括产品完成之间的所有草稿；描述小组在实现共同目标的过程中，学生所扮演的角色等。重点是呈现与展示学生学习进步、探索、努力、进取、反思、达到目标与成就的历程。一般说来，过程型记录袋是按一个一个主题来建立的。学生根据师生事先商定好的主题，在教师的指导下，有计划、有系统地收集学习进程中有意义的能说明学习进步与改变历程的细节资料。这些细节材料可能会完整地呈现整个学习与创作并取得成就的渐进历程，而不仅仅是只放进感到满意的作品或学习成果。例如，那些从事写作教学任务的教师，可能要求他的学生在记录袋中提交头脑中的文思记录、第一份提纲、第一份草稿、修改稿，以及最终的作品等内容。过程型记录袋除了学生学习历程连续性的资料与作品外，还可能包括由教师等人完成的行为观察检核表、评定表以及各种形成性测验记录。同时，学生本人也应当对学习成长历程进行阶段性反思，分析取得进步或不能进步的原因等，均可装入记录袋。这种学生成长记录袋中的内容包括学生首次和最后一次在实现任务中所完成的相似的产品或作业。呈现出过程。

综合型记录袋指的是兼具成果型和过程型、或者是兼具多个主题的学习记录袋。课程教学总结性评价或学生能力倾向发展性评价中，最常用的还是综合型记录袋。比如，教师可以结合艺术课（含音乐、美术、舞蹈等），要求学生把制作《我的艺术追求》学习记录袋，要求学生把课内与课外有关艺术活动、艺术创作、艺术思考、艺术实践、艺术表现等有意义的作品或表现性资料，装入记录袋，最后定期加以整理与反思，形成《我的艺术追求》综合型的艺术学习记录袋。

（2）学生成长记录袋的结构

根据档案袋内容建构与呈现方式，把档案袋分成结构型档案袋、半结构型档案袋和无结构型档案袋三类。

结构型记录袋是指学生在制作记录袋之前，教师或教研人员就已对记录袋的生成给予结构性较强的设计，比如，由教师提供记录袋主题、记录袋评价目标要点、记录袋重点项目、记录袋评价标准、各个重点项目的学习评价单以及给学生制作记录袋的明确指导。而学生只是依据学习评价单内涵及评价标准的理解，围绕主题充分发挥，努力进取，尽可能地展现自己的学习成果与进步历程。一般说来，结构型的记录袋是教师给予学生的高度指导，学生创意与发挥的空间相对较少，但这种形式的记录袋容易建立，而且易于开展评价工作。

非结构型记录袋是指教师仅告知学习记录袋的主题，而未给学生确定重点的记录项目以及未给学生提供学习评价单，使学生在制作记录袋之前，未形成明显结构的设计。此时，学生有充分发挥的自主空间，依据经验与创意，自行决定重点的记录项目，自行规划记录内容与形式，自主收集学习成果。

半结构型记录袋是界于结构型记录袋和非结构型记录袋之间的类型。此时，教师提供学习记录袋主题、重点的记录项目，学生仍有较大的自主发挥空间，他们可以自行规划呈现重点记录项目的内涵与形式，学生可以发挥创意与经验，设计、整理、美化与反思记录内容结构，展示学生的成果、进步与努力。

4.学生成长记录袋评价的使用方法

学生成长记录袋评价方法要在实际教育过程中取得成效，需要我们有正确的认识和科学的态度。一般说来，教师在制作和使用记录袋评价过程中，需要考虑如下几个基本问题：

（1）教师在要求学生制作记录袋之前，需要考虑教学目标与评价之间的联系。如果我们把记录袋评价看成是一种新的评价方法并且把它看成是实施多元化评价的重要组成部分时，就意味着我们需要更新观念，需要对课程、教学、成绩评定以及教育目标等进行重新思考。课程评价体系必须能够服务于教育目的和课程目标。这样，就像其他任何评价方式一样，使用记录袋评价时首要的问题是使评价的目的与教育目的相联系，评价的目标与教学目标相联系。其中，最基本的考虑是，我们使用记录袋评价想要学生知道什么和能做什么。

（2）教师在使用记录袋评价方法时，需要考虑记录袋评价的基本方法和理念。如果学习内容与成就可用纸笔测验、评定量表、实验操作或其他表现性测验加以客观评价的话，那么不必都要制作记录袋。当然，如果实属必要而且条件允许的话，要求学生制作记录袋是有许多好处的。记录袋评价是一种实际操作、表现本位的评价方法，它不像传统的书面测验攻学生所不备，记录袋评价的哲学基础是基于"学生为自己的学习负责，在自己的工作中探索，并指导他们成功"；使用记录袋评价的一个重要价值，在于促进学生向高标准持续地提高，并允许学生学会自己判断自己的进步，允许学生自我反思和参与评价。因此，记录袋评价的主体是多元的，学生本人、班级同学、任课教师乃至学生家长都有权利参与评价。记录袋评价的方法可以采用分组交互传阅评价，也可以采用举办班级公开展览或学校公开展览的方式请有关人员给予评价；有些学科或学习专题（如信息技术学习领域）的记录袋评价，甚至可以建立电子记录袋，采用网络交互评价的方式来进行。记录袋评价的结果报告，既可以是传统的分数，也可以是分类分等，还可以是语言描述，但多数是综合采用。为了使记录袋评价更具教育评价的质量特性，人们在记录袋评价过程中设计和采用简易的评价项目表，既可单项评价与描述，也可综合评价与描述，从而提高了记录袋评价的客观性和科学性。

（3）在制作记录袋之前，教师要确定记录袋评价的目标要素。

教师要研究课程目标，再把相应课程目标具体转化为记录袋评价的目标要素，以界定重要的表现或学生需要达成的学习目标。确定记录袋评价的目标要素，一方面要顾及认知、情感与技能动作等不同领域；另一方面要根据记录袋评价的特点，兼顾成果、过程及反思。评价目标要素可以由教师集体确定，也可以由师生与家长等共同确定。在确定评价目标要素之后，教师应将它们以适当形式（如书面材料）告诉学生及有关人员，或者提供相似或相关部分的记录袋范例，使学生更加明确。

（4）制作结构性较强的学习记录袋，还要把评价目标要素转换成记录项目。

记录项目实际上就是计划的记录袋中内容分类要目。学生的记录反思、记录心得、记录注解以及记录材料目录等，应当成为完整的学习记录袋的组成部分。尤其学生的自我反思是了解与促进学生自我教育、自我成长、自我评价、自我负责的重要内容，教师应当加强指导，给予充分的关注，才能体现记录袋评价的特色及其教育功能。记录反思的内容，原则上讲是针对整个记录袋各项材料所做的反思，但在实际中可因人而异、因记录袋主题及项目内容而异。学生对记录袋的自我反思是开放型的，但教师要指导学生应当抓住重点和个人的特殊性来进行反思，体现学习上共性与个性的统一。

（5）制定记录袋评价标准、设计评价单。

为了追求教育评价信度和效度，教育人员可事先制定记录袋评价标准。倘若记录袋评价的主要目的是学习困难诊断或促进学生成长进步，那么就不一定要确定记录袋评价各个项目的标准及其分数或等级。但是，若记录袋被用于升学决策，或者用于总结性评价以记录学习成就、进步和努力程度时，则事先要制定评价标准。针对各个评价因素或评价条目，确定评价的等级（如优异、优秀、良好、可接受、欠缺），并且用文字明确地描述判给某个成绩等级的具体要求。进一步地，教育人员应当有创意地把上述教育记录袋评价标准设计成一张记录袋学习评价单，发给学生和其他参与评价的人员。

总之，学生成长记录袋评价的优势是：有利于教与学及评价的整合，改进自己的教学；为学生发展性评价提供可以参考的资料；给学生提供展示的机会，激发学生内在发展动力；注重学生个性的发展。

学生成长记录袋评价的局限性，主要表现在以下两个方面：一是增加了教师的工作负担（工作量增加，评价难度增大），二是难于评定分数。由于缺乏有效的评定标准，学生成长记录袋在当前背景只适用于过程性评价，不能发挥筛选功能。从国外经验看，成长记录袋方法比较适合于低年级，特别是小班教学、教师与学生有较多接触机会的情形。

在进行记录袋评价时，应多鼓励其他教师、学生以及家长共同参与，激发学生的合作学习与自我评价积极性，特别是要鼓励学生对自己完成的记录袋进行自我审视、反思、检讨、评价，鼓励学生表达自己对制作记录袋的构想、心得、经验以及通过记录袋反思后对学习的改变情况。因此，在可能做到的情形下，最好是在学生制作记录袋之前，就让学生参与制定评价标准或让学生知道教师制定的评价标准。

第三节 课堂教学中的激励性评价策略

作为一种价值判断活动，评价是教师经常进行的一项活动。教师需要经常对学生的行为、学习进展情况等进行评价，目的在于诱发激励，促进发展。从学生的长远发展来看，评价应保护学生的自尊，使学生乐于接受、合适而得体，这种评价就是激励性评价。教师在教学活动中经常给予学生激励性评价，使用富有激励性的话语，不仅能够达到沟通师生之间的情感，而且这种情感必然会唤起学生的学习主动性，使学生的学习变被动为主动，变消极为积极，使学生在获得教师及时恰当的评价后去追求更高层次的学习目标。美国心理学家马斯洛说过：每个人在完成任务后，都渴望别人给予应得的承认。成年人是这样，未成年人更是如此，人的潜能是可能无限发展的，教师要善于挖掘每一位学生的优秀潜能，给予充分的肯定和欣赏，运用激励性评价培养学生的自尊和自信，从而促进学生的全面发展和健康成长。

行为科学家们做过无数次实验，说明了任何人都倾向于重复一个能立即产生愉快结果的动作。在其中一次这样的实验中，一些学生被分成三组，连续五天，每天进行数学测验。有一组总是因为上次取得的成绩受到表扬；还有一组总是受到批评；对第三组则不予理睬。结果表明，那些受到表扬的学生进步很快；那些受批评的学生也有一定地进步，但是进步不是很大；而那些无人理睬的学生几乎没有取得任何进步。其中，最聪明的学生从批评与表扬中受益同样多；但是能力稍差些的学生对批评的反映却很差，他们最需要表扬，而后者往往正是那些在大多数的学校中得不到表扬的学生。我国新一轮课程改革倡导"立足过程，促进发展"的课程评价理念，对学生评价倡导以激励性评价为主，帮助学生认识自我，树立信心，实现个体价值。制约激励性评价的因素较为复杂，我们需寻找对策，进而促进学生全面发展。

一、以成功为导向

教师的期望有可能导致学习上的不同，研究表明，教师对学生的期望越高，学生学得越多。学生对于教师的期望感觉很敏锐。如果教师对某一学生抱有较低的期望，不仅这位学生，其他学生也能感觉到这一点，从而相应地调整他们的想法和期望。简单说来，学生时时都在注视着教师的行为，可以感受到这些行为之下的态度和期望。结果，学生很可能将教师对他的低期望内在化，降低他的自我期望值。这自然就增加了这个学生学不会的可能性。大多数学生进入学校时都很自信并渴望成功，但他们很快就学会将自我期望值调整到与教师对他们的期望一样。布罗菲和其他人发现，最容易受到教师的期望影响的学生，学习不好或者是很喜欢这个教师的学生。然而很不幸的是，那些尤其需要教师帮助和支持的学生恰好被教师抱有较低期望。

库柏（Cooper）和汤姆（Tom）提出过一种"持续期望"理论，认为教师对学生的最初期望的精确与否，影响到教师最初对待学生的行为和学生的学习。然而期望应该可以持续地被修改以更精确地反映学生的能力。一些教师固执地坚持最初不正确的对学生的期望（通常较低）会严重地妨碍学生的学习。虽然最初期望的影响是有限的但持续的期望则具有累积效应。也就是说他们会持续地、反复地影响到学生的表现这一过程是恶性的、向下走的循环——教师预期某些学生会失败那些学生就会失败。教师会因此更加降低对他们的期望学生会更失败。所有的学生在某些方面都有长处。教师应协调学生的强项和弱项在学生较弱的方面提供更多成功的机会，在学生较强的方面增加难度使任务的难度与学生的能力水平相匹配。总之运用正面用语进行学生评价是一种积极有效的评价方法。要在科学的基础上实施既让学生获得成功的体验找到前进的动力也让学生看到自己的不足。明确下一步努力的方向，促进学生完善人格获得发展。

根据库柏和汤姆的"持续期望"理论，教师应该尽量向学生表现出期望学生成功，并且会帮助他们成功的意愿。教师应该设定符合实际的目标并清晰地表达出来，为每个学生提供成功的机会。简而言之，必须保证每个学生大部分时候都是成功的，对于那些不爱学习或者对学习的自我评价低的学生，尤为如此。对于认为学习困难，不相信自己能够成功的学生，教师应该在布置任务和活动时，保证他们花 80% ~ 90% 的时间就能顺利完成。这能够增强学生对自己能力的自信，激励他们去尝试更难的学习任务。即使那些以学习为中心的学生，可能对自己的能力很自信，也需要在大多数时间有成功感。70% ~ 85% 的成功率可以为这些学生增强动力，提高学习效率。教师不要过早对学生做出判断，必要时教师应调整期望。所有的学生在某些方面都有长处，教师应协调学生的强项和弱项，在学生较弱的方面提供更多成功的机会.在学生较强的方面增加难度，使任务的难度与学生的能力水平相匹配。

二、不轻易否定学生

作为教师千万别去轻易否定学生，以自己的武断来判断学生，要冷静考虑学生犯错的前因后果，用宽容的目光去观察学生，用真诚的爱心去感受学生，这样我们就会不断发现学生的亮点，收获惊喜，这是教学评价的重要原则。

一个人的学习，既可能是受外部力量，也可能是受内部力量的驱使。因此，人们对动机的解释往往各执一端，从而形成了各家各派的动机理论。归因理论的基本假设是：人们都试图维持一种积极的自我形象，因此，当发生好事时，他们很可能把它归因于自己的努力或能力；当发生坏事时，则认为这是由于一些他们无法控制的因素造成的。许多实验都证实了这一点。在实验时，让学生做一项工作，告诉一组学生"成功"了，告诉另一组学生"失败"了，而事实上这两组学生同样都做得很好。但听说自己"失败"了的被试会说，他们的失败是由于运气不好；而听说自己"成功"了的被试，则把成功归因于自己的技巧和能力。在课堂教学中，学生不断接受有关自己学业成绩水平方面的信息。归因理论有助于教师了解学生是怎样解释和利用这些反馈信息的，以便使教师提供的反馈信息能引起最大的动机价值。那些认为以往的失败是由于自己缺乏能力的学生，往往预测自己不大可能在类似的学习任务中获得成功，因而也不大可能很努力地学习。也就是说，学生如果认为自己肯定会失败，他的学习动机一定很弱，这反过来又影响了学习。可见，学生往往最忌讳的是教师认为他是个不可救药的笨蛋。当然，一般教师不会直接对学生说这类话，但是有些教师可能用一系列其他方式传递了这个看法。如常见的使用竞赛性的评分方式，把分数公开。表面上看，这不是直接否定某人、某些人，但客观上可能会使学业成绩本来很小的差异看上去很大，从而使分数低的学生认为自己不可能学好。如果教师采取另一种做法，向学生表示这样的期望：班上所有学生都有可能取得好成绩。这可能有助于学生认识到，成功的机会取决于自己的努力。一般说来，如果教师强调努力是成功或失败的起因，而不是强调能力或其他因素，学生往往会学习得更出色些。

美国著名的教育家和心理学家（1913—1999）本杰明·布卢姆认为，如果学校要使绝大多数学生都获得成功学习的经验，则教师、学生和学校领导的态度必须做出重大改变。由于教师在给学生评分时一直使用正态曲线，以致大家对它深信不疑：在每个班级中，如果得 5 分的学生多了或少了，就会感到评分松了或紧了；同样，教师也准备给一定数量的学生不及格。这种 5 分或不及格往往是由学生在班级中的等第次序决定的，而不是由学生掌握这门课的知识技能的程度决定的。因此，学生成绩正态分布已成了一种"条件反射"。这样做的必然结果是：教学只能使少数学生真正掌握教学内容。布卢姆认为，正态曲线事实上并非是什么神圣不可动摇的东西，它是一种最适合于机遇和随机活动的分布。教育是一种有目的、有意图的活动，如果我们的教学富有成效，学生成绩分布应该是与正态分布完全不同的。布卢姆认为，只要采取掌握学习的策略，绝大多数学生都能得 5 分。当学生掌握一门学科，并得到了客观和主观的证据时，他们对自己和对外部世界的看法会产生深刻的变化。这种变化具体表现在学生开始"喜欢"这门课，并希望能知道得更多些。学生在一门学科上取得好成绩，会为他们进一步探索这门学科开辟道路；反之，学生在一门学科上得到的成绩很差，会使他们以后不愿再接触这方面内容。而现代社会要求学生终生继续学习，如果学校不能促进适当的学习和保证学生有所进步，学生必然会在离开学校后拒绝学习。而促使学生继续学习，应该是教育的主要目的之一。

教师不仅要正确对待学生的考试成绩，而且也要正确对待学生的作业。学生的作业难免出现多种错误，教师应该首先承担责任，以减轻学生的心理负担。这方面，苏联"合作教育学"派的实验教师做得好，他们常在办公桌上放一支红墨水笔和一支蓝墨水笔。在学生的作业本上，用红墨水笔画出教师喜欢的和认为是成功的地方；而对学生作业本中的错误，教师看成是自己教学工作的失误，并把这些错误用蓝墨水笔记入自己的一个专用本子里，以便考虑怎样在今后的课堂上纠正这些错误。这种做法一改过去把学生在学习、作业中的错误完全归咎于学生，由学生负责，教师批改作业就是为了"挑剔"学生错误的传统做法，就连学习差的学生也感受到了"胜利的快乐"，而不认为"低人一等",放学回家也不会担心受到父母责骂。[①] 此外,给学生的作业打分,宜运用激励策略,采用多次评分的方法,让学生不断修正错误,直至得到满分。例如苏联著名的"革新者教师"沙塔洛夫在批改作业时,从不轻易给学生评 2 分。即使学生作业出现 2 分,也允许学生改正作业中的错误。2 分可改,3 分、4 分也可改,直至达到 5 分为止。只要做好准备接受复查,符合标准,任何学生都可享受同等的权利。学生谁也不愿轻易放过纠正作业错误的机会,他们努力弥补自己知识的空白点。总之,教师要让学生看到自己学习的光明前景,体验到成功的快乐。

三、用适合的方法激励学生

每个学生的性格、学习程度、文化背景不尽相同,有些学生会因公开的赞赏而兴高采烈;有些学生则喜欢个别的反馈和互动;有些学生看重物质奖励;有些学生对教师的口头赞扬不大看重,而对教师的评语较为重视,因为评语要给家长看。教师应针对不同的学生,采用不同的激励策略。

（一）循环赞美

根据人在成长中的特点,采取循环赞美方法,是教育中有效激励的方法。这种方法是指班级中每一位学生要接受其他成员的赞美。时间可以是学生的生日"循环"或者教师规定一个规则,总之在一个学年中每位学生至少要当一次接受赞美的人。在组织这个活动时,将椅子围成一个圆圈并邀请接受赞美的学生坐在中央,学生应该了解以下的程序:别人赞美自己时,接受赞美者对此报以微笑,并说"谢谢您";坐在圆圈上的每个学生都要诚实且诚恳地想一件事赞美同学。不允许说"没有意见"或重复别人所说的内容。有些教师喜欢将这些赞美做成书面记录,然后把书面记录送给接受赞美的学生。像这样的文件记录通常会成为该学生终生珍藏的物品。对某些学生而言,循环赞美可以振奋士气以及转变自我意象。

（二）个别赞赏

尽管很多学生同时需要公开或私下地赞赏,但有些学生不喜欢接受公开的赞扬。教师可以个别地表示关心与支持,以提高学生的自尊。偶尔用额外的时间与学生在一起度过,教师具有更多认识与肯定该学生的机会。在这个过程中,教师可以与学生交谈一些有关学业、社会或实际事件方面的成就,

---

① 注:合作的教育学是指相对于传统权力主义教育的一种人道主义的教育主张,它是前苏联"教育科学院城堡"以外的实验教师在长达 20 余年的教育科学实验中探索的结果。其主要代表人物有 n. 阿莫那什维利、B. 沙塔洛夫、M. 谢季宁和 M. 伊万诺夫等。

并帮助他把适当的技能和特长运用于课堂中。在交谈中，教师有必要告知学生，自己对学生有高度的期望，教师有信心帮助学生达到学习目标。

（三）外部奖励

外部奖励通常是指当学生取得进步时，教师给予学生的物质奖励。这种激励有刺激作用，但用得过滥或以此作为唯一手段则会有一定副作用，因为这些外部强化剂与令人满意的行为之间并没有必然联系，它们会使学生的注意力转移，不再看重做一个负责的、有成就的、自我约束的学生。教育学家莱普赛特发现，为了激励学生有时需要奖励，但是情况变化时要逐渐抛弃这一做法，因为当学生已经朝正确方向努力时，再使用物质奖励反而有害无益，因为它会削弱学生学习的动力。过分强调外部奖励可能导致学生失去内部动力，从而丧失对学习本身的兴趣。

激励性评价效果明显，但也要注意以下原则：

第一，适度原则。激励要有原则。无原则的称赞、表扬将会使学生对自己没有全面和清醒的认识，使他们自我感觉良好、自信过头，遇到挫折往往就一蹶不振，反而不利于学生的进一步成长。称赞和表扬不能只停留于表面。称赞要抓住事实，抓住切入点，有针对性的进行激励，才能使学生获得前进的动力。只停留于表面、肤浅的称赞不能对学生产生引导的作用，甚至会导致学生形成浅尝辄止和随意应付的学习态度，起不到激励应有的作用。

第二，互用原则。激励是一种激励，批评也是一种激励。批评不是简单的否定，而是帮助学生一起寻找产生错误的原因，发现错误中积极、合理的成分，提出有针对性的改进意见，才能有效地促进学生的发展，才能真正成功的激励。批评要讲究艺术。批评不能打击学生的积极性和自信心，教师要从学生表现较好的方面进行切入，然后涉及不正确的一面，不动声色的提醒，巧妙的批评，这样不留痕迹的批评既保护了学生的自尊心，又会产生感激情感，随着这种情感的不断积累会逐步转化为求学上进的动力。

第三，差异原则。对于缺乏自信心的学生，对其评价时要多表扬少批评，激励其建立自信，让他觉得自己能做好，能做的很好。2、对于信心足又粗心的学生，则要在激励性评价时对其严格要求，尽量少出错，挖掘其潜力，促进其发展。对于学习稳重，思维严谨的学生，则可以多激励、鼓励其大胆猜想，勇于提出创新性的思想或观点，促进其创新能力的发展。教师在教学过程中应不断积累经验，运用激励性评价关注学生的进步和发展，根据学生本身的学习能力、特点，激发其学习动机，唤起其积极、主动的、探究的精神，引导他们逐步依靠自己的力量解决问题，获取知识，养成独立的，锲而不舍的顽强意志与人格，使其得到全面进步和发展。

　　总之，制约激励性评价的因素较为复杂，我们理应分析各种因素，将负面影响减少到最小程度。同时，激励性评价并不排斥批评和惩罚，激励性评价不是万能的，我们对学生的评价应坚持以激励性评价为主，以批评和惩罚为辅，这样才能促进学生健康全面地发展。

下篇：专论篇

本篇集中集中讨论高校教学，大学是大学生最临近社会的一站，毕业即成为社会的分子，所学知识马上获得社会实践检验，合格，不合格，优秀，或庸众，或精英，或栋梁，立马可见。因此，大学的教学质量丝毫不可轻视，本篇选择大学生思政教育、文学教育、法学教育等课程作为分论研究，课程本身重要，且"举一隅不以三隅反"。

第五章 当代大学生思想政治教育研究

随着近几年来我国经济的迅猛发展和进步，我国在教育事业方面取得了比较显著的成就，尤其是在高等院校的思政教育方面更是取得了令人举世瞩目的成就。思想政治教育理论课程作为高校教学体系的一个重要组成部分，是推进素质教育、培养社会所需要的合格人才的重要途径。

大学生是祖国的未来，民族的希望。大学时期是大学生世界观、人生观、价值观形成和发展的重要时期。大学生思想活跃、好奇心强、个性特征鲜明，易接受新鲜事物，同时也容易被各种非马克思主义的社会思潮所影响。社会主义核心价值体系是社会主义意识形态的本质体现，是全党全国各族人民团结奋斗的共同思想基础。对大学生进行社会主义核心价值体系教育，引导大学生牢固树立符合社会主义核心价值体系要求的价值观，是培养社会主义合格建设者和可靠接班人的根本要求，对于全面实施科教兴国和人才强国战略，确保我国在激烈的国际竞争中始终立于不败之地，确保全面建成小康社会、加快社会主义现代化建设的进程，具有重大而深远的战略意义。

第一节 当代大学生思政教育面临的机遇与挑战

随着经济全球化的持续深入，社会主义市场经济体制的建立和完善、信息化对社会影响日益深远、社会转型的加速、全面建成小康社会步伐的加快以及高等教育大众化的实现，这些变化已经给我国大学生思想政治状况带来广泛而深刻的影响，大学生的思想状况发生了很大变化。这客观上迫切要求进行大学生思想政治教育创新，使我们的大学生思想政治教育工作能够紧跟时代发展的步伐，实现大学生思想政治教育的与时俱进。

一、大学生思想政治教育环境变化

大学生思想政治教育环境的变化给大学生思想政治教育创新带来了必要性，对大学生思想政治教育环境的考察是思想政治教育创新的基础。

（一）经济全球化

经济全球化（Economic Globalization）是指世界经济活动超越国界，通过对外贸易、资本流动、技术转移、提供服务、相互依存、相互联系而形成的全球范围的有机经济整体的过程。

经济全球化是商品、技术、信息、服务、货币、人员、资金、管理经验等生产要素跨国跨地区的流动，也就是世界经济日益成为紧密联系的一个整体。经济全球化是当代世界经济的重要特征之一，也是世界经济发展的重要趋势。它不仅给人类的经济发展创造了条件和机会，而且也给经济发展带来了前所未有的挑战和风险。因此，根据经济发展的大趋势，要想在社会主义初级阶段最大限度地发展经济就必须要认清经济全球化给我国带来的机遇和挑战，认清经济全球化的发展现状。研究经济全球化对我国的影响，我们要注意以下几个问题。

1. 经济全球化的本质和现象

目前，国际上关于经济全球化有四种基本观点：第一种观点认为经济全球化是资本扩张的必然结果，所以，经济全球化的本质就是资本主义化、甚至可以说是美国化，是美国模式资本主义在全球取得最后胜利的标志，这是所谓"自由派"观点；第二种观点也认为经济全球化是资本主义化、美国化，因此本质上就是经济殖民主义，是帝国主义发展的新阶段，必须坚决批判与反对，这是所谓"新马克思主义"观点或"左"派观点；第三种是怀疑派观点，历史并没有显现所谓全球化的事实，充其量不过是出现了高水平的国际化，也就是国家之间经济互动而已，经济全球化是某些理论家的神话；第四种观点认为全球化是二十一世纪推动社会经济、政治快速变革的中心力量，这些变革正在重新塑造着现在世界，但未来如何尚看进一步变革，即著名的"变革论"。

总体上看，在本质上，经济全球化的产生基础是市场经济体制，先进的科学技术和社会生产力是经济全球化发展的手段和途径，经济效益的最大化是经济全球化的最终目标，经济全球化就是一个以国家为主体，利用发展手段，在市场经济的基础上实现经济效益最大化的过程。

从现象上来看，经济全球化就是超越国界范围的经济活动，通过对外贸易、资本流动、服务交易等实现。

2. 经济全球化对我国的影响

目前，经济全球化已远远超出经济领域，正在对国际政治、安全、社会和文化等领域产生日益广泛的影响。

经济全球化主要的积极影响是：经济全球化的发展推动了生产力的发展，

促使了生产要素在全球范围内的流动，国际分工水平的提高以及国际贸易的迅速发展，从而推动了世界范围内资源配置效率查的提高，各国生产力的发展，为各国经济提供了更加广阔的发展空间。经济全球化也有消极影响：一是经济全球化实质上是以发达资本主义国家为主导的，这是因为发达资本主义国家具有经济和科技上的优势，掌握这推动经济全球化的趋势的现代信息技术，主导着世界市场的发展，左右着国际经济的游戏规则。二是经济全球化加剧了世界经济发展的不平衡，这种有发达资本主义国家主导的经济全球化使世界经济发展更加不平衡，两极分化更加严重，一边是发达国家财富的不断积累，一边是发展中国家贫困的不断加剧。最后，经济的全球化也导致文化和意识形态的混合与冲突，会导致相关工作的难度。就大学生思想政治教育来说，经济全球化呈现出了经济发展的新特点，这会在一定程度上影响大学生的行为和思想，因此，在进行思想政治教育时，要紧扣现实．将经济全球化产生的积极意义传输给大学生，同时引导学生避免由于经济全球化产生的消极影响。

（二）经济市场化

我国经济体制的改革目标是建立并完善具有中国特色的社会主义市场经济体制。从改革开放以来，我国已经逐渐建立起市场经济体制。改革开放三十多年来的市场化改革，促使我国经济迅猛发展，经济实力和综合国力都有了明显的提升。中国的经济市场化给社会带来了深刻的影响，从而间接影响了大学生思想政治教育的方向和方式。我国的经济市场化对社会的影响主要表现在以下几个方面。

1. 社会结构呈现多样化

经济市场化造成了我国社会结构呈现出多样化的特点。这主要是由经济成分和经济利益的多样化决定的，而社会结构的多样化具体表现为社会阶层的多样化，社会阶层的多样化又会进一步推动人们生活方式、思维模式以及行为方式的多样化。简单地用以前的阶级二分法和体制一元化都难以准确把握新时代社会脉动。

2. 经济管理体制方式的变革

随着我国经济市场化的发展，我国的经济管理体制和管理模式也经历了一系列的改革。政府逐步取消了对经济生产的指令性控制，转而让市场对生产进行制约，让企业能够自己决定产量。政府放开了对价格的管制，中介组织的出现导致政府对市场和价格的行政干预的作用下降。市场"那只无形的手"越来越有力，把握着经济的日月旋转。随着思维与行动的跟进，我国的经济市场化改革取得了重大的成果，市场在资源配置中发挥作用。多种所有制经济共同发展取代了单一的所有制经济形式。国有企业的市场化程度得到了明显的提高。非国有制经济得到了大幅增长。

（三）文化多样化

文化在社会的发展中和社会交往中对人们生活方式的建立和思维习惯的养成具有重要的影响作用。文化本身就是丰富多彩、多种多样的。21世纪以来，人类文化的发展进入了新阶段，文化交往全球化将成为全球历史进程的必然过程。特别是一带一路战略的实施，文化走出去，与外域文化亲密接触，冲突融合是必然的，当然其间的复杂性也是十分突出的，要尊重各民族的文化习俗，加强不同文化之间的相互尊重、相互学习，推动各种文化之间的各种相互融合，促进世界范围内多样化的文化格局的形成。

文化多样化主要表现在以下几方面。

1.主文化、亚文化以及负面文化的共存

文化的多样性首先表现在主文化、亚文化以及负面文化在文化市场中的共生共存。主文化，是指在社会中占据主导地位的文化，体现了一个国家的根本价值观。亚文化，是指不在整个社会中占据主要地位，而只在特殊群体中受到推崇的文化，体现了在社会转型加速期社会价值观念的分化。负面文化就是指完全与主文化相反的文化，并且对于人们的日常生活起不到积极作用。

2.传统文化、西方文化以及当代马克思文化共同发展

文化的多样化不仅体现在国内各种文化的共存上，而且体现在国内外多种文化共同发展的特征上。当代中国的先进文化，是在继承和发扬我国传统优秀文化的基础上，代表最广大人民根本利益的文化，是以马克思主义为指导思想的文化。当然，在我国先进文化的发展过程中，难免要摒弃我国传统文化中糟粕、消极的部分，并积极吸取国外优秀文化的精髓，从而促进我国先进文化的发展。由此，传统文化、西方文化以及当代马克思主义文化呈现出共同发展的趋势。传统文化就是指在进入现代社会之前，我国经过长期的发展和历史沿革所形成的独有的文化。传统文化经过长久的发展和继承，成为规范人们行为习惯的共同精神，并对人们价值观的形成和思维方式的养成具有重要的引导作用。西方文化就是指最早在欧洲形成，并且逐渐在欧洲、北美洲以及大洋洲等地区盛行的文化。从本质上来看，西方文化是一个个体文化，相对来说，东方文化是一种整体文化。当代马克思主义文化就是指将马克思主义联系中国实际，形成的一种具有中国特色的马克思主义文化。文

化的多样化不仅丰富了社会文化的内容，而且满足了人们对于精神文化不同层次、不同类别的需求。同时对人们来说是一次强烈的精神冲击，尤其对于价值观念尚未完善的大学生来说，在这样文化迅猛发展的时代，要形成科学的人生观和价值观即大学生社会主义核心价值观的认同是不容易的事情，这是当下文化语境对大学生思想政治教育带来的严峻挑战。根据一些学者对此的调查分析，存在的主要问题如下：

其一，理性认知欠缺。大学生在社会主义核心价值观认知上存在缺乏理性认知和实用主义倾向。主要表现在对社会主义核心价值观形成的历史渊源缺乏了解，缺乏对传统文化、传统道德足够的认知，因而对社会主义核心价值观的时代背景、重大意义的认识发在表层，没有根基和文化底蕴，只是从实用主义的角度去理解。不能从国家大义、社会责任和个人担当的社会主义核心价值观三个层面内容的内涵进行理性思考，只是从个人发展需要的视角去认知理解，因而对社会主义核心价值观的内容模糊不清，掌握不准确，不了解其真正内涵，存在认知片面性、功利化和实用主义倾向。

其二，情感认同缺位。主流上，大学生在情感认同上对社会主义核心价值观持肯定态度。但是也有相当部分大学生由于自身传统文化的匮乏和社会阅历的苍白，质疑社会主义核心价值观的科学性，认为社会主义核心价值观"不全面"、"太理想化"，在情感认同上态度不确定，特别是对社会主义核心价值观实现、落实和发展前景肯定度不高，信心不足。这种情感的缺位无法真正将社会主义核心价值观内化于心、成为大学生自觉的情感信仰，更无法作为一种内驱力，影响和引领大学生的价值行为。而高度认可我国社会需要一个大众普遍认同的价值观，比较肯定社会主义核心价值观的科学性，赞同社会主义核心价值观建设大众化。从教育角度说，这显然是不够的。

其三，知行脱节严重。大学生对社会主义核心价值观建设对社会发展和个人成长的重要性和意义的认识比较明确，大多数大学生也能够以社会主义核心价值观为坐标和导向确立和修正完善个人价值观，总体上能够正确认识和处理个人利益利益与社会价值取向的关系，但受市场经济发展的负面影响，西方各种思潮的冲击等，大学生在价值观实践上存在个人价值观与核心价值观相脱节现象，价值取向功利化，日常社会生活中存在与社会主义核心价值观相背离的现象和行为。如较少讲国家大义和个人担当，缺乏远大理想，个人利益至上，奉献意识淡化，奋斗精神缺失，梦想一夜暴富，缺失诚信等，存在认识模糊和知行分离现象。①

_____

① 谢安国 . 大学生社会主义核心价值观认同状况调查研究 [J]. 高教论坛，2018(5).

（四）社会信息化

大学生思想政治教育面临的第一个环境变化就是社会信息化。随着社会的发展，科学技术不断进步，网络和电子设备已经渗透进我们日常生活的方方面面。社会信息化就是科学技术全面发展的重要表现之一。社会信息化是指通过现代技术和网络设施将信息资源充分传递到社会发展的各个方面。信息化是从有形的物质产品创造价值向无形的信息创造价值的阶段的转变，也就是从以物质生产和消费为主转向由精神生产和消费为主。相关调查数据显示，目前，我国正处于从被动应对全球社会信息化向主动发展信息化转变的关键阶段，中国的经济增长和社会发展为信息化的发展提供了基础和前提。

大学生是对信息最敏感、最渴望的群体，是社会信息化的主动参与者和推动者，因此，社会信息化不仅会对大学生的思维方式产生影响，而且会给大学生思想政治教育带来挑战。

随着近年来互联网技术和移动通信技术在中国迅猛发展及智能手机的广泛运用，个人只要有一定的网络技能及知识就可以自主地掌握一个属于自己的自媒体，自主地收看、编辑以及传播信息。因此，以 QQ、博客、微博、微信为代表的自媒体正在中国以爆炸性态势增长。在广大高校，自媒体更是得到广大学生的积极关注和积极参与，几乎每个人都是自媒体的阅读者、发布者、使用者，处在信息混乱的中心，给高校思想政治教育带来了新的机遇也带来了极大地挑战。

从机遇说，首先，教育空间和时间得到拓展，互联网时代背景下，思政教师可以通过网络随时随地进行思想教育工作，学生也可以自由地和教师开展互动交流。其时空界限瞬间超越，空前便捷，传统教育方式，不可同日而语。其次，教育手段更为丰富。自媒体是十分广阔的平台，上面具有海量的资源资讯。给教育提供了更多的教学工具，除了运用传统的文字、课件等开展教育工作外，还可以充分运用实时视频、即时互动点评等更加鲜活、生动的方式来开展教育工作。第三，教育效果更为突出。自媒体的自我表达方式和即时交互模式能更好地激发学生学习和参与的主动性和积极性，能有效避免传统思政课堂教师片面"说教"的局限性。网络上的海量资源，大量的视频、图片、新闻等资讯，思政老师如能有效予以甄别，善加运用，思政课堂会出现前所未有的生动活泼、贴近生活、贴近社会、贴近学生，让学生易于接受、乐于接受，让思政教育真正做到深入人心，更好的实现教育效果。

信息的自由泛滥给大学生思政教育带来严重的挑战也是显的。首先，信息来源的多元化和便捷化，一定程度上弱化了思政老师的话语权和权威性。学生可以借助网络找到答案，甚至更好更免得答案，这本来不是坏事，但从教育规律来说，如果教育者缺少了话语权与权威性，学生注意力转移或散漫，整个课堂教学的组织与知识体系的传达的效果都可能消解，这需要思政老师大量学习，深度学习，走在学生前面，高在学生高处。其次，自媒体上多元化的价值观，对思政老师关于主流价值观的宣导形成冲击。中国社会开放化程度越来越高，而网络本身具有信息共享性和环境宽松性，使得各种各样的信息都能从全国和世界各地迅速传递到我国高校学生手中的自媒体平台上，各种信息杂陈，真假莫分，良莠难辨。思政老师在主流价值观的宣导过程中，有时就会遭到学生的质疑甚至反感。如何正确面对这此多元的价值观，去伪存真向学生宣导主流价值观，传统灌输式、说教式的方法显然不适应当今学生的具体情况和社会的发展趋势，思政老师这个问题上面临着诸多的考验。最后，自媒体的"负导效应"，影响了学生身心健康。根据 2019 年 7 月 23 日中国互联网络信息中心（CNN1C）发布的第 44 次《中国互联网络发展状况统计报告》，截至 2019 年 6 月，我国网民规模达 8.54 亿，互联网普及率为 61.2%。中国网民的人均周上网时长达 28 小时。由于自媒体在制作、传播、评论的过程中目前尚缺乏行之有效的审核、监管措施，再加上自媒体本身的虚拟化、开放性和匿名化特性，使得法律监管存在一定漏洞，道德的约束力也大大减弱，导致资讯在自媒体的传播过程中容易出现一定的"负导效应"，即对址比负面信息进行传播或点评时，自媒体的匿名性容易出现夸大、偏激、"去道德化"甚至"反道德化"的倾向。大学生正处于人生的转型期，长期受这种虚拟环境影响容易导致学生与现实社会相脱离，产生思想孤僻的"孤岛效应"，从而导致学生法律意识淡化，精神困惑迷茫，道德认识模糊，身心健康发展受到严重影响。

二、环境变化带来新机遇

当今世界，随着信息化及经济全球化的发展，各国综合国力的竞争日益激烈，综合国力竞争的内容是全方位、多方面的，主要表现在政治、经济、科技、军事、文化、人才等方面，世界各国的竞争，究其根本是人才的竞争。必须从科教兴国的战略高度，把大学生培育成为全面建成小康社会所需要的德才兼备的人才，以确保我国在经济全球化竞争中占据有利地位，最终实现中华民族伟大复兴。大学生思想政治教育在人才的培养中占据重要地位。知识经济和信息技术的发展必然会更加凸显出社会道德及人的情感等精神因素构建的重要性。在人力资源的开发过程中，我们要处理好科学文化素质和思想道德素质两者的关系。大学生的国际视野的培养、健全人格的养成，崇高理想的树立等，都需要思想政治教育的引导。

（一）创设了大学生思想政治教育的和平环境

改革开放三十多年来，中国国际地位显著提升，中国在全球政治、经济、文化领域逐步担当起世界大国的国际责任。中国特色社会主义事业取得的辉煌成就激发了中国民众社会主义的建设热情和爱国主义情怀。人民生活水平的显著提升，社会的和谐发展，经济运行的良性发展为大学生思想政治教育工作的开展奠定了坚实的国际基础，并提供了良好的政治大环境。

（二）为大学生思想政治教育的平台和载体创新提供新形式

以网络技术为核心的现代信息技术的迅速普及，不仅推动了全球化，而且给大学生思想政治教育提供了新的载体。网络作为大众媒介，与传统的报纸、广播、电视相比，显示了自己的许多特点和优势，主要有以下五个表现：一是传播方式的交互性。在网络上，传播者和受众可以通过各种软件和方式及时沟通，使信息的反馈得以及时实现，从而在全新的意义上实现了受众对信息传播过程的参与。二是信息传播的高效性。在现代信息化条件下，信息能随时更新，甚至实时传播。三是传播空间全球化。目前，网络已经延伸到了全球 200 多个国家和地区，在任何角落进入网络，在瞬间就可以传遍整个世界。网络使家庭与学校对学生的思想教育连为一体。通过网络，家长可随时与学校保持联系，做到家校结合，共同做好学生的思想政治教育。四是传播手段多媒体化。网络作为一种新的传播方式，同时具备文字、图像、视频、音频等人类现有的一切传播手段。网络可以发挥多媒体技术手段的优势，使传播效果最优化。五是开辟了大学生思想政治教育的新阵地。越来越多的大学生利用网络来了解国内外、校内外发生的事件，网络已成为大学生思想政治教育的新阵地。

（三）开阔了大学生思想政治教育的视野

经济全球化、社会信息化的发展使大学生思想政治教育的时空得到了拓展，客观上要求我们具备一种宏大、开放的国际视野，来重新审视大学生思想政治教育的理论和实践。经济全球化唤醒了他们的国际意识、竞争意识和进取意识。伴随着经济全球化的发展进程，西方国家的一些势力既想从中国获利，以便长期保持自己的经济优势，延缓中国上升为世界强国的步伐，这些现象都强烈地影响着大学生的思想，这也为新时期加强对大学生的国际意识教育和爱国主义教育提供了很好的契机。

大学生思想政治教育时空视阈的世界性拓展，不仅拓展了大学生的国际视野，而且为我们充分利用这种新境遇做好大学生思想政治教育提供了新的思维方式和理念。在新形势下，大学生思想政治教育必须以宽阔的国际视野汲取人类文明的一切优秀成果和先进经验，在世界视野中推进大学生思想政治教育的改革与发展。

（四）增加了大学生思想政治教育资源和内容

全球化中信息技术的发展使得思想政治教育者也获得了更加便利地调用各种教育资源的条件，大学生面临着一个开放的信息世界，他们可以在丰富多彩的信息世界尽情地漫游。思想政治教育者还可以在网络上互动，更为准确地把握教育对象的心理状态、思想动向等。教育者对这些资源的掌握与开发越多，大学生思想政治教育就越有针对性，越富有成效。

在新形势下，大学生思想政治教育要求具有开放性和国际性，其被赋予了更多的时代内容。与此同时，关注人的社会生存环境、生活质量以及人类的尊严、道德完善和全面发展问题，尊重人类的共同规范，保护生态环境，维护世界和平，促进人类发展，也是大学生思想政治教育需要解决的新课题。在社会信息化条件下，培养大学生的信息素养，增强大学生的信息意识和信息观念，也成为当前社会信息化条件下大学生思想政治教育的新内容。在文化多样化的条件下，要进一步加强和改进以马克思主义为指导的主流文化的教育，而且要在大学生的通识教育中，将中华民族传统文化和世界其他国家和民族文化结合起来。在社会主义市场经济条件下，要将市场意识、竞争意识、效率意识、平等意识、民主意识、规则意识等这些适应市场经济发展的观念和素质纳入到大学生思想政治教育的内容体系中，增强其时代感和现实性。

三、环境新变化带来的新挑战

通过分析，我们可以总结出，当前大学生思想政治教育的外在环境概括起来存在经济全球化、经济市场化、社会信息化以及文化多样化等趋势。这些环境的变化趋势也为大学生思想政治教育带来了一定的挑战。

（一）经济全球化带来的挑战

无论从客观还是从主观来理解，经济全球化都对我国大学生思想政治教育造成了一定的影响，并带来很大的挑战。

从客观现实来看，经济全球化已经成为西方资本主义国家试图将西方国家的意识形态强加到世界其他国家的手段和工具；而从主观意图来看，西方国家利用经济全球化使得中国大量引进西方科学技术，目的就是"分化"中国。

在经济全球化的背景下，西方的意识形态表现出新的渗透方式，手法不断创新，并且越来越具有欺骗性。这样的状况对我国大学生思想政治教育也产生了一定的影响。首先，大学生教育需要面对西方发达国家的先进科学技术以及现代化高素质的教育水平的挑战；其次，对于西方意识形态不断渗透进中国，导致我国大学生产生各种不健康、不科学、违反我国艰苦朴素优良传统的价值观的问题，大学生思想政治教育也需要更加重视。

（二）经济市场化带来的挑战

改革开放以来，我国社会主义市场经济得到了空前的发展，社会主义市场经济体制也得到了完善和健全，市场经济的发展同样对大学生思想政治教育提出了一些新的挑战，具体表现如下。

1. 思想的多元化

随着市场经济在中国的发展，我国国内的政治、经济形势也开始表现出新的特点。在这样的环境下，各种无论对错的社会思想应运而生，混淆人们的视听。在这些社会思想中，既有以马克思主义为指导的积极思想，同时也有违反马克思主义科学理论的消极思想，帮助大学生形成科学的人生观、树立正确的价值观，正确认识这些思想和观点，是大学生思想政治教育工作者当下应该努力的方向。

2. 市场经济发展过程中暴露出一些弊端

在市场经济不断发展的当下，虽然我国经济和综合国力都得到了提升，但是不可否认的是，市场经济体制的发展仍然暴露出一些问题，比如，市场经济自身的局限性决定了其可能诱发拜金主义、享乐主义、利己主义等思想的出现。在这些思想对我国传统的以最广大人民群众利益为根本原则的思想造成了冲击的同时，国外资产阶级腐朽的思想文化乘虚而入，这为大学生思想政治教育带来了一系列挑战。由于这些思想的出现，大学生开始出现一些不健康的心理倾向，比如投机心理等，这些心理会导致大学生养成不良的行为方式。大学生思想政治教育工作者必须时刻对学生的行为和思想进行关注，发现问题时，要以正确的人生观和价值观加以引导。

（三）文化多样化带来的挑战

文化多样化发展也给大学生思想政治教育带来了一定的挑战，主要表现在以下两方面。

1. 对价值观念的挑战

首先，文化多样化的发展趋势对我国传统的价值观念带来了冲击。改革开放以来，社会实践推动了我国人民思想观念以及价值观念的多元化发展。

市场经济的发展导致了不同利益群体的产生，这些不同的利益群体又产生了属于自己的独特的价值观念。大学生们从小生长在存在不同价值观念的家庭环境和校园环境中，受到不同价值观念的影响，必然会出现价值观念矛盾的问题。同时，大众传媒的发展为这些不同的价值观念提供了传播的平台，各种文化在传播媒体上以各种各样的形式传播到大学生口中和耳中。大学生们缺乏对文化优良的鉴别能力，因此会形成消极的、不科学的、违背客观规律的价值观。这就需要大学生思想政治教育学科的老师在教学过程中注重对科学理论知识的传授，引导大学生纠正错误的价值观念，在形成科学人生观的基础上建立正确的价值观，指导学生更正确、客观地看待这个世界。

2. 对我国传统主流文化地位的挑战

文化多样性的发展趋势对于我国传统主流文化的地位也是一大挑战。随着经济全球化的发展以及信息化在全球范围内的蔓延，不同思想文化之间的碰撞在所难免。在任何思想文化交流、互动的过程中，总是处于高势位的文化掌握着交流的主动权。这种交流形式决定了文化交流的不平等性。

在世界文化交流的过程中，我国文化并不是处于高势位的一方，因此在文化交流的过程中不可避免地会被西方主流文化控制。因此，在大学生思想政治教育中，我们要重视大学生对思想文化的认识和理解，帮助他们建立起对中国传统的民族文化的自信，以防止文化多样性导致我国传统文化社会边缘化的现象。

（四）社会信息化带来的挑战

社会信息化改变了人们获取信息的方式，作为社会信息化发展较先进的西方国家，信息技术和网络技术的发展成为其谋求在国际社会上更高的社会地位的工具和手段。而对于我国来说，如果一味容忍西方国家利用技术方面的优势对我国的社会秩序进行干扰，将有害信息传播到我国，那么就会给大学生带来强烈的冲击，大学生会面对与他们价值观念完全不相符的信息和消息，在这样的情况下，维持大学生价值观念的稳定，引导大学生形成科学的人生观、价值观、世界观，正确认识这些信息就显得尤为重要。

信息化进程的推进使人们获取信息的途径变得广泛、方式变得先进。信息传播的方式也逐渐向多样化发展。在大学生思想政治教育中，由于社会信息的广泛传播，大学生们接收到的信息可能会存在很大的差异，这就会导致学生们越来越具有自己的个性，形成属于自己的行事风格和思维方式，这对大学生思想政治教育提出了极大的要求，如怎样面对价值观念和认识世界的方式完全不同的大学生，并给他们的人生提出建议和帮助。

第二节 当代大学生人格培养中的问题

一般来说，大学生因其社会经历相对简单，文化程度和思想道德修养又较高，交往动机较单纯，以满足精神需求为主，交往的对象也主要是同学。但随着社会、时代的发展变化和教育体制改革的不断深入，大学生的生活、学习、就业等环境发生了深刻变化，当代大学生的人际交往也呈现出一些新的变化。交往范围扩大，交往对象增多了，由校内逐渐扩大到社会；交往内容涉及衣食住行、学习、工作和娱乐等多种方面；在交往中也表现出独立性和成熟意识，交往形式开放、大方，没有太多的礼节和拘束，交往层次上追求广泛性和社会性。交往心理有从理想化向现实化转变的趋势，强调人际交往的等价原则，协作与竞争的关系交替并存。尤其是在激烈竞争的社会现实中，大学生在人际交往过程中增加了许多现实的需要，利益驱动使其在交往动机中功利色彩不断加重，呈现多元化的特征。

一、大学生人格发展中存在的问题

大学生常见的心理困扰主要有以下几个方面：

（一）自卑

自卑是一种不能自助和软弱的复杂情感。有自卑感的人轻视自己，认为无法赶上别人。A. 阿德勒对自卑感有特殊的解释，称其为自卑情结。他对于这个词主要有两种相联系的用法：首先，自卑情结指以一个人认为自己或自己的环境不如别人的自卑观念为核心的潜意识欲望、情感所组成的一种复杂心理。其次，自卑情结指一个人由于不能或不愿进行奋斗而形成的文饰作用。自卑情结是由婴幼儿时期的无能状态和对别人的依赖而引起的，对人有普遍的意义，能驱使人成为优越的力量，但又是反复失败的结果。自卑情感，是可以通过调整认识和增强自信心并给予支持而消除。

自卑在大学生中表现较普遍。进入大学后，有些大学生发现"山外有山"，尤其是当学习、社交、文体方面显露出某些不足时就会怀疑自己、否定自己，从而产生自卑心理。处于自卑阴影中的人总觉得自己的能力、才智不如别人，什么都比别人差，做什么事情都缺乏信心，担心做不好，怕被人嘲笑；处处贬低自己，总感觉别人看不起自己，从而把自己孤立起来，不愿与人交往，封闭自己，在自己的小天地里自受煎熬。

自卑往往是自尊心受挫的结果，没有自尊心就不会有自卑感，而过强的自卑感往往又以过强的自尊心表现出来。有些大学生非常敏感脆弱，经不起任何批评，原因就在于此。一个人如果做了自卑的俘虏，不仅会影响身心健康，觉得生活没有意义，还会使聪明才智和创造能力得不到发挥，难有作为。

克服自卑，在操作层面，心理学上有作业法、补偿法、领悟法、暗示法、训练法等等，而核心的是自己跟自己比，每个人应根据自己的兴趣、爱好、能力、特点等等来确立自己的事业和人生道路，为此发奋努力，不断进步，最后实现人生的价值。这样的人生才是积极的、有意义的人生。

（二）抑郁

抑郁是负面情感增强的表现，患者自觉情绪低沉，整日忧心忡忡，对自我才智能力估计过低，对周围困难估计过高。抑郁时思维迟缓，言语动作减少，意志活动减退，对人的积极活动带来极大困扰。抑郁是大学生最为常见的情绪困扰，是一种感到无力应付外界压力而产生的消极情绪体验：情绪低落、精神萎靡、兴趣丧失、思维迟缓、缺乏活力、反应迟钝、干什么都打不起精神。抑郁在低年级大学生中更常见，所谓的"周末综合征"在很大程度上即是抑郁。抑郁人皆有之，但对于大多数人来说能迅速地化解和排除，少数人尤其是那些性格内向、孤僻多疑、不爱交际、生活中遭遇意外挫折的人较容易长期陷入抑郁状态，甚至导致抑郁症。

（三）羞怯

羞怯是羞涩、胆怯的意思，主要表现为紧张、难为情、脸红和退缩。羞怯是一种常见的心理现象。有关资料表明，只有 5% 的成年人确信自己从未感到羞怯，大约 80% 的人认为自己在儿童和青少年期感到过明显的羞怯。羞怯的主要问题是抑制人的潜能的张扬，降低人的活性。羞怯在大学生中并不少见。比如在人多的时候不敢说话，不愿说话，眼睛不敢看人，在一些公共场合特别拘束，手脚不知往哪里放，害怕和陌生人打交道，路上遇见异性同学会手足无措，见到老师会难为情、拘束不安等。

羞怯是一个人自我防御心理过强的结果。他们过于关注自己，特别注意自己在别人心目中的形象，不愿意在别人面前出丑，希望别人认为自己有人缘，由于这种意识过于强烈，而把别人的存在看得过重了，觉得自己时时处在众目睽睽之下，于是敏感、拘束。每说一句话，总要在心里反复演习多次，每做一件事，总要思前想后，为此神经紧张、坐立不安。因为希望别人看高自己，但实际上自己表现得比较笨拙，往往不能如意，这种进退维谷的处境，使自己得出"还是避开人好"的结论。虽然羞怯的人格特征与神经类型有一定的联系，但更多的还是后天因素所致，所以通过有意识的调节可以改变。

（四）狭隘

狭隘指心胸、气量、见识等不宏大宽广或非常局限。受功利主义影响，大学生中的"狭隘"现象有普遍性。凡事斤斤计较，耿耿于怀，好嫉妒，好挑剔，容不得他人等都是心胸狭隘的表现。狭隘人格多见于内向者，尤其是女性。心胸狭隘往往影响人际关系，伤害他人感情，使简单问题复杂化。心胸狭隘也常常给自己带来烦闷、苦恼，影响自己的情绪和在他人心中的形象。因此，狭隘对自己及他人都是有百害而无一利的。大学生正需要在一个大的自由空间里，接受多种性格、多种文化的融合熏陶，兼容并包，使自己变得从容博大。

（五）急躁

急躁，指性急；碰到不称心的事情易于激动，没耐心。急躁表现为碰到不称心的事马上激动不安，按捺不住激动的心情，非发泄出来不可；做事缺乏充分准备，没准备好就盲目行动急于达到目的；好高骛远，眼高手低，总想成就一番大事业，却又不扎扎实实地打好基础；做事不考虑后果，不善于分析情况，性子急，急于求成，缺乏耐心、细心、恒心。性情急躁的人说话办事风风火火，容易冲动，心情常常处于紧张状态。日常生活中急躁者常会忙中生乱，祸及自己与他人。

大学生在学习上表现出急躁特性的人为数不少。常常是什么都想学，生怕比别人落后，而且想在短时间内学好，但实际效果往往达不到预期的目标，从而泄气、发怒，既影响自己的健康和效率，又妨碍人际关系。

（六）孤独

孤独是一种因缺乏人际交往而产生的寂寞感和失落感。有的大学生满怀愁绪无人倾诉时会感到孤独，有的大学生在生活困难又求助无门时会感到孤独，失恋之后缺乏他人帮助时也会感到孤独。大学生的孤独感与他们自身独立意识的增强和自我意识的发展有关。他们力图摆脱对成人的依赖和追随，而现实又让他们不安，从而转向自我内心的交流；他们常会产生关于自己的许多独特的想法和憧憬，但又担心自己的某些方面会被人笑话，于是便小心地在心中构筑起一道围墙，锁住自己内心的秘密。孤独是心理上的寂寞感与痛苦感，是一种遮蔽孤独的人是不快乐的。

二、大学生常见的人格缺陷

人格缺陷是相对人格障碍而言的，人格障碍是一种病态，心理学上对其研究已较为丰富；而人格缺陷在正常人身上均有所体现，人格障碍的反面是人格健全。人格缺陷是人格的某些特征相对于正常而言的一种边缘状态或亚健康状态，可与酗酒、赌博、吸毒等恶习相关或互为因果。是介于人格健全与人格障碍之间的一种人格状态，也可以说是一种人格发展的不良倾向，或是说某种轻度的人格障碍。常见的人格缺陷有自卑、抑郁、怯懦、孤僻、冷漠、悲观、依赖、敏感、自负、自我、多疑、焦虑或对人格敌视、暴躁冲动、破坏等等，这些都是不良的心理因素。它们不仅影响活动效率，妨碍正常的人际关系，同时还会给人蒙上一层消极、阴暗的色彩。

21世纪，世界呈现出国际政治多极化，经济发展全球化，产业知识化，社会信息化的态势，这些发展变化，直接影响着人们的行为习惯、思想观念、思维方式、价值取向和人际交往，冲击大学生的人格发展取向。就总体而言，当代大学生的人格发展现状是积极健康的，他们求知若渴，思维敏捷，眼界开阔，热情而不盲从；他们积极探索人生，渴望开发自己的潜能，实现自己的人生价值。然而，急剧的变革、观念多元的社会文化也使人格的形成发展变得复杂。大学生在其人格的发展中表现出一系列的迷茫和冲突，加之他们自身主观因素发展的不完善，往往导致人格发展缺陷。

（一）理想、信念的失重

这年头，谈理想会不会太奢侈？"社会普遍现象是摧志屈道、安于现实，谈论最多的，无非房子、车子、票子，这也影响到了寝室梦想与未来的"卧谈会"主题。谈理想少了，谈世俗功利多了，难免会出现失重感。

1. 人生观、价值观和世界观的偏离

人生观，就是个人所认为的人生是什么以及如何度过自己的一生。价值观，由人生观衍化而来，人生最重要的东西是什么以及如何生活才最有意义（最有价值）。世界观就是人们对这个世界万事万物的总的看法。有什么样的世界观，就有什么样的人生观；有什么样的人生观，就有什么样的价值观；有什么样的价值观，就有什么样的爱情观、友谊观、事业观……大学生的人生观价值观和世界观应该是用鲜活清新的眼光打量世界，用青春激扬的活力去规划人生，所以，梁启超认为"少年强则中国强"。然而，在市场经济背景下，浮表的物质追求冲击着一代青年的人生观价值观和世界观。其一，在理想与实惠的关系上，向实惠倾斜。不关心政治，对学习理论冷漠，政治纪律和组织纪律观念差，言必及利，厌恶读书，热衷于经商赚钱，个别人甚至为

钱铤而走险，走向犯罪。在市场经济条件下，担负祖国未来的时代青年，不能不讲利，但是又不能见利忘义，唯利是图，总应有理想的光芒照耀与超越。其二，在奉献与索取的关系上，向索取倾斜。他们往往机械地把商品经济中的价值尺度和等价交换原则运用到日常生活中来，误以为只有最大限度地获取金钱等物质利益，才算真正实现了自己的人生价值。他们主张"奉献与索取等价"，不赞成"无私奉献"，甚至只想索取，不愿奉献；只享受别人为自己的服务，却不履行为他人服务的职责；只想挖集体的墙脚，却不为集体添砖加瓦。其三，在奋斗和享受的关系上，向享受倾斜。市场经济的竞争性，使优胜劣汰成为屡见不鲜的社会现实。这种竞争机制增强了大学生的参与意识和竞争意识，他们敢于冲破传统观念，勇于进取，充分体现了当代大学生不甘落后、奋发向上的精神面貌。但是，部分学生却惧怕竞争，不思进取，甘当平庸；个别学生平时不学习，作业靠抄袭，考试靠舞弊，评优、入党、分配靠关系，还美其名曰"参与竞争"。有一部分青年学生迷上了享乐主义。抛弃了勤奋、节俭的优良传统，醉生梦死，超前享受，肆意浪费，且愈演愈烈，更令人担忧的是，这种享受之风往往是大学生犯罪的根源。近几年高校大学生犯罪案件中，偷窃钱财案占的比重最高。其四，在纪律与自由的关系上，向自由倾斜。市场经济的发展在一定程度上给人们带来充分的民主和自由，大学生的平等意识、民主意识得到加强。但也使一些学生误认为市场经济就是自由经济，人们可以享受无限制的自由，导致纪律松懈，学习、生活自由散漫。

2. 德智分离

在中共中央、国务院发布的学术报告《中国教育现代化 2035》，中共中央办公厅、国务院办公厅发布的《加快推进教育现代化实施方案（2018－2022年)》中，提出了"更加注重以德为先"和"育人当以德为本"的理念。德育，位居其他各育之首，既是我国教育的优良传统，也是世界教育发展的大趋势。然而，在现实教育中，由于学生道德素质评价的模糊性，德育很难与专业智育学科一样，德育在学校教育中似乎显得不那么重要。

德国哲学家雅思贝尔斯在《什么是教育》一书中指出，"教育是人的灵魂的教育，而非理性知识和认识的堆积……谁要是把自己单纯地局限于学习和认识之上，即便他的学习能力非常强，那他的灵魂也是匮乏和不健全的"。不可否认的是，现在许多教育工作者恰恰是把自己的职业仅仅局限于"非理性知识和认识的堆积"，不能做到教书育人。在学校教育中，如果没有居于领先地位的德育，仅用知识填充学生的大脑，这样的教育就是不健全的教育，也是缺乏灵魂的教育。

"德""智"分离，实质也是一种德育的缺席。因为把教书与育人当成了两张皮，这让德育实质上悬空，学校德育工作包括理想信念教育、社会主义核心价值观教育、中华优秀传统文化教育、生态文明教育、习惯养成教育、心理健康教育等内容。其中，理想信念教育、核心价值观教育、优秀传统文化教育以及生态文明教育，重在帮助学生树立正确的人生观、价值观和世界观，为学生的终生发展定向。而习惯养成教育、心理健康教育旨在帮助学生养成良好的习惯和健康人格，为学生的终生发展奠基。实践证明，德育中蕴含着理性的成分，智育水平的提高可以加深学生对德育内涵的认识，德育是智育的发动机，智育是德育的助推器，二者相辅相成、不可分离。

大学生作为一个先进的社会群体站在时代的前沿，不仅要有才，更要德高。有才而无德，不仅行而不远，还将沦为社会的"蛀虫"。从目前大学生的人格修养现状来看，大学生的"德"不容乐观，前景令人担忧。绝大多数大学生都清楚知识的价值，却不知品德与专业知识、思想修养与学习的关系，错误地把专业学习看作硬件，以致全力以赴，而把诸如个人修养、公德意识等德的修为置诸脑后。

社会的环境保护、抗灾济贫、学习雷锋等公益事业视为与己无关，"浪费表情"，对国家大事、入党上进不闻不问。此外，由于专业学习的砝码过重，思想修养的分量在相当一部分大学生中已无足轻重，这部分学生不屑上政治理论课和思想品德课，他们举止粗俗，奇装异服，公共环境，旁若无人，待人接物，缺乏修养。这是很明显的德智分离——在重视智力水平提高的同时，对道德的培育却忽视了。这种德智分离造成的后果就是，大学生的知识文化水平上去了，思想道德水平降下来了。"马加爵事件"、药家鑫事件震惊全国，使我们痛心不已，大学生杀友伤人事件屡见不鲜，向我们提出了尖锐的疑问：我们高校培养的人才，如果只有专业知识，而没有道德知识、没有健全人格，即使专业再过硬，对社会有用吗？

学习知识只是服务社会的手段，学会做人才是立身之本。前者的学习是工具性的，后者的学习是根本性的。重智轻德，培养的人就有可能是有智商而没有智慧，有知识而没有文化，有文化而没有修养，有欲望而没有理想，有目标而没有信仰，有青春而没有热忱的人，这是十分危险的。缺才必败、缺德自垮；缺德富才，灾难之源。缺德之高层次人才学得越多，越有才华、能力，越是灾难。

3. 知行分离

在中国思想发展和教育发展史上，"知行合一"具有深厚的思想渊源。一般而言，知即知识、认知、知觉，行即行为、行动；知行，既可指认识与实践，又可指心智和德行。在我国思想发展史上，《尚书》最早提出了"知之匪艰，行之惟艰"的思想观点。尔后，"知"与"行"的关系一直是历代学者论说的一个重要理论课题。

在思想政治教育领域里，"知"与"行"本来应是辩证统一的。然而，在教育实践中，"知"与"行"却经常出现不一致。如果将"知"与"行"纳入思想政治教育的过程来看，这种现象即可表述为"知行分离"。当然，我们还可用"知行不一""知行脱节"等关键词来表述这一现象。在思想政治教育领域，虽然"知行分离"长期倍受非议，但并没有随着社会的发展而出现好的改善，反而演变成为了一块难以消解的"硬伤"，成为了思想政治教育的现实困局。知而不行是一方面，"语言上的巨人，行动上的矮子"，行而不知是又一方面，还有明知而错行，等等。

调查表明，高校"两课"的考试和有关大学生价值取向、行为规范的问卷结果，大学生的道德判断符合正常价值准则的比例很高，然而校园内的各类不文明行为却时常发生，由此可见，"知行分离"是大学生人格缺陷的又一个较为严重的表现。如在对待个人和集体的关系方面，大学生能够认同甚至崇尚集体利益高于一切的道德观念，但相当多的学生却在实践中以个人为中心，而置国家、集体利益于不顾；在修养方面，绝大多数学生认识到修身的重要性，必须完善人格，但在现实生活中又常常缺乏内省自律，实际行为方面则常常出现公共汽车上不愿或耻于让座、不会说"谢谢"、对班级校园中的废纸杂物熟视无睹、乱扔垃圾、随地吐痰、不关水龙头、上卫生间不冲水、考试作弊等一系列违背道德规范的现象；对不文明、不道德行为漠然视之，"事不关己，高高挂起"。种种表现，无不表明大学生人格分裂，知行背离的严峻现实。

（二）意志品质薄弱，社会适应能力和耐挫能力差

所谓耐挫力是指当个体遇到挫折时，能积极自主地摆脱困境并使其心理和行为免于失常的能力。现实社会中，挫折是普遍存在的，要能耐受挫折，必须先具有正确的对待挫折的态度，有不屈的理想追求和信心，就会不屈服于失败。人有坚强的克服困难的意志，在厄运面前就显得刚毅坚强。

意志是人类特有的心理现象，是在认识和变革现实的过程中，自觉确定目的，根据目的支配、调节行动，努力克服困难实现预定目标的心理过程。居里夫人曾说过："人要有毅力，否则将一事无成。"爱因斯坦也指出："优美的性格和钢铁般的意志，比智慧和博学更重要。"大学生作为国家未来建设的栋梁之材，肩负着国家的振兴、民族的希望，因此，大学生具有坚强的意志，

具有开拓进取的前行力和适应社会环境的耐挫力。然而，由于现实中主客观因素的影响，不少大学生准备不足，个体意志存在着种种问题。

1.惰性

所谓惰性是指因主观上的原因而无法按照既定目标行动的一种心理状态，它是人的本性之一；不易改变的落后习性；不想改变老做法、老方式的倾向。当一个人有惰性心理时，做事就会迟迟不行动，一拖再拖。青年大学生本应是充满朝气和活力、开拓进取的群体，但事实并不是如此，惰性正伴随着大学生群体，逐渐销蚀大学生的青春朝气与活性。大学校园里流行着这样的打油诗："人生本该是 Happy，何必整天 Study，只要考试能 Pass，拿到文凭 Go away。"还有"九三学社"一些惰性大的学生，甚至天天上午九点起床，下午三点下地，还美其名曰"九三学社"：天天上午九点起床，下午三点下地。惰性：在不知不觉地毁掉有为的一代。

2.缺乏恒心，做事优柔寡断

恒心是持之以恒的毅力，坚持达到目的或执行某项计划的决心；亦指持久不变的意志。德国诗人歌德说："要有坚强的意志、卓越的能力以及坚持要达到的恒心，此外都是细节。"他指出了恒心对人的事业的重要意义。对大学生而言，如果缺乏恒心，即使计划再周密、翔实，目标最终也可能会功亏一篑。而一个显著的现实是，不少大学生在学习、生活中缺乏恒心。做事情虎头蛇尾，一曝十寒，开始决心很大，干劲很足，雄心勃勃，然而一遇到困难或挫折，立刻"打道回府"，凡事只有三分钟热情，经常半途而废。

（三）诚信的缺失

诚信是中国优秀传统文化中的重要规范，也是每一个成功人士的基本品德，可以说，诚信是一个对社会有益的人的标配。古人云："人无信不立。"孔子把"信"视为儒家五常（仁、义、礼、智、信）之一，《论语》中"信"字出现了三十多次，是使用频率最高的一个词。诚信作为一种道德规范和约束，是人们的立身之本、成功之道，是社会正常运转、持续发展的基础，也是我国社会主义市场经济的必然要求、社会主义民主政治建设的必然要求。然而，在市场经济的冲击下，人的劣根性被极大地裸露出来，为了满足私利，无所不用其极，完全抛弃了诚信。有人说，这个社会已患上了诚信缺失症，大量地不讲真话、不守信用、没有信誉、弄虚作假，乱象丛生，一地鸡毛。诚信缺失或信用危机在社会生活的诸多方面表现出来，对社会生活和社会秩序的危害颇深。个人诚信缺失已渗透到人们生活的方方面面，如说假话、假文凭、假证件、假发票、假彩票、考试作弊、偷逃税款、骗取保险、虚假广告、假球黑哨、假医假药等等，不一而足。这些不断出现的严重的诚信缺失行为，严重地阻碍着社会经济的正常运转，影响到对外开放形象，损害群众切身利益，破坏整个市场经济秩序，严重冲击着我们的诚信大厦，也在毁掉人本身。

大学生作为认知能力比较强、接受教育比较完整、知识层次比较高的一个群体，他们的诚信如何，直接关系到我国社会的整体道德水平，关系到社会的可持续发展。从这个意义上来讲，大学生诚实守信的道德水平理应要比其他社会群体高。但在社会转型时期，政府诚信、企业诚信、社会诚信缺失严重的情况下，学校并非一方净土，大学生在诚信方面也存在诸多问题。

1. 考试作弊

考试作弊是大学生诚信危机的一个主要体现，也是近年来学校教育中出现的特别令人忧思的严酷现实。考试作弊是重大原则问题，也是个道德问题。作弊既是对自己的不尊重，也是对别人的不尊敬。对其他真正用心付出过的人很不公平。可能偶尔会一时得逞，给作弊者极大的精神和物质上的鼓励，进而更加激励和坚定这一人群将作弊进行到底的信仰和决心。但这绝不会是长久之计，这个时代可能会给投机取巧者一些生存的缝隙和机会，却不会让他们永远无穷尽地占领别人的劳动成果为自己谋取私利，剽窃别人唯一的作用也只是复制而已。对自身也没有什么好处的。一部分学生平时把主要时间用于学业之外的上网聊天、玩游戏等，学习不专心，经常旷课、迟到，作业抄袭应付，考试时耍小聪明，采取各种"精明"的手段作弊。"学不在精，作弊则灵；功不在深，会看就行。"成了大学里流行的书桌文学之一。曾几何时，学校作为神圣的象牙塔，如今尘垢满面，不堪入目。当然，这不只是学校单纯异化的结果，而是与社会的诚信缺失密切相关的，学校已不是封闭的清修之所，而与社会千丝万缕联系，败坏的社会风气，腐蚀着多少高贵的肌体。

2. 弄虚作假

弄虚作假也是相当普遍。学术抄袭。剽窃别人的学术成果，移花接术，东拼西凑一番，搜寻、拷贝和粘贴，一篇论文就算完成了，无怪乎很多学者感叹大学生毕业论文不如取消。履历掺水。随着高校招生规模的扩大，大学毕业生面临的就业压力也越来越大。有些学生在求职履历上做文章，涂改成绩、制造假证件，绞尽脑汁玩手段。招聘会上人人都是优秀班干部、三好学生，个个都有一叠荣誉证书、都有一流的外语和计算机水平，甚至出现了一个班级里有十几个"学生会主席"的"咄咄怪事"。投机取巧。评奖评优、入党、竞选干部等的时候，不是靠自己实实在在的拼搏、努力，靠实力去获得，而是想法设法弄虚作假，编造事实，用虚假材料瞒骗老师和同学，极力放大自己的优点和成绩，淡化和遮掩自己的缺点，与班主任、辅导员套近乎，甚至请客送礼以达到目的。

大学生，天之骄子，社会的栋梁，国家的未来，需要高度关注。其诚信缺失现象不能不引起社会特别是教育部门的高度重视。倡导诚实守信，培养有德君子，强化大学生诚信教育，构筑新时期大学生诚信教育体系，是当前高校育人十分迫切而重要的工作。

第三节 当代大学生的马克思主义教育

正确的世界观、人生观和价值观是人们正确地观察社会，较好融入社会的内在条件。而正确"三观"的形成必须以科学的马克思主义观为指导。从当代大学生马克思主义理论教育的现状看，还存在诸多问题，其中最根本的原因在于大学生没有真正树立起科学的马克思主义观。

一、当前马克思主义理论教育存在的问题

当代社会，无论是世界还是中国都发生了深刻变化，体现在思想上就是人们的思想和价值观念发生了很大变化。而大学生处在这样一个开放、自由的社会氛围中，思想观念也必然受到巨大冲击，对马克思主义理论教育就提出了新的要求和挑战。深刻分析现阶段马克思主义理论教育所面对的问题，对于进一步开展大学生马克思主义理论教育工作具有重要意义，加之马克思主义理论教育本身存在的一些问题，马克思主义理论教育工作的复杂性和艰巨性大大增加。

第一，多样性、价值多元化与马克思主义理论教育目标的实现的冲突

改革开放以来，中国正处在社会转型过程中，经济社会的迅猛发展带来了国民价值观念的多元化，人们思想的独立性、选择性、多变性和差异性明显增强。文化多样性、价值观念的多样化，这给主流意识形态的认同带来了巨大挑战，影响了人们对主流意识形态本身的看法，冲击了社会主义的主导价值观，造成了人们社会行为的失范和社会信任问题。马克思主义作为中国共产党和中国社会主义道路的指导思想，是经过长期历史实践被证明的科学价值观。历史表明，坚持马克思主义的正确方法，革命就前进，事业就发展。所以，中国的教育必须坚持马克思主义教育，以培养可靠的社会主义事业的建设者和接班人。我们需要面对文化的多样性、价值的多样化，它有积极的意义，同时要敏锐察觉与把握其对马克思主义理论教育目标的实现产生的巨大冲击。

影响学生正确价值观树立的深层原因主要是世界与社会的发展变化。

首先是国际形势的影响。经济全球化和政治多极化继续发展，世界各国综合国力竞争日趋激烈，西方敌对势力不断推行"西化""分化"中国的图谋，不放弃任何可能的机会展开对中国的破坏活动，随着科技的发展，尤其是网络的飞速发展，西方各种思想文化大量涌入。甚至有境外敌对势力把高校作为其思想和政治渗透的主要目标，通过电台、网络等，对高校进行文化、思想和宗教渗透。扰乱大学生正确价值观的建构。

其次，市场经济的负面作用的影响。市场经济友谊生产力发展，但也大大强化了人们的物质意识和功利化倾向，因为生产的直接目的是取得收益。市场经济激发起来的这种利益意识、金钱意识被片面化、绝对化，容易导致个体对金钱的追逐，而不顾其应有的社会责任。个体的价值判断标准从来都不是在真空中产生的，而是由其社会存在所决定，市场经济体制的确立以及经济利益的调整，会直接或间接地表现为观念领域的冲突。对于很多人来说，他们接受了马克思主义价值观的教育，能够在理论上认识到个人价值的实现必须同社会需要相结合，但是在受到市场经济负面影响的冲击时，往往首先考虑个人得失，即理论认识与实际行为相悖。在这种情况下，马克思主义理论教育所倡导的社会价值导向要想继续被社会大众广泛接受，任务就更加艰巨。

第三，多元文化的冲击。在文化领域呈现"东西文化交汇、古今文化融合、多元文化并存"的局面，既有为社会主义政治经济制度服务的社会主义主导文化，也有我国的传统文化，还有反映宗教信仰自由的宗教文化，以及大众生活文化，如休闲文化、网络文化、娱乐文化等。文化的多元化对马克思主义理论教育也具有双重作用。积极的作用是：多元文化的交流和碰撞打破了原有的社会价值体系，接受新思想的人们可以从不同视角对我国存在的问题加以关注、思考和争论。它可以推动人们对马克思主义理论的思考、创新。消极的作用是：西方国家借助文化的力量不断对社会主义国家进行思想文化渗透。在"自由"的口号下，各种文化、政治理论在学术界、校园、网络出现，特别是资本主义民主政治思想，对我国社会主义政治文化造成了直接的冲击、影响，它们广泛而深刻地影响着人们尤其是青年人的价值观念、政治思想和政治信念。

在大学生思想政治教育活动过程中，马克思主义理论教育突出地表现为马克思主义理论内容和"教育"的引导作用。"教育"引导的目的在于使大学生接受马克思主义，掌握马克思主义的基本原理，学会运用马克思主义的立场、观点、方法去分析问题和解决问题，把大学生培养成为事业的建设者和接班人。而大学生是否接受马克思主义，不能强制命令，而是需要通过教育的引导作用，使大学生自觉自愿地接受马克思主义的认识行为和实践行为，因而大学生是否接受马克思主义理论具有很大的选择性。大多数学生在长期的教育中，形成了学习马克思主义的自觉性，但也有一部分大学生受到社会上消极落后因素的影响，对马克思主义存在着怀疑、否定甚至抵制、抗拒的情绪，西方各种资产阶级的意识形态思潮也有可能成为他们选择的对象。这种客观事实严重影响着高校马克思主义理论教育目标的实现。

第二，马克思主义理论教育工作受到轻视

不可否认，高校的竞争以学科，以科研经费、科研成果等为导向，在人才培养规格上也过多强调专业性，因而，重心所在，对马克思主义理论课教学普遍重视不够。近年来，国家要求各校成立马克思主义学院，对破解这个难题有针对性，但也有中马克思主义理论的专业性，而忽视对所有学生的马克思主义理论的普及教育。在某种意义上，此问题并未得到真正缓解。

从教育者来说，部分理论教育工作者受社会环境的影响，不能安心本职工作。当前，不少从事马克思主义理论教育的教师不能静下心来认真开展理论和教学研究，而是追名逐利、浮躁不安，严重影响了马克思主义理论教育工作的开展。部分教师不甘于清苦乏味的马克思主义理论教学工作，出现身在课堂心在商的现象，严重影响了马克思主义理论教育工作的实效性。

此外，在就业压力面前，部分学生轻视马克思主义理论学习。大学生的就业形势日趋严峻。严酷的现实也使得大学生根据市场的导向，按照市场需求来选择专业和所学的内容。相对而言，马克思主义理论水平在实际工作中不易直接体现，因此在一些大学生看来，学习马克思主义理论不仅对他们求职没有帮助，还会挤占他们学习那些热门专业、热门课程的时间和精力，从而导致学生轻视马克思主义理论课程的学习。

第三，教育观念和教学方式、方法仍然相对落后，削弱马克思主义理论教育的效果

从总体看，当代大学生思想政治状况积极、健康、向上是主流。对社会主义核心价值观是认同的。对马克思理论的接受既有十分积极的因素。但应该看到，受社会多种因素的影响，未能从思想上解决对马克思主义的认识问题，有的甚至受到西方自由化思潮影响，对马克思主义理论教育存在着抵触情绪，对马克思主义理论课有逆反。不过，仔细分析可以发现，这里面绝大多数学生病史本质上的排斥，而是对马克思主义的理解肤浅，人云亦云，另一方面，也是教育观念陈旧，教育方式单调、老化、固化，教师读教材，学生记笔记，缺乏生动活泼的教学方式。事实证明，适当的教育方式、手段会大大提升教学效果，而教学效果提升，马克思主义理论变得悦耳，容

易入心。面对信息膨胀的现代社会和网络时代，我们只有不断更新传播方式，拓展传播路径，不断创新教育方式、方法，才能不断发挥马克思主义理论的教育功能。

二、加强大学生马克思主义教育的基本对策

（一）加强大学生健康成长的社会环境建设

毋庸置疑，社会环境影响着大学生的马克思主义理论教育，社会环境对于人的观念形成与变化有紧密的关系，我们从反过来说，可以从大学生对于马克思主义理论学习的态度可以看出社会状貌，它是社会思潮的晴雨表。所以，要从根层创造马克思主义教育的良好环境。那就是要是社会风清气正，消除腐败，突出正确的价值观，推崇正能量。一是加强党风廉政建设，消除腐败现象，创作社会清明的健康生态。二是注重社会公平，防止两极分化。改革开放以来我国在取得巨大经济成就的同时，随之出现的贫富差距悬殊，资源与利益分配失衡等大量不公平现象，必然带来大学生对马克思主义信仰的某种消极心理与情绪。为此，我们必须采取措施，努力做好工作，体现社会公平，防止两极分化。使全体人民都能享受到改革开放和社会主义现代化建设的成果，促进共同富裕。

（二）发挥网络的优势作用推进对大学生的马克思主义教育

网络的发展带来了信息传递过程的很大变化，使我国思想政治教育的主体在信息传递方面受到权威保障方面的冲击。互联网提供的是拓展了时空交互性的交流空间，这对传统的灌输式的思想政治教育体系无疑是一个巨大的冲击。大学生能够有可能不选择学校所提供的正常渠道所传授的知识和理念，而是根据自己的兴趣和爱好从网上选未经处理的信息，党和政府对传统媒体的有效控制力与导向力在互联网上失去了应有的优势。这些变化，我们教育者必须有清醒的认识。对高校来说，必须以邓小平理论和"三个代表"重要思想为指导，全面落实科学发展观，正确分析和认识网络的发展变化对我们思想政治教育带来的积极和消极影响，积极应对挑战，创新工作方法，提高工作效率，加强对大学生网络道德的教育与引导。

（三）马克思主义教育内容要与时俱进

马克思主义的可贵品质在于它是一种与时俱进的理论。马克思主义的旺盛生命力就在于它是在实践中不断发展的理论。中国共产党是一个以马克思主义为指导的政党。中国共产党在马克思主义的指导下，取得了革命、建设

和改革的伟大胜利，建立了伟大的新中国，建立了社会主义制度，取得了改革开放的伟大胜利，使中华民族屹立于世界的东方。中国共产党的一条成功的经验，就是在坚持马克思主义的同时发展马克思主义。毛泽东领导中国共产党和中国人民在斗争实践中，创立了农村包围城市、武装夺取政权的革命道路；社会主义改造的理论，既坚持了马克思主义又发展了马克思主义，使我们取得了革命的胜利，建立了中华人民共和国。十一届三中全会以后，以邓小平为代表的中国共产党人，认真总结了国外社会主义建设的历史经验和我国社会主义建设的实践经验，提出了以经济建设为中心、坚持四项基本原则、坚持改革开放的伟大的政策，使社会主义建设取得了伟大的成就。其中的许多理论都对马克思主义做了很大的发展。在新的历史时期，以江泽民为代表的中国共产党人，创立了"三个代表"重要思想，以胡锦涛为代表的共产党人，提出了科学发展观、构建社会主义和谐社会的思想。习近平总书记则站在新的高度提出新时代的社会主义建设思想。它们是马克思主义中国化最新的理论成果，是我们党在指导思想上的与时俱进。在我国社会主义建设的新的历史时期，对大学生进行马克思主义教育，就要求我们用马克思主义中国化最新的理论成果教育学生，内容新，活力强，可以入耳入心。

（四）创新教学形式，改进教学方法

思想政治理论课的课堂教学是我们进行马克思主义教育的主渠道、主战场、主阵地。因此，创新教学模式，改进思想政治理论的教学方法，激发大学生的学习兴趣就显得特别重要。传统的填鸭式的教学方法远远不能适应新时代的马克思主义理论教育，上课教师讲，学生听、学生记，教师成了教学中心而不是以学生为中心，学生很是反感，效果很不好。我们必须尝试改进教学模式，教学方式多元化，教学方法多样化，可以是互动教学法。教师与学生要展开互动，围绕某一问题，让学生展开讨论，通过讨论和争论达到对某一问题的正确认识。这种以学生为中心的教学法能提高大学生对事物的认识，达到预期的效果，必将为大学生所欢迎和接受。也可以是案例教学法。空洞的说教和照本宣科的理论宣讲，学生无法产生兴趣，而选择生动鲜活的案例教学则显得特别有效。再是充分利用多媒体等现代技术手段教学。以前教师一张嘴、一支粉笔，在信息传达、抽象观念展示等方面局限很多，远不如多媒体教学由于图文并茂以及大量信息的自由转换等优势，利于信息的传达和接受。最后，实践教学。课堂上的教育是很重要的，而带着马克思主义原理去研究和解决实际问题更其重要，也更富有能力培养意义，也往往使学生更感兴趣。

第六章 大学生思政教育的创新

2019 年 3 月 18 日，习近平总书记在学校思想政治理论课教师座谈会上发表重要讲话，发出了新时代高校思政课改革创新的动员令，是指导新时代改革创新高校思政课的根本指南。贯彻习近平总书记关于办好思想政治理论课的思想，就是要用习近平新时代中国特色社会主义思想铸魂育人，认真思考为什么办思政课、办什么样的思政课和怎样办好思政课这三个基本问题，坚持把思政课建设同国家发展的现实目标和未来方向紧密联系在一起，为人民服务，为中国共产党治国理政服务，为巩固和发展中国特色社会主义制度服务，为改革开放和社会主义现代化建设服务，培养更多具有家国情怀、创新能力、全球视野和引领时代的一流人才。

共产主义思想是随着社会主义生产力的发展而形成的，它是人们对现实世界的认识和对未来理想世界的追求，主要包括共产主义品德、信仰、立场和人生观。对大学生进行共产主义思想体系的教育，既是社会主义、共产主义事业的需要，也是大学生健康发展的自身需要。

第一节 大学生思政教育创新的必要性及原则

高等学校任务是培养德、智、体诸方面全面发展的社会主义事业的建设者和接班人。大学生的思想道德和科学文化素质直接关系到我国现代化建设的战略目标能否实现。因此，保证学校坚持社会主义办学方向和培养目标的实现，是大学生思想政治教育工作的一项重要任务。

我国教育事业是人民的事业，是党和国家伟大事业的有机组成部分。坚持教育的社会主义方向，就是按照党和国家对教育工作和教育事业提出的指导思想和教育方针办教育，使教育沿着社会主义方向前进。完成这一任务，就要在学校的各项教育工作中，坚持进行共产主义思想体系教育，并以马克思主义的科学世界观和方法论指导我们的教育工作，以马克思主义经典作家所揭示的教育基本原理为指导，不断深化教育实践，并丰富发展马克思主义教育原理。

一、大学生思想政治教育创新的必要性

（一）大学生思想政治教育的创新是适应复杂多变的国际国内发展趋势的必然要求

在快速多变的时代，国际上的经济全球化，文化的交融冲撞，国内市场经济的加速以及高校自身的扩招、改革等等，大学思政教育的沉静局面被打破了，必须应对各种变化的实际情况随时做出调整。了解新情况，研究新问题，把握新特点，正确认识全面推进大学生思想政治教育创新的重要性，做到与时俱进，积极探求大学生思想政治教育创新的路径，不断提高大学生思想政治教育创新工作的针对性、实效性和主动性。

（二）大学生思想政治教育的创新是解决大学生深层次思想问题的必然要求

社会的发展，时代的变迁，教育的变革，使得一些与我国国情、高校育人目标不相容的东西进入校园，给校园带来了不良的影响。一些大学生淡忘了国家意识，消解了民族身份，逐渐失去对传统的认同感。一些大学生对重要的政治理论问题一知半解，对马克思主义理论认识模糊甚至不知。一些大学生世界观、人生观、价值观存在误区与偏差，对当前社会问题缺乏全面系统深入客观的理解和认识，对中国特色社会主义道路、共产主义信念缺乏信心，对党和政府缺乏信任，思想颓废，态度消极，对前程感到迷茫。因此，推进大学生思想政治教育的创新已成为解决大学生深层次思想问题的必然要求。

（三）大学生思想政治教育的创新对进一步加强未成年人的思想道德建设具有重要意义

中国特色社会主义事业要靠今天的大学生去继承，中华民族的美好未来要靠今天的大学生去创造。大学生的思想素质如何，直接决定着中华民族的未来发展方向和前途命运。培养大学生，不仅要大力提高他们的科学文化素质和体能健康素质，更要大力提高他们的思想道德素质。高校作为社会主义思想政治教育创新的主阵地，要坚持以德育人，采取正确的措施，坚持从增强大学生的爱国情感做起，从帮助大学生确立远大志向做起，从规范大学生行为习惯做起，从提高大学生基本素质做起，努力把大学生培养成为社会主义事业的合格建设者和可靠接班人。

（四）大学生思想政治教育的创新对进一步构建社会主义核心价值体系具有重要意义

社会主义核心价值体系是社会主义意识形态的本质体现，其中马克思主义指导思想、中国特色社会主义共同理想、以爱国主义为核心的民族精神和以改革创新为核心的时代精神以及社会主义荣辱观，构成了社会主义核心价值体系的基本内容。这四个方面的内容，是与社会主义基本制度和根本性质紧密联系在一起的，它构成了我国社会主义意识形态中最重要的主体部分。进一步构建社会主义核心价值体系需要推进大学生思想政治教育的创新。

大学生是祖国的未来，是民族的希望，高校大学生的素质直接关系到中国特色社会主义事业的建设。高校要加强和改进大学生思想政治教育的创新工作，不断提高大学生的思想政治素质，确保科教兴国和人才强国战略的顺利实施，为中华民族伟大复兴奠定坚实基础。

二、大学生思想政治教育创新应遵循的原则

大学生思想政治教育创新是一项系统性工程，需要遵循科学方法和原则的指导。明确当代大学生思想政治教育创新的原则，创新高校思想政治教育的方法，才能更好地提高大学生的思想政治素质。

（一）大学生思想政治教育创新的基本原则

1. 方向性和批判性相结合的原则

新时代大学生思政教育的创新必须把握方向性，始终保持党的教育方针，社会主义建设者与接班人的培养目标的不偏移。另一方面，也要保持批判的活性，影响高校思政教育的，不仅有积极因素，也有消极因素，有先进思想，也有落后意识，甚至有反动思潮，这些都要在报坚持正确方向时加以排斥批判，以确保正确方向的不被影响。方向性和批判性相结合是当代大学生思想政治教育创新的根本性原则。能不能坚持这一原则直接关系到当代大学生思想政治教育的社会主义性质，关系到当代大学生思想政治教育能否走上创新的道路。我们只有坚持了这条根本原则，大学生思想政治教育才能有所创新和发展。

2. 主导性和主体性相结合的原则

主导性与主体性相结合原则是指在高校思政教育中教育者与接受教育者的矛盾关系。主导性是指在思政教育中，教师具有主导作用，把握教育的方向、节奏以及结果，从这个意义上说，大学生思政教育教师具有决定作用，好的教师充分回家教育的主体性，善于调动引导，将教育结果导向既定目标。主体性则是指接受教育的学生在大学生思想政治教育中发挥主体性作用，他

们是接受教育者、主要受益者，又是思想政治教育的主力军，他们的主体性作用也是十分重要的。大学生思想政治教育要坚持教师的主导性和学生的主体性相结合，教师在宏观上加以控制引导，在微观上放活，指导而不代替，放手而不放纵，管而不死，活而不乱，教育才能健康发展和创新。

3. 全面性和重点性相结合的原则

全面性是指大学生思想政治教育是由各种要素构成的一个综合整体，每个要素之间相互作用，相互联系，每个要素在大学生思想政治教育中发挥着自己独特的作用。重点性是指大学生思想政治教育必须突出关键、根本性的因素，通过解决主要矛盾来带动次要矛盾的解决。只有坚持全面性和重点性相结合，在坚持全面性的基础上突出重点，在突出重点的同时又不忽视注重全面推进，才能更好更快地推进当代大学生思想政治教育的创新。

（二）大学生思想政治教育创新的具体原则

1. 政治理论教育与社会实践教育相结合

政治理论教育是大学生思想政治教育的重要环节，高等学校思想政治理论课是政治理论教育的主渠道。政治理论教育通过思想政治理论课，系统地向广大学生传授马列主义、毛泽东思想、邓小平理论、"三个代表"、科学发展观和新时代中国特色社会主义重要思想等，以帮助他们树立正确的世界观、人生观、价值观，从而走上健康、积极、向上的发展道路。政治理论教育能够为大学生树立理想和坚定信念、弘扬和培育民族精神、提高道德修养和法律意识提供理论基础和精神动力。

社会实践教育是围绕教学活动目的而展开的、学生亲身体验的实践活动，是加强大学生思想政治教育工作的突破口，它是切实提高人的全面素质和创新能力的途径。因此，思政教育不能止于课堂的理论传授，而要紧密对接社会现实，让大学生深入了解社会，增强对社会的认识和责任感。两者很好结合，相得益彰。一方面，政治理论教育能够丰富大学生政治理论、思想道德等方面的知识，使大学生掌握马克思主义的立场、观点和方法，深入了解党的路线、方针、政策，正确理解社会主义的本质特征和国家的前途命运，了解什么是正义与邪恶、高尚与卑劣、美与丑。另一方面，大学生在社会实践中，能够加速知识的转化与扩展，提升其运用知识解决实际问题的能力，使其认识问题不再浮浅、片面，分析问题不再绝对化。同时社会实践有利于大学生正确认识自己，增强大学生适应社会、服务社会的能力，从而真正实现理论的内化。

坚持思想政治教育与社会实践教育相结合，就是将政治理论教育、课堂教育及大学生社会实践合理融入大学生思想政治教育，并注重把社会实践纳入教学大纲中去，给予学时和学分的限制。加强社会实践的管理体制建设，将社会实践与专业学习、服务社会、勤工俭学、择业创业相结合，特别要利用好寒暑假，开展形式多样的社会实践活动，让学生学以致用，得到实际锻炼。

2. 解决思想问题与解决实际问题相结合的原则

解决思想问题与解决实际问题相结是我党思想政治工作的优良传统和根本原则，为群众解决实际问题，是最直接、最生动、最有说服力的思想政治工作。大学生思想政治教育工作的创新之一，就是在贯彻落实党的思政工作优良传统上的创新。大学生的思想问题往往是由一些实际问题所引起的，所以，脱离大学生实际问题，一味强调解决思想问题，思想教育就会脱离学生，非但不能收到好的效果，还会适得其反。

面对高等教育体制改革的不断深化及新旧体制转型所带来的一系列问题，大学生思想方面出现问题是正常的，但若这些思想疙瘩不能得到及时解决，就会引发更严重的问题，如对生活失去信心，甚至会走上极端的道路，导致恶果的发生。所以，在对大学生进行思想政治教育时，必须坚持做到解决思想问题与解决实际问题的有机结合，在解决思想问题的过程中注意解决好学习生活中的实际问题，两者不可偏废。

3. 教育与管理相结合

教育和管理统一于大学生思想政治教育中，教育着眼于人的思想的改造，注重培育学生良好的政治观念、法律观念和道德观念，而管理的作用在于规范和引导，注重塑造学生的政治行为、法律行为和道德行为。教育通过内在的思想来管理人，管理通过外在的约束来教育人，教育与管理应彼此交融、相互促进。教育应贯穿于管理工作的始终，并为管理工作的开展提供支持，管理的过程有时就是思想政治教育贯彻落实和深化的过程。坚持教育和管理相结合，有两层含义：一是坚持管理育人，把思想政治教育与大学生日常学习、生活管理结合起来；二是把学校的思想政治工作制度化，使思想政治教育得到制度的规范、保障和支持，这有助于建立思想政治教育的长效机制，起到规范思想政治工作者的职责、职业道德、行为、工作程序等作用。坚持教育和管理相结合，把思想政治教育与课程教学、严格管理制度、学生自我管理和纪律教育等有机结合起来，才能收到理想的效果。无论学校的教学工作还是管理工作，都既要进行思想教育，又要依靠一定的法律法规、校规校纪来约束，两者互相配合，促进大学生的知和行的统一。要使学生了解学校的规章制度和管理规范，充分发挥规章制度规范学生行为的功能。

4.继承优良传统与改进创新相结合

思想政治工作是党的优良传统和政治优势，它与党的创立、发展、壮大紧密联系在一起，在每一个历史时期、每一个关键时刻都发挥着重要作用。坚持继承优良传统与改进创新相结合，是指在继承党的思想政治工作优良传统的基础上，不断探索新形势下大学生思想政治教育的新途径，实现时代性，把握规律性，增强实效性。

长期以来，高校在思想政治教育过程中积累了许多成功的经验，但面对新形势、新任务，要增强实效性，充分发挥高校思想政治工作教育人、引导人的作用，就必须与时俱进，不断改进创新。当前，伴随着社会生活方式日益多样化，思想政治教育的时代、环境、任务、对象都发生了变化，大学生的思想、心理、行为、追求都呈现出新的特点，思想政治教育既面临有利条件，也面临严峻挑战。这种形势下，再遵循原来的内容、按照原来的方法显然不能解决大学生的各种问题，思想政治教育必须不断改革创新才能适应不断变化的客观实际的要求。

坚持继承优良传统与改进创新相结合，就要不断丰富大学生思想政治教育的内容，并结合时代发展的特点和要求，增添新内容。如对大学生进行社会主义荣辱观教育和科学发展观教育，进行东西方思想比较教育，进行市场经济与集体主义教育，进行理论与社会实践相结合教育等，使思想政治教育的内容与时代同步。在思想政治教育的方法上，要突破传统的"灌输法"，因人、因事、因时而变化，用学生喜闻乐见、愿意接受的形式，如谈心法、疏导法、形象法等潜移默化的方法，拓宽大学生思想政治教育的途径，增强思想政治教育的针对性和实效性。

第二节 新媒体环境下的大学生思政教育创新

新媒体时代的到来对青年学生而言开阔了视野，拓展了知识面，丰富了交流方式，增强了自主性，但同时也对传统思想政治教育造成了一定的冲击，对思想政治理论课教学提出了新要求。所以，加强新媒体时代的思想政治教学的研究并进行创新显得尤为重要。

一、强化思想政治理论课教学的功能

在新媒体时代，信息爆炸，各种知识满网飞，思想政治理论课程教学的意义就格外突出，一方面本身知识的传达，另一方面培养人的世界观，提升人的政治辨别能力。

一是系统的知识传授。马克思主义是一个科学的理论系统，且处在不断的发展中，特别是马克思主义中国化过程中，将中国革命的丰富实践融汇进去，使理论充满活性，永葆青春。从毛泽东思想，运用马克思主义解决中国实际问题，成功取得新民主主义革命胜利和社会主义革命和建设的初步胜利，到邓小平有中国特色社会主义理论，到江泽民的"三个代表"理论、胡锦涛的科学发展观，直到今天习近平总书记的新时代社会主义思想，都是马克思主义充满活力的表现。大学生思政课要把这些最先进、最科学、最生动的思想进入课堂，进入学生灵魂。因此，首先是要保证教学内容的先进性与充实性。学生掌握了系统的马克思主义，也就背理论武装起来。如果说，这些年在思政课上未能让学生喜闻乐见，思政教育上软弱无力的话，不是教学内容多了，而是对教学内容的新鲜度深刻度生动度贯彻得不够。目前的大学生所学的4门必修课，各自有自身的理论特点，尤其是"原理"课，是从整体上概括了马克思主义的基本原理，是科学的世界观和方法论，原理本身虽然比较抽象，但它由一系列的知识点、概念和范畴组成，具有内在的、严密的逻辑性，认真教授这方面的知识是十分重要的。这就要求教师具有深厚的理论根基，较强的科研能力，还要有高超的授课艺术。这三者是统一的。

二是信念的确立。通过思政教育课程引导学生正确信念的确立，做得好，可以以水到渠成。大学生是具有激情、富有理想、朝气蓬勃的群体。但他们没有走入社会，人生经历不丰富，一方面对有些事情容易陷入理想化，另一方面又会感到不理解和困惑。尤其是当今社会上的一些负面的价值观念和理想判断，经常影响着学生们的日常学习和生活，大学早已不是一块纯净的世外桃源。这并不是一件坏事，它有助于大学生毕业后走上工作岗位时，能够积极面临各方面的挑战。但在大学时代，思政课程便可大有作为，通过教师的一系列教学活动，让学生们在比较中选择，困惑中认清，逐步确立各自的理想信念很重要。我们不可能期望大学生都具有整齐划一的信念，这不仅可笑，也没有现实基础。但我们可以积极引导大学生们确立不同层次的理想信念，例如当看到社会的一些消极和阴暗面时，一些学生喜欢高谈阔论，似乎境界很高，就是不把自己放进去，遇到个人的行为和处理生活小事时，却又失去了方向。

三是行动的引导。无论是怎样层次的理想信念，最终都可以落实在行动中得到体现，大学生的日常行为也反映了其整体的思想素质。高校思政课讲授的最先进的理论，理论家们的革命实践经历就足以启悟后学，思政教学内容中提炼的无数当下正能量事例也会强烈冲击人心，益于学生潜移默化。

总之，新媒体时代思想政治教育课程的意义不是减弱了，而是更加强化了，以此课程体系教学为抓手，培养"四有人才"，对中华民族伟大复兴的中国梦的实现具有深远意义。

二、依靠互联网络拓宽高校思想政治教育工作平台

互联网技术是指在计算机技术的基础上开发建立的一种信息技术。互联网技术通过计算机网络的广域网使不同的设备相互连接，加快信息的传输速度和拓宽信息的获取渠道，促进各种不同的软件应用的开发，改变了人们的生活和学习方式。互联网技术的普遍应用，是进入信息社会的标志。信息社会的到来，完全改变了人的生活方式，极大地解放了人，提高了生活的效率。一时间，"互联网+"成为时尚，成为时代精神。

互联网+是互联网思维的进一步实践成果，推动经济形态不断地发生演变，从而带动社会经济实体的生命力，为改革、创新、发展提供广阔的网络平台。通俗的说，"互联网+"就是"互联网+各个传统行业"，但这并不是简单的两者相加，而是利用信息通信技术以及互联网平台，让互联网与传统行业进行深度融合，创造新的发展生态。它代表一种新的社会形态，即充分发挥互联网在社会资源配置中的优化和集成作用，将互联网的创新成果深度融合于经济、社会各域之中，提升全社会的创新力和生产力，形成更广泛的以互联网为基础设施和实现工具的经济发展新形态。2015年7月4日，国务院印发《国务院关于积极推进"互联网+"行动的指导意见》。2016年5月31日，教育部、国家语委在京发布《中国语言生活状况报告（2016）》。"互联网+"入选十大新词和十个流行语。

很显然，互联网社会给大学思政教育提出了挑战，"互联网+"也为传统的教学行业提供了腾飞的翅膀。互联网传播信息的速度加快，给青年学生的思维方法和行为方式带来了深刻的影响，也给高校思想政治教育工作者提出了新的任务和挑战，云计算、大数据等又给教育者提供了极端的方便。面对网络的快速发展，高校思想政治教育工作者要充分发挥自身优势和良好的工作传统，树立正确的网络观、用好思想教育平台、提高网络道德教育实效，探索出网络技术背景下的大学生思想政治教育工作的新趋势和新举措，全力占领网络时代的思想政治教育阵地，让思想政治教育工作在网上焕发出新的生命力。

（一）利用网络开展思想政治教育是时代发展的必然要求

随着互联网在中国的普及发展，现代人已经进入一个全新的"网络时代"。而高校由于其在信息资源和人才培养中的前沿地位，加之以大学生为主体的

上网人数的日益增多,计算机网络已经成为大学生获取知识和各种信息的重要渠道,也深刻影响了大学生的学习、生活乃至他们的思想观念,给思想政治工作带来全方位的挑战与深刻的变革。面对网络汹涌的发展态势,党和政府及时提出了要利用好互联网,抢抓网络阵地,努力增强大学生网络思想政治教育时效性的要求。保证大学生思想政治教育工作在网络环境下抓住机遇,迎接挑战,这是时代给我们提出的一个新的课题与必然要求。特别是"90后"大学生作为一个特殊群体,其思想政治教育的实施更是高校思想政治教育工作的重中之重,怎样利用网络的辅助手段,对"90后"大学生开展有效的思想政治教育成了我们必须要面对和解决的当务之急。

1. 网络思想政治教育内涵、基本内容与特殊功能

思想政治教育是指教育者运用一定的思想观念、政治观点、道德规范对教育对象施加有计划、有目的、有组织的影响,使其形成符合社会所要求的思想政治品德的实践活动。中共中央、国务院《关于进一步加强和改进大学生思想政治教育的意见》强调指出:"大学生是十分宝贵的人才资源,是民族的希望,是祖国的未来,应加强和改进大学生的思想政治教育工作。"网络思想政治教育是高校思想政治教育的重要组成部分,它是在结合计算机技术与多媒体技术的基础之上,针对当前大学生的心理特点,运用多样化的教育方式,按照一定规范对思想政治教育信息进行制作、传播和控制以至反馈,其目的是为了培养当代大学生网民养成符合时代需要的思想观念、道德修养、行为规范、信息素养的虚拟互动活动。

(2)基本内容

与传统思想政治教育相比,网络思想政治教育有着以下几方面的新内容:

①网络思想教育。网络思想教育主要是运用互联网络进行世界观、方法论和科学的思维方式与方法等教育,着重解决网络思想政治教育客体主观与客观相符合的问题。网络思想教育的核心是用马列主义、毛泽东思想、邓小平理论以、"三个代表"重要思想、科学发展观及中国特色社会主义观等重要理论武装大学生的头脑,指导广大学生树立正确的世界观、人生观和价值观。当前的高校网络思想教育重点是加强马克思主义世界观教育,尤其是要注意加强马克思主义唯物论、无神论和方法论教育,弘扬科学精神,提高网络受众识别、抵制和反对各种伪科学和封建迷信活动的能力。此外还要着力于促进网络受众,解放思想,转变观念,培育创新思维和能力,指导和推动他们的实际工作、学习和生活。

②网络政治教育。在开放时代,各种思想自由输入,也容易使不良思想乘机而入,特别是以美国为首的一些西方国家,利用信息技术上的优势,占

据了网络世界的大部分空间，试图颠覆，乘机作乱，西方敌对势力从来没有放弃过对我国的颠覆和意识形态渗透，在新的时代条件下，互联网就是他们的一个重要手段。"意识形态领域，社会主义思想不去占领，资本主义思想就必然去占领。"在互联网环境下，一些高校学生面临着思想迷茫和政治信仰危机的严峻考验。有些学生沉迷于网络空间，政治意识淡薄。针对于此，党和政府也认识到，党的思想政治教育工作，就是要做好"引导思想，规范行为"的工作，从根本上说也就是使高校学生有一个清醒的头脑，在学生思想中形成一种主流的正确的信念，而这种信念，就是对共产主义的坚定信念，这种信念是支撑我们国家，我们中华民族，我们整个社会的一种极其重要的精神力量。我们必须运用互联网展开相应的马克思主义教育，指导学生分清政治是非，认准社会发展趋势，树立坚定的政治立场，保持正确的政治方向，坚定共产主义的信仰，为我们国家的富强与民族复兴的"中国梦"做出应有贡献。

③网络法制教育。可以说网络已经给人们的生活、学习、工作各个方面产生了深刻的影响，这也就迫切要求把法制教育引入网络。进行网络法制教育的目的是为了促进广大学生网民养成社会主义法制意识，做到知法守法，不管是在网上还是网下，都能做到严于律己。开展网络法制教育首先要系统地对我们国家的整个法律体系进行介绍，通过一些典型的正面和反面的案例来进行生动的现身说法，同时还要传播法理知识，让他们了解我们社会主义法律的基本原则和精神，再次，还要通过网络开展法律服务，培养公众运用法律的基本技能，此外还要开展依法治国教育，营造良好的网络环境，树立遵纪守法的社会主义网络新风尚。

④网络心理教育。信息化社会里，很多高校学生由于长时间沉迷于网络，导致情绪低落、精神不振、消沉、孤独、苦闷、焦虑等各种心理障碍和心理疾病。针对于此，高校目前迫切需要通过网络进行心理教育，高校可以通过开展网络心理诊所和网络心理咨询，针对大学生的心理健康问题进行调查，并在此基础上，有针对性地开展心理教育，帮助学生克服心理障碍，培养良好的心理习惯和心理素质。

⑤网络伦理教育。就是通过网络的强大功能，整合世界范围内众多的历史、文明和文学作品等，把其中人类最优秀的美德包括自律、同情、责任、友谊、勤劳、勇敢、坚毅、诚实、正直、高尚、忠诚和信仰等传播给广大学生，用以感染、引导、影响他们，并在此基础上开展相对应的网络伦理道德教育，宣扬中华民族优秀的伦理道德文化，营造良好的网络环境，帮助树立正确的伦理观。

⑥网络国情教育。网络空间是没有国界的，久而久之网民逐渐会淡化国家和民族的观念，从而使一些高校学生对自己的国家越来越陌生。网络思想政治教育的任务就是培养社会主义现代化人才，而对国情有一个清醒客观的认识是最起码的前提。一定要坚持以马克思主义中国化为指导，运用马克思主义的世界观和方法论，对我国在社会主义初级阶段的经济状况、政治状况、文化状况等进行详细分析介绍，既不夸大好的方面也不回避不足的方面，保证高校学生对我国国情有客观的认识，为服务祖国、服务人民做好充分的准备。

⑦人文知识学习。通过向高校学生介绍人文科学知识，对于帮助他们学会怎样做人具有重要意义。优秀的文学作品可以使他们感受真诚的情感、高尚的情操；古今中外的历史可以让高校学生从朝代的兴衰更迭中理解人类社会的发展规律；哲学尤其是马克思主义哲学能提高人的思辨能力，为他们提供科学认识世界、认识人生的方法；自然科学知识有利于培养他们的科学精神和探求真理的品质。总之，以社会科学和自然科学交融的人文科学知识对于培养高校学生正确的世界观、人生观和价值观都有着非常重要的意义，把这些内容纳入网络思想政治教育中来，必定能促使高尚情操和科学精神转化为高尚的人格素质，从而让高校学生学会做人、做事。

⑧网络中华传统优秀文化教育。在互联网上，西方文化在侵蚀着我们东方文化，尤其是侵蚀着我们中华民族的优秀文化传统。因此，为我们传统文化在网络中占据一席之地，是我们义不容辞的责任。在五千年文明史上，中华民族创造了许多优秀文化，时至今日，这些文化仍值得我们去借鉴、发掘和吸收利用，如孙子兵法、孔孟学说、中医思想、四大文学名著等等。这些优秀文化是我们民族生生不息的基础，是我们的根。其中的优秀伦理文化，更是体现了中华民族的特色，至今仍对我们产生着强大的影响力和凝聚力，值得我们去好好整理、开发和利用。

（3）特殊功能

高校网络思想教育除了思想政治教育的一般功能以外，还具有区别于其他类型思想政治教育的沟通、渗透和预防三大特殊功能。

①沟通功能。新时期，高校网络思想政治教育沟通的形式包含有交互式视频、电子邮箱、电子查询、网络社区讨论、各种沟通工具（BBS、QQ、MSN、微信等）。可见，高校网络思想政治教育的沟通功能是一种思想政治教育信息的传播和通讯的途径。正是通过这种传播和通信，选择合适的思想政治信息，通过网络这种媒体渠道，利用各种不同的表现方式，将知识、观念和技能技巧等传播给远程教育对象的过程。也可以说，高校网络思想政治教育的沟通功能包含着思想政治信息的传递和情感的传输。

②渗透功能。高校网络思想政治教育之所以具有渗透功能是因为作为载体的网络具有渗透功能。广大的学生网民可以利用网络覆盖面广、信息量大、影响力深的特点，访问自己感兴趣的内容，运用所接受的知识内化自己的思想，外化自己的行为。

③预防功能。高校网络思想政治教育的预防功能是指在可预见将来可能发生思想问题或意外状况的情况下，运用思想政治教育手段，提早对大学生网民进行教育，灌输正面思想，提早做出解决措施，防止其发生。

2. 开展网络思想政治教育的意义与必要性

（1）高校网络思想政治教育建设是信息网络时代发展的客观需要

当今时代，人们毫不吝啬地把那些最惊人、最夸张的字眼赋予网络："网络时代，上网成金。"、"闭门不出，穷识天下。"诸如此类的宣传口号令许多人激动不已、深信不疑。人们无法透彻地说出网络真实的力量，无法明确地阐释无所不在的网络踪影，但网络还是用活生生的事例，将许多看似不可能的事实变成了事实。无疑，信息网络时代是一个因科学进步而给人类带来巨大变革的时代，是一个改变人类生活方式、思维习惯和价值观念的时代。但是，信息网络时代不是没有沼泽陷坑。在无边无际的互联网上，各种思潮泥沙俱下，各种理念交织在一起，各种传闻畅通无阻，各种流言来去无踪，这些思潮、理念又在自由地传递着，这些传闻与流言又在无限地蔓延。这对思想意识形态工作来说有一种"狼来了"的感觉。高校教师和青年大学生不仅是网络技术的操作者和使用者，还是网络时代被刻上烙印最深的群体之一。在用精密的电子软件和严密的电脑程序构建的强大"经济基础"的网络社会面前，其"上层建筑"却不是科技手段所能够建造的。高校思想政治教育工作者不能不懂网络、远离网络，更不能无视网络、回避网络。高度自由的信息网络时代从来没有也不可能更不应该脱离现实的社会规范，而净化网络光靠自律是不够的，更需要他律。加强高校网络思想政治教育建设，建立校园网络文明，还网络应有的净化空间就显得尤为重要。

（2）高校网络思想政治教育建设是高校思想政治教育工作手段和方式转型的需要

高校思想政治教育要迎接网络的冲击，应该转变传统的教育观念和模式，实现在一定范围内继承优良传统基础上的转型。在传统思想政治教育模式下，着重于向青年大学生传递现有的道德和法律，用这些价值标准、行为准则来约束年轻人的行为，一般很少涉及如何引导包括大学生在内的人们开展道德和法律的建设问题。对于当今大学生来说，他们正处在探索人生价值、如何实现自我和如何做人的重要阶段，通过网络他们可以宣泄自己对现实生活的不满，自由地抒发自己对人生的理解和自己的理想，毫无拘束地浏览他们感兴趣的信息和参与聊天。对于其中一些学生而言，更是因现实生活中的无助、无奈而在网络点击中寻求心灵的释放与依靠。只要网络与网络空间是现实存在的，就无法避免学生在以多元化为核心特征的网络世界里寻求实现他们多元化的愿望与需求，也就无法避免网络对学生思想、情感、品质、心理的影响。对此，我们需要继续加强对青年大学生的网络道德教育，筑起一堵思想上的"防火墙"。教育工作者要与青年大学生共同探讨网上道德建设问题，让青年大学生懂得，虚拟社会和现实社会一样，都要有一套道德规范，只有这样网络才能正常运转，不能因为网络的隐蔽性而随心所欲，忘记行为准则。

（3）高校网络思想政治教育建设是净化高校网络信息源的需要

在传统的思想政治教育中，思想政治工作者以广阔的社会环境为背景，以社会主义教育方针为指导，有计划地把社会的自发影响转化成为受教育规律支配下的自觉影响，并通过各种具体的形式来实现对学生的思想政治教育工作。在这种方式下，学生们主要通过电视、广播、报纸以及各项校园活动来接触和了解信息，而思想政治工作者则可以运用管理手段来对这些渠道中的信息进行"过滤"，去掉各种不良信息，同时直接参与信息的制作，担当信息源的角色。因此，思想政治工作者对学生接受的外界信息，从信息源到信息流动过程都有较好的可控性，使得信息工作较"纯净"。

计算机网络的普及打破了这一局面，在计算机网络形成的信息环境中，对信息源的限制以及对信息的过滤变得非常困难，各种各样的信息都能够在校园中传播，从而形成复杂的信息环境，使得大学生周围的信息空间难以控制，信息质量大幅度下降，思想政治教育空间也遭到污染。比如，互联网上黄色网站的增长快速，国内有关部门收集的网址库中有五万多个黄色网站，其中以中文为主。还有些网站在性知识、明星图片、女孩图片等信息上打"擦边球"，经常有很多似是而非、说得冠冕堂皇，实际上却包含挑逗性的文章或图片。青年大学生在接触大量色情信息后，易出现心理障碍从而导致行为失控。成都某大学学生陈某系在校走读生，有一年的上网史，一次他偶然、发现一个黄色网站，无法拒绝其诱惑沉迷此网站三个月后，就出现了一系列精神症状，如举止轻浮、胡言乱语，见了女同学就搂搂抱抱，上课注意力不集中，成绩也急剧下降，被重庆市歌乐山精神病医院诊断为情感性精神障碍。因此，我们必须适应这一趋势，积极掌握和运用现代传播手段，加强高校网络思想政治教育建设，净化学校网络信息源。

（4）高校网络思想政治教育建设是校园文化建设实践活动的需要

高校网络思想政治教育建设是校园文化建设的重要组成部分，其基本的内容包括：共创校园网络精神文明，促使智能发展，培养健全人格，丰富文化生活，其中最核心的内容就是校园网络精神文明的创立，而校园网络精神文明又是校园人的共同理想和价值观的建树。显然，高校网络思想政治教育建设只有唱响了社会主义、爱国主义和集体主义主旋律，奋发动力，抵制不良思潮，才能建设良好校风。一方面，高校网络思想政治教育建设主导着校园文化建设的方向。高校网络思想政治教育以一种文化的姿态出现，其特有的属性决定了它更是一种社会文化，它对校园文化的渗透能给校园文化以丰富的营养，促进校园文化的发展，但其中的一些不健康的消极的东西，哪怕是极少的一部分如果渗透到校园文化之中，也会阻碍和影响校园文化的健康发展。因此，校园文化建设的实践活动受高校网络思想政治教育建设状况的制约和规定，离不开思想政治教育的引导和把握；另一方面，高校网络思想政治教育建设有利于促进校园文化建设实践活动中陶冶功能的发挥。网络在一定程度上使学生摆脱了对知识权威的从众心理，更有利于创造性的发挥。网络的高科技特点进一步使学生意识到脑力劳动和创造性劳动的重要性，从而增强培养创新能力的自觉性和主动性。

我们要研究、利用高技术信息网络资源，形成网上教育基地，根据新媒体时代环境特点和新时代大学生喜闻乐见的方法和途径，深入开展网络思想政治工作，这对引导学生树立正确的世界观、人生观、价值观具有重大的理论和现实意义。

（二）发挥自媒体（博客、QQ、公众号）作用，唱响思想政治教育主旋律

在学生思想政治教育中利用好自媒体，博客、QQ、微信公众号等为教育者展开教育方式提供了异常便捷方便的平台，发挥着特别积极的作用。

1. 为掌握大学生思想脉络开启了一扇窗

当代大学生个性突出，情感丰富强烈，渴望表达，而许多时候现实生活中的情况却并不允许其自由地吐露心声。所以，在现实生活中，想要深入、及时地掌握学生的思想状态是很难的。一方面，学生在现实生活中主动自我表达的兴趣远远不足，这为掌握学生思想状态的第一手资料带来了困难；另一方面，面对面的谈话容易给学生造成压力，从而影响真实情况的表达。而如今许多大学生喜欢在博客、QQ、微信上分享自己生活中的点滴，遇到挫折或取得成功时尤甚。有的思想点滴变化，就可能在QQ头像、微信等上留下片言只语，而这正是学生内心的一种真实动态，是学生真实的内心感受，是纯主观的表达。因此，思想政治教育工作者可通过留意学生的博客、QQ、微

信等，第一时间掌握学生的思想动态，及时发现并解决问题。

2. 为思想政治教育的开展推开了一扇门

传统的思想政治教育以团体活动（集体观看相关文字或多媒体材料，组织演讲比赛或讲座等）或一对一访谈等形式为主，前者覆盖面广，却无法有针对性地根据每个学生的情况开展相关教育；后者则反之，虽然拥有很强的针对性，却难以大面积地进行访谈。而博客、QQ、微信等兼顾了这两方面特性，既能切实地保障学生的隐私，信息交流的迅捷快速也提高了工作效率，使教育者既可大面积地开展思政教育工作，又能根据各学生的具体情况精确地调整方案。此外，我们还能通过微博，开展答疑解惑的活动。也可通过博客、QQ、微信等发布最新的学院通知、就业信息、考试信息及生活提醒，分享学习资料等，与学生保持心与心的沟通，摆脱传统思想教育的刻板和种种限制，也能让思想教育的过程不再是原有的枯燥乏味和劳而无功。通过 QQ 群、微信群等自媒体实现定向的沟通，还可联合学生干部传达、安排工作，强调要求，充分利用各个工作渠道的优点，实现全方位的立体工作模式，使各项工作有序进行，达到事半功倍的效果。

3. 为思想政治教育内容拓展了一片天

青年一代对新鲜事物的求知欲格外强烈，每天看着新出的太阳浑身都是兴奋激情，而陈旧的事物往往很难提起兴趣。互联网的灵动性远胜过纸媒，对信息可以零对接，无时差，实时更新，而且与过往信息和相关信息无缝对接，一个链接可以将相关资讯一网打尽。这种优势与青年大学生的兴奋点同构。教育者便可利用此特点充分发挥自媒体的作用，通过最新的社会事件引发学生的兴趣，以此更好地开展国情教育和时事教育。如今各大传统媒体，如《人民日报》、中央电视台、及各地方传媒都纷纷开设了官方微博，此类官方微博能第一时间发布权威简讯，并提供详细报道的地址，我们如能对这些资源加以利用，也能缩短搜集资料的时间，节省大量精力。

4. 为思想政治教育时效性增强了一股力

网络途径相对线下的思想政治教育具有更强的时效性。博客、QQ、微信等自媒体最大的特征就是快捷、海量、及时、准确、生动、详尽的信息发布、浏览和转载，在与学生的交流过程中极易产生思想的碰撞，这种碰撞恰恰是学生学习和提高的过程，从而提高了时效性。

5. 充分发挥博客、QQ、微信作用

当今，自媒体的发达与深入人心，空前绝后，当下大学生使用博客、QQ、微信等自媒体几乎无一人缺席，相当于自觉集中在一个大教室，高校思想政治工作者必须高度重视其在政治传播功能和思想塑造方面的功能，科学合理地构建博客、QQ、微信德育平台，抢占制高点，拥有大学思想政治教育主阵地，唱响新时代大学思想政治教育的主旋律。

高校应该健全博客、QQ、微信运营管理机制，成立专门的工作小组，包括主管学生工作的领导、辅导员、思想政治理论课教师等，带领学生社团参与其中，整合校园各部门的资源、涵盖了大学生娱乐、生活、学习、交往、就业等各方面的校园育人平台。学校可以对博客、QQ、微信平台运营队伍进行培训，帮助他们提高自媒体平台的建设和管理以及对自媒体上的突发事件的应对能力。目前，部分高校利用自媒体平台开展思想政治工作已处于纵深探索阶段。

博客、QQ、微信与辅导员工作结合有何效果？一方面，辅导员可以在博客、QQ、微信发布一些对于热点问题或者人生哲理方面的讨论，引起学生关注，学生们在这种师生之间、同学之间的交互探讨中，逐渐养成主动搜索和获取信息的习惯，可以消除以往"填鸭式"学习所产生的逆反心理，提高学生主动参与学习的意识，在这种探讨的方式中，学生的民主观念也更容易形成；另一方面，有利于辅导员自身的发展。作为辅导员，如果总是跟不上时代，绝不是什么好事。博客、QQ、微信是一个知识库，可以帮助辅导员了解不同领域的不同知识，及时了解时代变化和新鲜资讯。同时，有利于搭建一个及时灵活的沟通平台。思想政治工作需要学校教育，同时也需要家长的支持与学生的理解。博客、QQ、微信为这方搭建了一个平等交流和对话的平台。家长通过关注学校和辅导员的博客、QQ、微信了解学校的各种方针、政策、活动，了解学生的学习生活情况以及在校表现等，还可以与辅导员、专业老师等一起探讨学生未来发展的方向。家长关注学生的博客、QQ、微信，可以参与学生的交流，及时了解学生的思想动态，对其进行疏导和鼓励，给予他们思想和情感上的支持。学生也因此更能够感受到家长与老师的关心，逐渐消除距离感和孤立无援的情绪，从而更快融入集体。网络时代下，博客、QQ、微信凭借其独特的优势，为学生工作开辟了一条新的途径，对于人才培养和提升辅导员工作的实效性有重要意义。

（三）建立和完善高校思想政治教育主题网站

1. 高校思想政治教育网站——"红色网站"

思想政治教育网站也叫"红色网站"，是高校按照网络运行规律和法则，利用网络影响有计划、有组织地传播马克思列宁主义、毛泽东思想、邓小平理论等先进理论，全方位渗透马克思主义世界观、人生观、价值观，准确传达党的重大政策、方针和政治立场，培养遵守社会主义社会道德规范和具有较高素养"四有"新人的阵地。

2. 创新网络教育平台，建立思政教育网络阵地

新媒体环境下高校建设思想政治教育网站，给学生们颁布相应的思想教育内容。同时在思想教育内容颁布的时候，不能只采用单一的说教模式，可以将思想政治教育和各种活动相结合。对一个专业的思想教育工作者来说，实际工作中需要改变原本的工作方式，不断创新工作模式，熟练地采取新的通信软件和移动平台，给学生们开展思想教育工作。传统文化资源、地方文化资源等这些富集的资源，要有效地进入网站，成为生动活泼的教学内容。比如说，大别山地区的高校，大别山的红色文化，资源富集，感人之处甚多，习近平总书记还亲自到大别山，对大别山的红色文化赞赏有加，这是当地高校开展思政教育的鲜活材料，网站就需要充分利用互联网技术的声像等技术还原其生动性，激发学生的学习热情，同时通过互动讨论等形式，激发学生实地踏访感受，达到理想的教育效果。

在具体建设上，一是合理定位。学校就对主题网站必须进行明确的定位：立足校园。网站主题要鲜明、特色突出，成为让大学生在理论的海洋中学会思考、加速了解社会规范、增强政治鉴别力的网上精神家园，提升大学生综合素质，引领大学生正确的舆论方向。二是精心策划，设置网站频道和栏目。建设高校思想政治教育主题网站必须着眼于高校的实际，精心设计网站，开设富有针对性和吸引力的频道及栏目。首先，思想教育类栏目是其重心，积极主动地抢占思想舆论阵地的制高点，弘扬主旋律。网络思想教育阵地，一定要有党的声音，有正面的声音，向广大学生传递正能量，传达时代最强音，在世界观、人生观、价值观上给青年学生一些有益的东西，提高青年学生自身的免疫力和判断力，把握正确的政治方向，营造积极良好的网络舆论氛围，使网站成为新型高校德育教育基地。其次，新闻类栏目为必需。思想政治教育应与大众传媒结合和互补，拓宽思想政治教育的信息资源。因此，网站管理者要把国内外、校内外的新闻信息及时传递给青年学生，提高他们对各种纷繁复杂而又变幻莫测的信息的分析能力，增强思想政治教育的吸引力、辐射力和感染力。最后，服务类栏目做补充，发挥网络服务育人的作用。如开设网上辅导员流动站、心理指导中心、就业指导中心、校园文化活动服务中心等栏目，同时应考虑开设"同学录"、"留言板"、"网上调研"等交互性频道和建立友情链接、个人主页、搜索引擎等。

三、依托新媒体资源构建和谐校园文化

十九大报告明确指出"文化是一个国家、一个民族的灵魂。文化兴国运兴，文化强民族强。文化是对人的教化与熏陶，化人是高校思政政治教育的育人过程。高校思想政治教育是一种文化过程，思想政治教育在其育人过程中是自觉有目的地以特定文化化人的行为。文化的社会教化功能与思想政治教育的育人功能在本质上是息息相关的。虽然文化的表现形式各式各样、丰富多彩，但文化真正的内核或核心源于道德准则与价值观念，各具特色的文化最终均会以不同形式或路径影响和塑造着人类的价值观。换言之，文化的落脚点与终极目标都是"化人"，文化发展的最终目的和根本价值在于塑造人、培养人。迫切需要我们紧跟时代的步伐，与时俱进，抓好新媒体平台内容建设、结果评估和媒介素养教育，积极引导新的文化形态促进大学生健康成长。

（一）高校新媒体资源对校园文化的促进作用

校园文化是在大学校园里形成的以高校师生为主体，具有独特文化氛围的物质文化、环境文化、组织行为文化和思想精神文化共同作用形成的总和。它以大学良好的人文环境为依托，以大学师生参与各项活动为载体，以养正育德提高学生修养为目的，实现提升大学品位，促进大学生全面发展。

大学校园文化是以学生为主体，以校园为主要空间，以育人为主要导向，以精神、环境、行为和制度文化建设等为主要内容，以校园精神、文明为主要特征的一种群体文化。它通过校园环境中人们共同的观念追求、价值标准、行为规范，不断影响和作用于大学生群体，从而实现教育人、服务人的功能。中国梦引领下的高校校园文化建设既是对大学生思想政治教育的有益补充，更是大学生思想政治教育的重要途径。

校园文化主要包括校园历史传统和被全体师生员工认同的共同文化观念、价值观念、生活观念等意识形态，是一个大学本质、个性、精神面貌的集中反映和发展最为持久的动力。在高等教育大众化时代，大学已不再是独立于社会的"象牙塔"，而是愈加受外部环境的影响。媒体作为大学与外部环境沟通的重要载体，在大学校园文化建设中发挥着显著作用。新世纪以来，随着新媒体的不断涌现，大学生的学习、生活、人际交往都深受影响。新媒体已当仁不让地成为校园文化建设的新生力量，只有准确把握新媒体对校园文化的影响，认识新媒体，利用新媒体，才能牢牢把握大学文化建设的主动权。

1.新媒体承载校园文化的核心内容

在信息技术、通信技术和网络技术迅速发展的过程中，网络社会已经成为人类生活与工作的"虚拟空间"。当这种"虚拟"逐渐被广泛化、普遍化、

简单化，它也就变为一种真实存在，成为现实社会不可分割的一部分。高校新媒体作为网络资源的集合体，诸如博客、QQ、微信、学习软件、电子杂志等网络和手机媒体，凝聚了高校教育教学、组织管理、学生学习与生活的基本内容，成为当代高校发展的重要推动力。数字图书馆、数字电视等教学手段传播的及时性和广泛性，促进了其对校园文化的传播和引导，提升了校园文化建设的宣传速度和培育质量。高校新媒体在宣传校园建设及发展的过程中，无不渗透着校园物质文化的深刻内涵，行为文化的勇敢正义；在学校教学、科研、管理等领域传达着高校教学理念、组织管理和制度文化；在校风校训的宣传中，传递着高校以人为本、塑造高尚品德和美好心灵的精神文化。高校新媒体的虚拟性正是迎合了校园文化的无形性存在，捕捉了校园文化高屋建瓴的统领作用，成为校园文化的传播媒介和物质载体。

2.新媒体引领校园文化建设的重心

随着时代的发展，高校媒体的形式逐渐多元化，网络等新媒体形式成为传播校园文化的主要方式。高校新媒体不同于一般传统媒体，它是数字化、信息化趋势引发的媒体变革与发展的产物，具有方便、快捷等特点，科技化、专业化、普遍化趋势增强，其所凝结的思想宣传和文化指引作用更具有针对性和实效性。而在当今这个和平年代，以美国为首的西方国家的敌对势力以及国内敌对势力，千方百计地通过对意识形态的渗透对我国的内政进行干涉，由于大学生群体具有很强的可塑性，比较容易受到影响，高校因此成为各种意识形态相互较量和渗透的重要战场。伴随着新媒体的发展，这种较量和渗透更加直接且带有隐蔽性。新媒体成为国内外敌对势力开展对大学生尤其是少数民族大学生进行宣传与反宣传的重要手段。我国是一个多民族国家，很多民族都具有自己的宗教信仰，我们国家采取的是保护各民族宗教信仰，促进各民族大团结的政策，而国际敌对势力正是抓住我国多民族的特点大做文章。利用新媒体在大学生中散播各种消息，采取对我国的民族问题发表一些不实言论、捏造事实、混淆视听、煽动情绪、制造矛盾等方式，利用大学生的爱国热情来鼓动不满情绪，引发社会影响，以此来达到其破坏民族团结、国家安定，影响国家政权的目的。网络、手机等新兴媒体成为国内外敌对势力进行意识形态宣传和渗透的载体，成为各方思想意识形态的角力场。年轻的一代大学生赶上国家发展的好时期，和平时期国家的快速发展不仅为当代的大学生提供了优越的学习环境，更提供了丰富的物质支持，电脑、手机已经成为他们生活中的必需品，新媒体的发展深深地影响着学生学习、工作、生活的点点滴滴。国际敌对势力正是看到了新媒体对大学生产生的巨大影响，就借用这一平台对青年一代进行西方价值观的灌输和对本国主流价值观的抨击，企图瓦解大学生的政治信仰、价值取向和思想观念等。

在这种情况下，我们要看到并积极利用高校新媒体举办各类社会主义核心价值体系的宣传和实践活动，帮助大学生树立正确的价值取向和思想观念，坚定大学生的政治立场和信仰、指引高校的思想政治方向和舆论导向，维护校园安定团结、推进高校学术科研水平的提升、提高师生的共同文化积淀和道德素养，形成和谐有序的大学氛围。

3. 新媒体传播校园文化的思想精髓

以先进的文化武装高校师生队伍，以高尚的思想塑造当代大学生，是高校精神文明建设的核心内容。三十多年的改革开放在增强了国家综合实力、提高了人们生活水平的同时也带来了多种文化思想，每种文化思想都代表着不同的价值观。现阶段，我们的青年大学生一方面传承了我国优秀传统文化并不断接收和吸纳新的先进文化，但另一方面也受到不良文化的侵袭，在价值选择和角色定位上面临着极大的考验，特别是新媒体的出现改变了从传统媒体接触社会信息的单一性，新媒体的出现给在校学生提供了各种了解社会文化现象和知识的途径，加快了在校学生融入社会的步伐。但我们也要看到，各类媒体所传播的文化信息是有一定的价值取向的，不同媒体存在差别的价值选择会对青年学生产生差异化的影响。随着文化产业化的大发展，涌现了种类繁多、题材多样的电视剧、网络游戏、流行音乐等文化产品，一些媒体为了追逐更大的利益而制造出一些内容低俗、毫无艺术价值的产品，这些文化产品满足一些特定群体的需求，但其传递的混乱价值理念很容易给大学生的价值选择带来负面影响，特别是当前出现的历史穿越剧、生活肥皂剧、升级网络游戏等，学生如果缺乏自制力就容易被误导，养成沉迷游戏、丧失斗志等不良的生活习惯。

如果我们能够将高校新媒体作为高校思想传播的工具，对校园文化的内涵和状态加以宣传和表达，形成系统的思维特点、价值取向和行为方式，逐步潜移默化地深入到高校师生的观念中，进而就能够塑造并传播具有强大凝聚力、向心力的校园文化。校园文化的广阔内涵从不同方面和角度被高校新媒体挖掘和解读，进一步丰富了校园文化的内涵，提升了校园文化的实践价值，促进高校师生在学习和工作中遵循校园文化的思想主旨，把校园文化的思想精髓和社会主义的思想意旨、中国传统文化的精华、中华民族的民族精神结合起来，形成正确的价值观念、饱满的精神状态、文明的行为方式，促进学校全面、协调、可持续的发展，为我国经济社会发展储备实力雄厚的后备生力军，输送源源不动的精神保障和智力支持。

（二）依托新媒体资源建设和谐校园文化的途径

高校新媒体是校园文化的物质载体和传播工具，校园文化凝结了高校新媒体的价值导向和精神内涵。依托高校新媒体加强校园文化的建设是社会主义精神文明建社的重要内容，优化高校新媒体的组合方式，整合高校新媒体资源，是建设健康文明、和谐有序的校园文化的有效途径。

1.加强健康网络建设，进一步夯实校园文化媒体传播的基础

校园媒体是校园教育文化建设和人才培养的重要载体，也是新形势下开展思想政治工作的重要阵地。因此，利用网络的优势，加强信息技术在教育教学事业中的应用，为高校校园文化的建设奠定了物质基础，提供了"另类空间"。高校要重视新媒体环境建设，紧跟时代脚步，搭建新媒体工作平台，营造良好的新媒体工作环境，进一步夯实校园文化媒体传播的基础：一方面，高校教育工作者要养成利用博客、微信、QQ、MSN、E-mail 等新载体的功能，探索新的教育教学方式，最大限度地挖掘网络优势，把大学生教育工作导向网络等新媒体，努力拓展教育空间，把新媒体发展成为传播信息、促进师生交流的重要平台。从当前的实际情况来看：青年教师在使用新媒体方面一般不存在太大问题，主要是一些年长的教师，在学习如何使用新媒体工具方面存在困难，学校应提供解决办法，帮助老同志尽快熟悉新媒体的使用方法，全员共建新媒体工作环境：另一方面，在新媒体环境下，对于校园内传播的各类信息如果没有采取合理有效的监管措施，不良信息的传播就可能像病毒一样飞速扩散，从而引发校园混乱。

因此，我们要加大对校园舆论信息的监管力度，引领舆论、导向，防范不良信息的大范围传播。首先是对校园内学生关注的信息进行核实，并在掌握相关情况后第一时间发布准确信息。高校宣传部门应安排专门渠道了解学生所关注的信息，对于学生关注的热点或有可能成为热点的问题具有一定的敏感性，在第一时间里与校内各教学单位沟通，同时将了解到的情况在学校官方平台上进行发布，及时让学生了解事态发展的原因、过程及处理结果，以事实来说话，避免事件被丑化、放大而引起学生的不满情绪。常见的有校园内群体性事件、重大个案事件的处理，若不能及时发布事件相关信息，则容易引发学生猜想并导致影响面扩大，以事实为基础发布的信息对于校园舆论的引导起到很大作用。当然，不能完全排除会有部分学生发表一些非理性观点，但随着事实真相的澄清，多数人会逐渐变得更加理智，校园舆论也会朝更健康的方向发展。准确、真实信息内容的发布可以帮助大学生认识真相，形成理性认识。

2. 正确定位校园文化特色，加强高校新媒体的引导和服务功能

校园精神文化是校园文化的核心和灵魂，它集中反映一个学校的特殊本质、个性及精神面貌，体现学校的办学宗旨、培养目标及其独特风格，对大学生具有巨大的感染力、渗透力和熏陶力。校园文化的正确定位和引导，是校园精神文明建设的第一步，同时也是校园办学理念和办学特色的集中体现，为高校的招生、管理、教学等工作提供了重要的精神食粮，对提升高校的知名度和品牌实力，跻身一流大学之列，都有着重要的推动作用。因此，在新媒体背景下，高校必须坚持与时俱进，以提升和丰富校园精神文化建设的内涵为目标，不断增强校园精神文化的实效性和时代感。首先，要从大学生的思想动态入手，深入开展大学生思想状况调查，为校园思想文化建设提供保障。校园精神文化对大学生的身心健康起到至关重要的作用，良好的校园精神文化氛围可以帮助大学生形成正确的世界观、人生观、价值观。高校要以校园精神文化为题开展专项研究，通过对实际情况的摸底调查了解学生的所思所想，这样才能提高校园思想文化引导的针对性和实效性。新媒体背景下，学生对大学校园精神文化活动的开展提出了更多更高的要求，高校的建设者必须要有创新意识，活动内容和形式要有所突破。充分利用大学生对待新事物的喜好心理，以新媒体为媒介举办的各类活动更能贴近学生，如班级博客创意大赛、网络知识问答、宣传箴言等活动，将学生的注意力从沉迷网络和手机游戏中转移到利用网络和手机平台来学习知识、掌握技能方面上来。其次，要改变以往"出现问题靠堵"的做法，以疏导为主，这是由新媒体环境下的信息传播特点所决定的。新媒体环境下的信息传播具有开放性、快捷性的特点，如果出现了问题单靠堵，只能是治标不治本；如果出现了问题不去正视，而是采取躲躲闪闪的态度，只能引起学生更多的想象和猜测。同时新媒体便利的信息传播方式还可以为问题的发酵提供条件，一味"堵信息"的做法只会引起更多大的问题。因此，必须要坚持疏导相结合的方式。

3. 整合各种新媒体资源，进一步优化新媒体的管理和应用方式

如今，新媒体作为人类新技术革命的最新成果，已经融入现代人生活的方方面面，校园文化也渗透在校园生活的方方面面。对此，大学必须有清醒的认识，应适当超前规划大学的信息化建设，加大投入，提升大学校园网络基础设施的水平，加强校园网络信息资源的开发与利用，加强各种新媒体资源的整合，多管齐下，有效推进校园文化建设。

（1）加强校园新媒体平台建设

校园新媒体平台建社包括硬件和软件两个方面。校园新媒体要跟上时代潮流，必须尽快实现产品的更新换代，积极应对新媒体的发展，我们现在已

经拥有了覆盖面较为广泛的校园网。然而，校园网的流量和速度相对缓慢，与外网的联通不够便捷，且服务功能有待完善，这应成为我们网络建设的第一步。有了畅通的网络，好比修通了路，下一步是造车，即建网站。网站建设应当全面、丰富，各学院各部门都要有体现本单位特色的网站，还要针对师生需求，专门建立就业、勤工助学、家政服务；选课与考试指南、心理咨询等网站，提供更为全面的服务；大学生又是使用手机的重要群体，移动、联通公司毫不迟疑地推出了"校园卡"系列服务，高校也应当加强同他们的合作，建立校园短信平台，逐步开通校园报刊手机版、广播电视手机版，利用手机媒介加强学校与学生之间的良好交流。在加强新媒体硬件建设的同时，还应当积极推进新媒体的软件建设。如加强校园网防火墙的建设，使校园网更趋稳定，让师生对校园网充满信赖；为学生提供更多学习和有益游戏软件下载，增强吸引力，为校园新旧媒体的融合奠定良好的基础。

（2）加强新媒体的内容建设

修好了路，造好了车，还不能忽视车上搭载的是什么货物，这就需要我们重视新媒体的内容建设。新媒体与传统媒介不同，集中了数字化、多媒体和网络化等最新技术。因此，其内容也应当顺应新媒体的技术特征，在制作新媒体素材时，尽量做到快捷、海量、互动和图文并茂。校园网特别是门户网站的内容不应局限于校园内的人和事，还要安排师生应当了解和需要的社会新闻，教育与科技动态等内容，让学生点击校园网就能纵观天下，既有利于提高校园网点击率，又利于校园网其他栏目对师生的影响。网络素材要注重多种表现手法，手机短信应短平快，注重校园新媒体"个性化"发展。选择一些符合校园自身的特色要求.融思想性、新闻性、知识性、人文性于一体的话题，内容要贴近校园、贴近生活、贴近学生。有一定的欣赏性和娱乐性，更好地满足师生"知情权"的要求，增强学校凝聚力，促进校园文化的良性发展。此外，针对当前潮流对大学生的影响，为学生提供一些积极健康的时尚化、娱乐化、休闲化的内容。

（3）加强新媒体效果的分析和测评

新媒体实施效果的好坏对校园文化建设具有重要的影响。为此，我们应当重视新媒体效果的分析和测评，建立主动、全面、客观、及时的校园新媒体监测系统，对单个校园新媒体的视角及立场进行跟踪研究，涉及新媒体影响大学生的各个层面的因素进行具体分析，就校园主流文化和非主流文化对议题设置的看法加以研究，从而判断校园新媒体在引导校园文化中所产生的影响，并总结得失，使校园新媒体既能满足学生的求知求新心理和情感需求，又能成功地快速地向学生传递有益信息，从而有效地对学生的喜好、信念和价值观产生引导和深远影响。

第三节 大学生思政课实践教学创新

思政课实践教学的含义主要包括狭义的实践教学和广义的实践教学两种观点。狭义的实践教学是指与理论教学相区别的社会实践教学，如实地考察、实地调研等。广义的实践教学是指思政课的实践教学除了进行理论教学之外，凡是与实践相关的教学方式都被认为是实践教学。本文采用的实践教学含义为广义含义。

一、思政课实践教学模式概述

中共中央宣传部、教育部《关于进一步加强和改进高等学校思想政治理沦课的意见》中，特别强调高校所有的思想政治理论课程都要加强实践环节，要建立和完善实践教学保障机制，探索实践育人的长效机制。但在教育教学实践中，由于人们对实践教学的理解不同，其着力点不完全相同，效果也不一样。

（一）思政课实践教学模式

教学模式可以定义为是在一定教学思想或教学理论指导下建立起来的较为稳定的教学活动结构框架和活动程序。由于思政课实践教学与理论教学相比具有其自身的复杂性，所以思政课实践教学的形式多种多样，可归纳为三种具体的模式。

1.课堂实践教学模式

课堂实践教学模式是思政课实践教学活动的"第一课堂"，是一种课堂讲授"升级版"的实践教学模式。课堂实践教学模式主要包括案例分析、小组讨论、音像展播、专题辩论、学生讲坛、情景模拟、主题演讲、翻转课堂、专题讲座、角色扮演等。

2.校园实践教学模式

校园实践教学模式是思政课实践教学活动的"第二课堂"，是指学生在课堂之外、校园之内开展的实践活动。校园实践教学模式主要包括主题电影、读书交流、网络实践、知识竞答、校内调研、课外作业、视频制作、摄影竞赛、时事研讨、团体辅导和其他活动。

3.社会实践教学模式

社会实践教学模式是思政课实践教学活动的"第三课堂"。社会实践教学模式主要包括参观考察、勤工俭学、社会调查、课外科技、基地实践、公益活动、研究性学习、"三下乡"活动、青年志愿者、服务性学习和其他活动。

（二）课堂实践教学是育人的重要环节

课堂实践教学相对于校园实践教学和社会实践教学来说，是最重要、最基本的实践教学模式，是实施校园实践教学和社会实践教学的基础和前提，是提高教学质量、培养学生综合素质的关键环节。如果忽略了课堂实践教学环节，就是忽略了学生成长成才最主要的教学环节。

1. 课堂实践教学有利于激发学生自主性学习

刘强教授主编的《思想政治学科教学论》就学生课堂实践教学的作用和意义进行了研究分析。他认为，"从教学理论上讲，无论是进行道德教育、政治思想教育，还是使学生把理论知识转化为自身的稳定的观念和素质，都必须使接受教育的学习主体得到实践训练和亲身体验"。这里的亲身体验既包括情感和思维的体验感受，又包括对社会和现实的体验感受。他强调的学习主体实践训练，则是课堂实践教学的活动过程。

在这个过程中，教师彰显的是新的教学理念和教学模式，学生运用的是新的学习策略和学习方法。课堂实践教学提升了教师教书育人的新境界，使师生关系在教学过程中得到全面的提升。实施课堂实践教学，教师需转变两种观念，一是把学生看成是课堂教学的积极参与者，而不仅仅看成是知识的被动接受者；二是教师是培养学生全面素质的指导者，而不仅仅是完成知识传授职责的教书匠。教师应该以开放的心态，把教育教学变成平等交流和对话，使学生的主体地位得到充分的尊重。教师的教学活动建立在师生平等交往的基础之上，体现了民主、平等、沟通、理解的新型的教与学关系。教学过程变成师生之间共享知识、经验、智慧的过程，使教学活动融入学生的现实生活，与学生的内在需求直接沟通。课堂实践教学有利于激发学生的自主性学习，培养学生的主体意识、主体能力、主体人格，发展和提高学生在教育教学活动中的能动性、自主性和创造性，帮助大学生在成长过程中学会自我教育。课堂实践教学使学生迈出全面发展的新步伐。学生在教师的指导下，转变学习观念，从被动学习向自主学习转变，从以学习知识为主的知识目标向以掌握学习方法为主的能力目标转变，从维持性学习向创新性学习转变，学会运用学习策略提高学习质量和效率。

2. 课堂实践教学有利于培养学生思维能力

传统的教学模式是以传授教材的知识为主，缺乏对学生思维的敏捷性、严密性、独创性的培养。学生因此形成的思维习惯是深信教师课堂上讲的都是正确的，形成了顺向思维的习惯，不会质疑，不会反思。这些教学方法不能达到培养学生思维的广度和深度、逻辑性和灵活性、新颖性和独特性、深刻性和开放性的目标。而课堂实践教学针对学生思维的局限性，通过创设情境，诱发学生的想象能力和思维动机，再用理论讲授撞击学生的理论思维，激发学生的想象力、创造力和批判力，冲击其思维中的惰性、保守性和凝固性。课堂实践教学的激励性、示范性、实证性、逻辑性和探索性的特点，引导启发了学生的思维，推动了学生的主体意识、反思态度和创造精神，锻炼和提高了理论思维能力。课堂实践教学重在讲授思想方法，传授获得知识的手段和运用知识的本领，培养学生的思维方法。

3. 课堂实践教学有利于培养学生的质疑能力

学生的思维能力与问题意识密切联系在一起，有了较强的思维能力就容易形成问题意识，容易发现问题。思政课教学中常常碰到的问题是教材中的基本理论问题、教材内容与社会联系的问题，还有是学生成长过程中因学习、就业、友谊、爱情等需要而产生的问题。由于课堂实践教学淡化了教师单向灌输的做法，强化了学生主动参与、积极思考的学习方式，鼓励学生参与问题的提出、讨论、研究、解决。这就有利于学生用谨慎的态度对待现有知识和现成观点，学习中始终做到自我质疑、思疑，有利于提高学生发现问题、提出问题的能力。

（三）校园实践教学是理论学习的拓展和深化

校园实践教学是课堂实践教学的直接延伸。校园有丰富的理论教育和理论学习资源，一是有博学多识的教师，而且教师很愿意与学生共同探讨问题；二是有丰富的图书资料，随时能提供学习参考；三是有众多思维活跃随时随地可以切磋、交流、探讨、辩论的学习伙伴。因而，校园实践教学的重点应该是课堂理论教学的拓展和深化。

1. 校园实践教学是课堂理论知识运用的拓展途径

校园实践教学要着重课堂理论知识的运用。例如，大学生开展的校园自我调查，通过大量的调查研究，收集更多的大学生道德生活素材，积累感性认识材料，以观察和分析大学生的现实道德状况和成长成才过程中的道德要求，观察和分析大学生的遵纪守法行为和法律意识等。从道德教育的层面看，有利于大学生自我反思的调查内容有：大学生掌握道德知识的情况调查，如社会主义道德建设的核心、原则、基本要求、"三德"等最基本的道德常识；大学生社会主义荣辱观现状调查；大学生校园文明行为和不文明行为调查；大学生恋爱观及违反恋爱道德的行为调查；大学生理想、信念状况调查；等等。在法制教育层面，值得大学生反思的调查内容有：大学生违纪、违规、违法行为典型案例调查，大学生法制观念淡薄的典型表现，等等。这些调查可以采取多种多样的方式，可以以小组的形式分工深入调查，然后将调查结果进行交流，变成大家共同的收获。当然，也可以个人自愿调查以及个人与小组结合开展调查。其目的都是使大学生对自身的道德状况及法制观念有感性认识，深刻体验到学习道德理论知识、学习法制理论知识的重要性、必要性、迫切性，从而进一步激发学习这些理论的热情。要拓展和深化课堂理论教学，这样的调查实践绝对不可忽视。

2. 校园实践教学是课堂理论知识深化学习的平台

校园实践教学在掌握课堂理论知识运用的基础上，可采取教师讲坛、学生论坛、师生共同研究的形式深化理论学习。教师讲坛可由教师分工负责，每位教师负责两三个专题，既能促进教学科研，又能丰富学科教学理论知识；还可聘请校内或校外有关专家围绕课堂理论教学开展系列理论知识讲座，对拓展学生的理论知识、开阔学生眼界很有必要。教师讲坛的选题，既是课堂理论教学的延伸和深化，又是学生学习的理论疑点、难点和关注的社会热点。譬如，现代以德治国的理论与实践、"八荣八耻"对社会主义道德建设的指导意义、传统文化与诚信建设、传染病与国家治理、大学生法制观念教育的针对性等。学生论坛可组织学生边阅读、边研讨。如精英文化与大众文化的对立与互补、当下文艺消费贵族化及网络与青少年成长等问题，可以讨论一些案例，也可以运用角色扮演、角色转换、辩论等方式，使大学生从中学到更多的知识。

（四）社会实践教学有助于增强大学生社会责任感

社会实践教学活动是贯彻教育为社会主义服务、教育与社会实践相结合的教育方针，使大学生在学习期间能够更多地接触社会、了解国情民情，培养服务社会、服务人民的意识，增强社会责任感，走正确成长的道路，并在实践中提高分析问题和解决问题的能力，提高全面素质。校外社会实践资源丰富，社会性、现实性强，更能体现实践教学的主旨，学生参与的积极性、主动性高，效果好。社会实践教学活动大致有调查、参观、服务三大类。调查、参观重在了解国情、民情。如以弘扬革命传统为主题的调查，参观爱国主义教育基地、烈士纪念馆、访问老英雄老模范，等等。社会实践教学要充分利用当地历史资源、文化资源和建设成就，对大学生进行中华民族优秀文化和优良革命传统教育；要充分利用经济体制改革和社会主义精神文明建设的典型，让学生目睹和感受社会主义制度的优越性和社会主义改革的辉煌成果，从而坚定社会主义信念。与此同时，还可以开展实践基地建设，紧密结合教学实践需要，选择经济体制改革的先进典型、社会主义精神文明建设典型作为教学实践基地建设，组织有说服力的材料，有序、有效地为实践教学持续发展提供服务。

服务活动主要是组织学生依托专业知识广泛开展科技文化服务。可根据不同专业的学生，实施不同服务项目，使大学生在社会实践活动中受教育、长才干，既提高熟练运用相关知识的技能和方法，又增强社会责任感。如每年各高校都派出大学生"三下乡"服务团，利用假期开展社会实践服务活动。学生们根据掌握专业知识和专业技能为群众提供有关医疗、教育、法律、农业科技、文学艺术等咨询和义诊服务，体现了服务农村的宗旨。通过"三下乡"社会实践活动，学生们深入农村，不仅了解更多的社情民意，而且思想深处实实在在地受到了教育，增强了服务社会、服务群众的责任感。

二、思政课课堂实践教学

思政课课堂实践教学，就是在思政课教师组织下，为实现特定教育教学目标，根据既定教学计划，以课堂教学的时间、空间为基础，借助于直观鲜活的音像播放、发人深省的案例解析、形象逼真的情景模拟、充满激情的演讲比赛、富有哲理的专题辩论等形式，创设一系列生动活泼的教学情境，将课程教学内容和社会实践巧妙结合，紧扣社会热点、难点和焦点问题开展讨论和思考，实施思想政治教育，提高学生综合素质的一种教学方式。思政课实践教学是实现思政课教学实效性的重要保证，与理论教学都是教学体系的重要组成部分，二者互相联系，互相促进，都是完成教学业、实现教学目的手段。课堂实践教学是将理论与实践紧密结合最方便、最简洁、最有效的实践教学模式，整个教学过程都以学生为中心，通过学生的独立思考与讨论来完成教学任务：课堂实践教学融知识性、趣味性、专业性于一体，使学生在学习过程中，既获得专业知识，又锻炼和提升了能力，养成自觉的学习态度，完成思想政治理论课教育教学目标。

思政课课堂教学以理论讲授为主，结合教学内容，恰当地穿插开展一些小型的实践活动，可以丰富教学内容，提高学生参与教学的积极性，活跃课堂氛围，增强教学效果。

（一）课堂实践教学的形式

1.案例分析
此方法着眼于将真实的生活引入课堂，以案论理。在讲解新的教学内容之前可通过某个典型案例引出新的知识点，以激发学生的学习动机；或者在涉及原理的具体运用时，通过分析案例培养学生发现问题、分析问题和解决问题的能力，达到学以致用的目的。该方法要求教师事先备有丰富多样的现实案例，并配上文字、图片或视频短片等，明确案例所包含的原理。

2. 小组讨论

将学生分成若干小组，进行分组讨论。分组讨论是在教师主导下，通过学生之间、小组之间、师生之间的讨论，使教与学互相促进的一种学习方法。它将教师指导、课下学生个人独立查询资料和小组集体学习、课上小组之间进行讨论交流三者结合在一起，有利于培养学生运用马克思主义原理解决实际问题的能力和思辨能力，增强教师与学生的沟通，培养学生之间的协作精神。这是一种以问题为导向的教学方式，可以有效引导学生积极参与课堂教学，提高他们学习与思考的积极性和主动性。此方法体现理论联系实际、学用结合的原则，着重于理论的运用，即如何用所学理论分析现实问题。它将教师指导、学生思考和相互交流结合在一起，可以充分调动学生的学习积极性，较好地训练学生思维，培养学生分析问题和解决问题的能力。

3. 音像展播

现在思政课一般都是运用多媒体进行教学，在课堂中结合教学内容，适时恰当地播放优秀音频和视频，丰富理论教学。优秀的影视作品会对大学生起到教育启迪作用，使学生从中领悟到人生的真谛，感悟到人间的真善美，继而转化为今后学习生活中的不竭动力。讲授"思想道德修养和法律基础"课程时，有选择地适时播放相关视频内容，如中央电视台的公益广告、典型人物和事件（信义兄弟、托举哥、马加爵案、药家鑫案、林森浩案）、《今日说法》等；讲授"毛泽东思想和中国特色社会主义理论体系概论"课程时，组织学生观看《复兴之路》、《大国崛起》、《国情备忘录》等纪录片，充实了教学内容，给学生更加直观生动的感受。

4. 专题辩论

课堂上的专题辩论，与校园辩论赛在形式上有相同点，即双方就某一问题进行辩论。不同点是专题辩论是整个授课班级参与，一分为二，一边支持正方的观点，另一边支持反方。两组相互辩论，辩论的规则不严格。专题辩论的作用在于划清是非的界限，判断事物同异的根据，权衡利弊得失，解决学生思想上的疑惑。

5. 学生讲坛

在教学过程中，设立"学生讲坛"教学环节。在每一个教学班里组建若干团队，每个团队由 3～5 人组成，在教材里选择一个或若干理论联系实际进行研究或调研，调研成果由每个小组推出一人在讲台上进行展示，从而展示思想政治理论课教学内容的理论智慧，培养学生自信、自强、自立的思想品德和互助、互信、互勉的健康人格。

6.情景模拟

情景模拟是案例教学法的延伸与扩展，要求学生在仿真教学情境中"扮演角色"。案例要有时代感，要真实。情景模拟教学的目的是使学生产生主动学习的需要，学会独立思考。例如，在"思想道德修养和法律基础"课中，讲授道德规范时，设置一个"道德两难"情景，让学生深刻认识遵守道德规范的重要性；探讨人生价值问题时，可以设计一个"人生拍卖会"，让学生自己认清人生价值，理解人生真正的价值所在；学习法律知识时，可根据教材内容组织模拟法庭。情景模拟实践教学活动的优点在于使学生身临其境，对教学内容深刻感受，在此过程中还可以培养学生理性思考的能力。

7.主题演讲

这种教学活动主要是学生以口头语言表达方式，再现教学内容，进而受到教育。主题演讲型实践教学主要由学生自己选材和撰稿，抒发自身的体会、认知和感受，是很多大学生喜欢的自我教育方式。它既有说服力，又有感染力；既锻炼了表达能力，又提高了认识能力，还可以极大地增强学生的自信心。

8.翻转课堂

翻转课堂是一种全新的教学理念和课堂实践教学模式。将其运用在思想政治理论课上，可以提升思政课的吸引力、参与性。通过将以"教"为中心的课堂向以"学"为中心的课堂的转化，实现形式与内容的互动，课堂被"翻转"过来，学生从被动的接受者转变为主动的研究者，教学方式从灌输式转变为互动式，思想政治理论课不再是"满堂灌"，而是转变为以学生自主学习为主的学习课堂。翻转课堂要提前将需要学习的相关概念、范畴等理论知识布置给学生在课前进行学习，教师在课堂上通过提问和讨论等方式来检测学生课前学习的情况，然后还要组织小组学习和案例讨论等方式来帮助学生深刻理解所学知识，以达到学以致用和活学活用的目的。

9.专题讲座

邀请社会知名专家和学者，或者本学科的优秀教授开展专题讲座，针对社会热点、难点问题，或者本学科的精髓内容进行专门系统的讲授，是对课堂教学内容的丰富和补充。专题讲座一般都是结合时代特征，紧扣社会"热点"和学生思想实际，深入剖析社会"难点"问题，使学生及时了解和接受新鲜知识，满足学生迫切希望了解社会事件背后埋藏的更深层次的东西的要求，使学生从中学到认识问题、分析问题的立场、观点和方法；也可以讲授本学科的最新理论动态，发展趋势和理沦创新，从而起到拓宽学生视野、陶冶情操、升华思想的作用，更好地发挥思政课的主渠道作用。专家、学者和教师在讲座中所显现出来的人格魅力也会对学生的思想、人格产生潜移默化的影响。

10. 角色扮演

结合教学内容，让学生扮演特定的角色，通过现身说法消化教学内容，更进一步受到教育。如讲授世界观与人生观内容时，可让学生表演小品，寓教于乐；学习职业道德内容时，可以让学生模拟自己理想的未来职业，设身处地领会职业道德的重要意义；在讲授心理健康的内容时，可以组织学生编演"心理情景剧"，让学生身临其境地感受心理的变化，受到真实的教育。甚至可以安排学生授课实践，扮演教师的角色。任课老师可以根据学时安排，每学期组织学生进行一次授课实践，规定相应题目，让学生备课、讲课，从中体会教师的辛苦，也锻炼学生的表达能力。

（二）课堂实践教学的特点

1. 形式多样

课堂教学虽然在教学时间和场地规模方面受到相对限制，但是相对的，其教学时间和场地能够得到有效的保障。同时，课堂的学生集中，便于组织开展活动。现在课堂教学普遍采用多媒体教学，可以利用现代技术组织多样性的活动。因此，可以充分利用这些有利因素，适时地开展形式多样的课堂实践教学活动。主要有：情景模拟、角色扮演、讲演活动、团体辅导、音像展播等。

2. 灵活紧凑

课堂教学以理论讲授为主，课堂实践教学可以根据教学内容的需要，灵活选择不同形式的活动方案。同一教学内容也可以选用不同的实践教学形式来表现。例如，"思想道德修养和法律基础"课中关于"人际关系"的教学内容，可以通过"角色扮演"来领会；也可以采用团体辅导"信任之旅"的方式来展现。课堂教学的教学时间短，场地有限，所以，课堂实践教学活动只是理论教学的补充，要求实践教学的内容具体、规模小型化、活动时间简短。由此，课堂实践教学呈现出紧凑的特点，活动开展应简便易行。

3. 时效性强

与其他实践教学模式相比较而言，课堂实践教学是在课堂理论教学过程中进行的，在时间方面能够得到完全保证。实践教学活动可以安排在课堂理论教学内容完成之后的第二节课内进行。通过活动可以及时强化理论教育的意义和作用，对学生的影响和教育力度是深刻的。实践教学活动也可以安排在课堂理论教学之前开展，通过活动让学生思考活动所蕴含的教育意义，从中得到感受或启发。在此基础上，教师再对活动加以总结，强化和升华理论教学内容，用理论的力量来论证活动所反映的教育价值，使得学生受到及时的教育。由此可以看出课堂实践教学的时效性是很强的。

4. 效果显著

课堂实践教学是在课堂理论教学中穿插进行的，是对理论讲授的有力补充和论证，极大地加强了理论的说服力，让学生在课堂有限的时空内，将理论内化为自己的观念和信念，显著地增强了教学效果。另一方面，课堂实践教学的参与感极强，学生在活动中亲身体验、自我感受、自我教育，课堂教学的效果是直接而深刻的。

三、思政课校园实践教学

校园是思想政治理论教育培养全面发展人才的主阵地，校园文化活动为高校思想政治理论课实践教学提供了有效的载体。开展校园实践教学的关键在于把课程的优势和学生的特点有效结合，培养学生的学习兴趣，挖掘学生的潜力，提高学生的综合素质，实现知识创新和知识应用。

（一）校园实践教学形式

校园实践教学的发生空间是校园内，所依托的载体是各种各样的校园活动，属于学校教育的"第二课堂"。教师根据教学目标，提出具体要求，通过可以使学生广泛参与的活动，达到提高合作能力、沟通协调能力、自主学习能力以及培养良好思想品德修养的作用。可以通过以下形式来开展校园实践教学，以达到提高大学生综合素质的目的。

1. 主题电影

影视艺术是一种综合性的大众文化艺术，无论从形式还是内容上，都具有天然的教育性。在谈及影视教学的价值时，鲁迅先生说过："用活动电影来教学生，一定比教员的讲义好，将来恐怕要变成这样的。"正是因为影视艺术具有天然的教育价值和不可替代的育人功能，经典影视赏析完全可以为思想政治理论课教育教学服务，成为思想政治理论课实践教学的一种有效形式。

经典影视赏析，可以成为课堂实践教学和校园实践教学两种实践教学的组织形式。课堂实践教学是任课老师在多媒体教室，根据教学内容，选择一些与课堂教学内容有关的影视片断供学生观看并组织讨论。作为校园实践教学形式，参与影视观看的对象更宽泛，全校的学生都可以观看，影响面更大。

2. 读书交流

根据思政课教学的内容和特点，结合现实中人们普遍关注的热点、难点问题，向学生推荐一些具有代表性的阅读书目，供学生课后阅读，旨在培养学生的阅读兴趣和发现问题、思考问题的能力，提高学生的综合素质。思政课的内容涉及哲学、自然科学、经济、政治、社会、人文等多个学科，而且理论性强，这增加了学习的难度，制约了学习的兴趣。要激发学生的学习热情，让学生真正感受思政课的理论魅力，光靠教材的内容是远远不够的。必须让学生尽可能涉及各个领域的一些基本知识，形成一定的知识系统。在校园内以一定的读书交流形式，使学生主动参与，教师正确引导，可以大大激发学生的学习兴趣，提高学生的阅读能力、表达能力、思维能力和理论联系实际的能力，并使马克思主义的科学世界观自觉内化为学生的理想和信念。

3. 网络实践

随着互联网影响的日趋普及与深入，网络空间教育大潮的到来已经不可逆转。校园实践教学应运用互联网信息技术，依托网络实践教学平台，发挥网络技术教学的积极功能。学生在思政课程网站或个人学习空间上开设时事论坛、学生演讲、创意校园、影视作品、教学参考、社会问题分析等栏目，增添思政课实践教学的时代气息与生活气息。开辟网络实践教学平台，有利于释放学生的创意热情，展现学生的独特个性。

4. 知识竞答

知识竞答能督促学生全面、细致和认真地掌握思政课的基本理论知识点，也能培养大学生的语言表达能力，同时还培养了学生的团队意识和竞争意识，提高学生学习政治课的兴趣。知识竞答的组织形式是由教师结合思政课教学大纲和教材内容，拟订竞答题目和参考答案，参赛者可以学生所在二级学院、班级、小组为单位。

5. 校内调研

要使学生将社会主义核心价值观转化为自我的精神信仰和价值取向并成为自我的自觉追求，就必须要了解学生的思想状态。因此，根据学生的实际情况，结合思政课教学内容，组织学生进行校内调研，就是全面有效地实施思想政治教育的一种校园实践教学形式。在校内调研的环节中，教师扮演着十分重要的角色，教师可以将自己所教授的学生分为若干小组，以小组为单位进行不同主题的校内调研活动。

6. 课外作业

课外作业是课堂学习的延伸，是课堂教育的延续，是教学过程中一个不可缺少的环节。课外作业不仅能起到督促学生及时复习课堂所学内容的作用，同时也是师生对课堂学习效果实施检测的一种形式。在新形势下，课外作业绝不能还是简单地布置教材后面的思考题，教师应该超越教材，联系实际精心设计课外习题。课外作业要能体现学习的过程，注重学习的体验，通过完成作业能提高学生独立思考、解决问题的能力。教师可以结合教材重点、社会热点、学生关注点布置小论文，让学生查找资料、调查研究、采访交流、相互讨论来完成课外作业。但是需要注意的是，这些课外论文完成的前提是不能在网络上找到答案或者大篇幅地参考现有见解。

7. 微视频制作

随着信息技术及网络技术的发展，知识的获取渠道和获取方式也随之不断优化，一种基于互联网的教育模式——"微课"正在逐步普及。"微课"是指以微视频为主要载体，由主讲老师围绕某个知识点或教学环节而开展的教与学的活动过程。而让学生参与微视频制作，其过程本身就可以作为非常好的校园实践教学形式。教师针对教学内容进行选题设计后，让大学生参与视频素材收集、后期制作、互动测试等环节，既有利于对理论知识的吸收和消化，也便于教师了解不同学生对相同知识点的掌握理解程度。同时，还有利于教师完善"微课"的内容，有针对性地详细分析和讲解课本知识点，以巩固教学效果。当然，对于学有余力的学生，或学生的专业特点（传媒等专业），对其微视频制作的实践形式和成果可以相应做出更高的要求。

8. 摄影竞赛

目前，数码相机和智能手机已经在大学生群体普及，摄影不再是件奢侈的事情。作为新时代的大学生，无论你的摄影技术是否专业，无论你手中拿的是单反还是手机，都可以记录身边的点滴，用朴素的画面分享追梦故事，畅谈圆梦历程。在思政课实践教学中，组织大学生围绕某一主题开展摄影竞赛活动是一种很好的方式。相同的主题不同的视角，校园摄影竞赛实践教学活动的开展，能帮助大学生用图像作品来表达自己的所见、所思和所想，完成学习任务。

9. 时事研讨

思政课教学是对大学生进行思想政治教育的主渠道，针对性和实效性是思政课教学的生命和灵魂。让学生了解党的方针政策、关注重大理论和现实问题及社会热点，并及时了解学生的观点和看法，是加强思政课教学针对性和实效性的重要途径。在校园实践教学模式中，开设时事研讨会，让学生在一定范围内表达自己的思想观点,并与其他学生交流分享,甚至就不同观点辩论交锋,不仅可以加强思政课教学的针对性和实效性,也能够提高学生辨别是非、站稳政治立场的能力。同时,通过观点碰撞和理论交锋,还可以提高学生驾驭语言和掌握辩论技巧的能力。

10. 团体辅导

这种实践教学活动是将心理咨询中的团体辅导技术运用于思政课教学中,其特点在于以活动或游戏为主。团体辅导教学活动的主题突出,形式活泼轻松,学生参与面大,寓教于乐,学生在活动中能够直观地感受活动富有的教育意义。在进行大学新生自我认识及角色转变时,可以开展"生命线"的团体活动;讲授人际关系相关内容时,组织"同舟共济""信任之旅"等团体辅导活动。

（二）校园实践教学与校园文化活动

高校思政课实践教学与校园文化活动在理论依据、根本目的上具有同一性,在内容和形式上具有兼容性等特征。校园文化活动是思政课校园实践教学模式的重要载体,充分利用其来开展思政课教学,不仅有助于校园文化的繁荣发展,而且有助于提高思想政治教育的有效性。

1. 校园文化是校园实践教学的重要平台

校园文化是以校园为空间,以学生、教师为参与主体,以精神文化为核心的物质文化、制度文化、行为文化相统一的具有时代特征的一种群体文化。校园文化活动与思想政治教育工作相互交织、相互促进。一方面,校园文化活动的发展必须以社会主义核心价值体系为引领,另一方面,校园文化活动是思想政治教育的有效载体和重要途径。但作为思想政治教育的主渠道,长期以来,思政课教学却未能与校园文化活动有机地结合起来,这不能不说是思想政治教育的一大遗憾。这里既有主观原因,也有客观因素。主观原因主要是对思政课实践教学的狭隘认识,部分管理人员和教师一度把思想政治理论课实践教学等同于开展社会实践活动,从而忽略了校园文化的实践平台。客观因素主要是管理上的彼此分立,思政课实践教学归属于思想政治理论课教学部门,而校园文化活动则由学校学生工作部门具体管理,两个部门虽然也有一定的合作,但大多数时间是相互并立的。因此,从提高思想政治教育的效果出发,必须把两者紧密结合起来,依托校园文化活动开展丰富多彩的思政课实践教学。

2. 校园文化活动与校园实践教学的统一性

首先,校园文化活动的功能与思想政治理论课实践教学目标基本一致。

校园文化活动虽然形式多样、个性鲜明，但其思想政治教育功能则是研究者和实际工作者关注的热点。研究者从多个角度进行了总结，有的学者概括为教育功能、兴趣导向功能、求知激励功能、人格塑造功能四个方面；有的则认为具有指导引领功能、熏陶塑造功能、凝聚整合功能、调适激励功能和传播辐射功能；有的学者概括为导向功能、创新功能、凝聚功能、规范功能、娱乐调节等五个功能；有的学者概括为价值导向、意志激励、精神凝聚、情绪调解、人格塑造、行为约束六大功能；等等。这些概括虽然角度不同，语言表述有异，但其目标都是为了锻炼大学生的实践创新能力，提高大学生的综合素质，帮助大学生树立正确的世界观和人生观。而这些目标正是思政课实践教学所要达到的目标。

其次，校园文化活动的形式与思政课实践教学的要求基本一致。思政课实践教学要求大学生在实践中深化对理论的认识，并学会运用理论提高其实践创新水平。而校园文化活动，由于贴近学生、贴近生活、贴近实际，具有实践性、群体性、开放性等特点，是大学生自我教育和自主实践的重要平台。在参与校园文化活动中，大学生不仅加深了对理论的理解，而且提升了运用理论的水平，并在运用中提高了实践创新能力。正因为如此，越来越多的人认识到，校园文化活动是开展思政课实践教学的有效途径，应重视作为第二课堂的校园实践教学与校园文化活动的有机结合。

3. 依托校园文化活动的校园实践教学具有独特的优势

校园实践教学主要是指依托校园文化活动而开展的思想政治理论课实践教学。相比较而言，课堂实践教学和校外社会实践虽然各有特点，但也各有不足。课内实践教学长于锻炼大学生的理论思维水平，但难以考察其实际思想道德品质；而校外社会实践活动侧重于帮助大学生了解社会，增强大学生的社会责任感，但其受客观条件制约较多，不是每个学生都能得到社会实践的指导和锻炼。而立足校园，依托校园文化活动的思政课校园实践教学则便于全面开展，同时便于考察大学生实践中的思想道德表现，并锻炼大学生在实践中运用马克思主义的能力。从这个意义上讲，依托校园文化活动的思想政治理论课实践教学是一种效率较高、效益较好的实践教学模式。

4. 校园文化活动与校园实践教学二者相互促进

依托校园文化活动开展思政课校园实践教学，既推动了大学生校园文化活动的发展，又使思政课校园实践教学更加丰富多样，二者相互促进、相得益彰。一方面，思政课部教师参与并辅导大学生参与校园文化活动，推动了校园文化活动的蓬勃发展，提升了校园文化活动的水平。思政课部教师不仅以其扎实的理论功底和敏锐的政治敏感性不断引导校园文化的发展方向，而且在思政课部教师的指导下，校园文化活动效果更佳、氛围更浓、吸引力更大、育人功能更强。在部分高校，由于思政课部教师的参与指导，不仅提高了诸如辩论赛、演讲赛等各种校园竞赛活动的水平，而且社团活动也更加活跃，更有效果。另一方面，校园文化为思政课校园实践教学提供了丰富的可资利用的资源。由于校园文化活动形式多样、生动活泼，丰富了思政课校园实践教学的形式，提高了思政课校园实践教学的效果。特别需要指出的是，通过活动的参与，教师也转变为学生可亲近的、热心的指导者和合作者，拉近了与大学生的距离，从而有效地提高了教学效果。

四、思政课社会实践教学

社会实践教学，是指通过组织、引导学生积极地参与各种实践活动的方式来不断地提高其认识能力以及实践素质，在实践过程中完成知识传播、内化和发展的一种教学模式。社会实践教学不同于一般的实践模式的关键在于其发生的背景，以及由此而决定的诸多特性。具体讲，社会实践教学就是通过真实的社会生活场景、环境，让学生在现实生活中独立地发现问题、认识问题和寻求问题解决方法的过程中，通过分析具体问题独立地做出判断和决策，以培养学生运用所学理论解决实际问题能力的一种教学方法。

（一）社会实践教学的必要性

1.思政课教学的内在要求

高等学校思想政治理论课，承担着对大学生进行系统的马克思主义理论教育的任务，是对大学生进行思想政治教育的主渠道。它不仅具有一般理论课程的认知功能，更为重要的是担负着培养中国特色社会主义事业的建设者和接班人的政治要求。由此可见，这门课程强调的是学生内在素质的形成，而不是单纯的知识传授，更不是一种简单的知识记忆，而是要通过教学，特别是通过社会实践教学，使学生通过自身的感悟、体验、践行，把马克思主义的世界观、方法论内化为自觉的信念，从而提高自身的思想道德素质和政治觉悟。这要求思政课必须要围绕这一目标来开展教学，而不是为了教学而教学。它内在地要求与社会实践相结合，在实践中深化理论的传播。

中共中央、国务院《关于进一步加强和改进大学生思想政治教育的意见》和中共中央宣传部、教育部《关于进一步加强和改进高等学校思想政治理论课的意见》及其实施方案精神，要求要充分发挥课堂教学在大学生思想政治教育中的主导作用，并提出要大力推进教学改革，改革教学内容，改进教学方法，改善教学手段，完善考试方法。"思政课"教学就是要用科学发展观和和谐社会的思想武装广大学生的头脑，提高其思想政治素质、道德素质和法律素养，增强其认识、改造客观世界和主观世界的能力，使其成为建设中国特色社会主义事业的接班人。这一目标的实现，光靠课堂的"灌输"还远远不够，必须拓宽"思政课"的教学渠道，加强"思政课"教学的时代性、现实性、针对性和感染力，达到学生对"思政课"理论知识乐"学"乐"行"的效果。而实践教学正好以其生动形象性、直接现实性和以学生为主体的特点，极大地调动学生学习的主动性、积极性。开展实践教学活动，使大学生在社会实践中接受教育，让学生带着理论问题走向社会、以理论指导实践并印证理论的先进性和科学性，又带着实际问题回到课堂，以实践丰富理论并寻求实践问题上更多更新的理论支持和指导，在理论与实践的结合中不断提高"思政课"的教学实效，促成"思政课"教育目标的实现。

2. 高等教育的人才培养目标的要求

人才的培养目标和规格是确定人才培养措施、途径以及开展各项教学活动的首要基础，是组织实施教学过程的依据。自从思政课实施新方案以来，党和政府对大学生的思想道德建设越来越重视，投入不断加大，目标就是为建设中国特色社会主义经济培养合格人才。大学要培养的是社会主义建设的精英人才，不是"读死书和死读书"的书呆子。是有一定动手能力、管理能力和协作能力的应用型复合人才。将实践教学环节引入"思政课"的教学中，就是适应社会发展、培养应用型复合人才的良策之一，是实现培养目标的根本要求。

高等教育人才培养目标决定了高等教育要突出实践环节，实践能力培养是高等学校学生的生命线。社会实践教学不仅使学生能够理论联系实际，提高分析和解决问题的能力，而且通过组织社会实践教学，有利于学生开阔视野，吸收丰富的思想营养。同时也可以提高学生的参与意识，培养学生的实践能力、求实精神和团结协作精神。

3. 深化思政课教学改革的迫切要求

目前，高等院校大多存在着生源复杂、学制不一、学生的文化知识水平普遍不高、自律性较差等状况。一方面，在应试教育模式下，大部分初、高中学生缺乏理论抽象思维能力，分析问题和解决问题的能力较差；另一方面，思政课的教学内容理论性又很强，不少学生的理解能力不强，难以学会用所学理论指导解决自身或身边存在的现实问题。传统课堂教学比较注重理论知识的系统传授，而往往忽视学生的亲身体验，缺乏引导学生内化的环节。这就容易造成理论与实践脱节，学生学习的参与性、主动性较差，学习兴趣不高，思政课的实效性较差，教学目标难以达到。而实践教学是激发学生学习理论积极性和主动性的有效方式。因此，要充分调动学生学习思政课的积极性与主动性，提高思政课教学的实效性、吸引力，就必须改革传统的教学模式，积极有效地实现理论教学和实践教学的结合。

4. 促进学生成才的需要

思政课实践教学目标的制定，必须以促进当代大学生思想政治素质的提高和良好品德的形成为出发点。思想政治教育，在各级各类学校都要摆在重要地位，任何时候都不能放松和削弱。要说素质，思想政治素质是最重要的素质，不断增强学生和群众的爱国主义、集体主义、社会主义思想，是素质教育的灵魂。思政课的性质、任务决定了这门课具有较强的理论性和系统性的同时，又具有突出的自我践行性和自我修养性的特点。这种突出的自我践行性和自我修养性只有通过学生的实践参与、情感体验和内心感悟才能得到诠释和表达。将社会道德规范和法律规范内化为内心的道德法则，再将内心的道德法则外化为道德行为和法律行为，最终达到他律和自律的和谐统一。实践是连接他律和自律的桥梁，是人生道德和法律修养的由他律向自律辩证转化的根本途径。是提高自身道德修养与法律素养的有效途径。强调学生在学习理论的同时，让学生服务社会，进行社会实践活动，在社会实践过程中感悟理论、体验生活，从而有效实现思政课的教学目标。

（二）社会实践教学的形式

思政课社会实践教学，是指依据思政课的教学任务和要求，在教师指导下，在课堂教学之外，按照学校培养目标的要求，有计划、有组织地参加社会实践的思想政治教育教学活动。这些活动主要是团学组织和学生会通过暑期社会实践活动、"青年志愿者"活动、社会调查、社会服务、勤工助学等形式开展的，是对大学生进行思想政治教育的一种重要形式，也是一种把所学理论知识运用于实际的表现形式。它有别于思政课课堂教学，是相对独立存在的一种教学模式。

1. 参观考察

根据理论教学的内容安排，组织学生走出校园，参观革命传统教育和爱国主义教育的基地等，考察具体地区或单位的具体情况，并在参观考察的同时，发现、思考、解决问题。参观考察后撰写观后感。

2. 勤工俭学

包括校内和校外两种，校内的岗位主要由学生处负责提供，校外的岗位由学校推荐或学生自己应聘。实践证明，勤工俭学是学生深入了解社会和磨练自己的一种非常不错的社会实践，但要求指导教师正确引导学生参加，不能和学习冲突。

3.社会调查

教师依据教学计划确立选题方向，学生选择自己感兴趣的题目设计问卷、进行调查并得出结论。选题范围非常广泛，上至国家民族问题、下至大学生的生活习惯问题都可以涉及，最后写出调查报告。

4.课外科技活动

通过让学生亲眼目睹，利用所学专业知识，亲自动手，达到加深认识、强化记忆、自觉践行的目的。如参加"挑战杯"大学生课外科技竞赛、大学生科学普及活动、大学生科研开发活动、大学生科技服务活动、大学生科技创业实践活动等。通过课外科技活动，使大学生重新认识和发现自我，领悟到自我的价值，学到书本上所学不到的东西，看到自己与现实的差距。

第四节 树立科学的马克思主义观

在面对国际国内的新情况时，我们的马克思主义理论教育在实效性上有所不足，导致一些大学生没有树立科学的马克思主义观，甚至有一些大学生马克思主义信仰淡化。因此，要解决当代大学生马克思主义理论教育的问题，就要树立科学的马克思主义观。

一、科学马克思主义观的重要意义

马克思主义是我们立党立国的根本指导思想，是全党全国人民团结奋斗的共同思想基础。高校承担着对大学生进行系统的马克思主义理论教育的任务，用马克思列宁主义、毛泽东思想、邓小平理论、"三个代表"、科学发展观和中国特色社会主义思想等重要思想武装当代大学生，是党的教育方针的具体体现，是社会主义大学的本质特征，是党和国家事业长远发展的根本保证。当前马克思主义理论教育出现的一系列问题，其根本原因在于一些大学生没有树立起科学的马克思主义观。无论从当代大学生马克思主义理论教育的现状看，还是从思想政治教育新方案和"马克思主义理论研究和建设工程"的目的看，树立科学的马克思主义观都应成为当代大学生马克思主义理论教育的首要问题。

经过多年的改革实践，高校马克思主义理论教育实效性差的状况虽然有所改观，但以前教育中的种种问题并未得到根本改变。从目前高校马克思主义理论教育实际情况看，大学生在认知、接受、践行马克思主义理论教育的主要环节中，主观意识、态度以及相应的行为没有同提高思想觉悟，树立科学的世界观、人生观和价值观自觉联系起来。从课堂教学的表现看,部分学生学习动力不强、厌学的问题仍然存在,马克思主义无用论、过时论、空想论仍有一定市场。因此,当代大学生马克思主义理论教育问题仍集中表现为大学生未能形成科学的马克思主义观。

1. 让大学生树立科学的马克思主义观是加强马克思主义修养的大前提

大学生在接受马克思主义理论教育时首先提出的疑问是"什么是马克思主义"。从小学、中学走过来,他们的思维方式更多是适应应试要求,解决"是什么"的问题,而"是什么"问题本身内在地包含着"为什么",解决这一问题的重任理所当然地落在了大学阶段的思想政治教育肩上。因此,大学生接受马克思主义教育的第一课,应该是在讲明"什么是马克思主义"的同时,重点分析"马克思主义为什么是科学"。只有解决了这一问题,大学生才会真正懂得马克思主义的科学性和价值性的统一,才能为加强大学生马克思主义修养扫除最大的障碍。

2. 让大学生树立科学的马克思主义观是解决学习动力不足难题的良方

一直以来,马克思主义理论教育过多地与政治联系起来,使学生形成了条件反射:一讲马克思主义,马上想到中国共产党的领导,以致把马克思主义单纯看成了党执政的工具。这种状况产生的最大弊端是,容易使学生把马克思主义建立在科学性基础上的对人类社会的发展规律的揭示,用来比照我国的现实矛盾和问题。学生极易认为马克思主义也只不过如空想社会主义一样,仅仅是一种美好的愿望而已,难以变为现实,从而产生巨大的心理落差,怀疑甚至否定马克思主义。没有了信任,自然很难有学习马克思主义理论的动力。因此,在教育中要首先让大学生树立起科学的马克思主义观,使其正确认识马克思主义,明确马克思主义的精髓,正确认识马克思主义的基本原则及其生命力;使其明确马克思主义本身是在不断实践的过程中丰富和发展的,其实质是一种分析问题的立场、观点和方法,而不是直接给人们提供什么时候该做什么的现成答案。只有这样,学习动力不足的难题才有望真正解决。

3. 让大学生树立科学的马克思主义观是解决教学实效性差的根本策略

思想政治理论课教学实效性差的突出表现在于学生的学习收获不大。目前高校开设的思想政治理论课有马克思主义基本原理概论、毛泽东思想和中国特色社会主义理论体系概论、中国近现代史刚要和思想道德修养与法律基础四门必修课。从课程设置看,马克思主义理论教育的内容已十分全面了,但从学生学习反馈的信息看,学完课程后一无所知的大有人在,有些同学即使有些了解,也只是略知一二。形成这种局面的原因是多方面的,但最主要的原因还在于思想政治理论课的教育者在直面新情况、新特点、新问题时,未能把马克思主义与学生的现实生活很好结合起来，未能满足大学生高度关注社会重点、热点、难点问题的需求，从而很难让学生理解马克思主义的科学性和现实性。因此，让大学生树立科学的马克思主义观，始终是贯穿思想政治理论课教育教学的主线，也是解决思想

二、如何使大学生树立科学的马克思主义观

让大学生树立科学的马克思主义观，是高校马克思主义理论教育的重要任务和首要问题，虽然教育形式多种多样，但承担这一任务的主渠道是课堂教学。中共中央宣传部、教育部联合下发的《关于进一步加强和改进高等学校思想政治理论课的意见》中明确指出："提高高等学校思想政治理论课教育教学质量和水平，关键在教师。""高等学校思想政治理论课教师是马克思主义理论和党的路线、方针、政策的宣讲者，社会主义意识形态和精神文明的传播者，要不断提高马克思主义理论素养，提高科研能力和教学水平，做坚定的马克思主义者，做教书育人的表率，做大学生健康成长的指导者和引路人。"因此，思想政治理论课教师必须带着高度的责任感和使命感，占领课堂教学这一主阵地，在教学实践中将马克思主义的科学性和崇高性展示给学生，理论联系实际，让马克思主义在现实生活中找到生长点，使这一科学的理论与大家的日常生活建立起联系，让学生自觉做到真学、真懂、真信。加强马克思主义理论课教师队伍的能力建设，是使大学生树立科学的马克思主义观的必由之路。

1. 不断提高正确阐述马克思主义理论的能力

正确阐述马克思主义的前提，是充分理解和把握马克思主义的真谛。要做到这一点，就要求思想政治理论课教师不断加强对马列主义理论的系统学习，提高自己的理论修养。同时，要加强科学研究，提高学术理论功底。

在教育教学过程中，高校思想政治理论课教师不仅要认真研读马克思主义经典著作，加强马克思主义理论修养，精通专业知识，更要学习马克思主义学者和资产阶级学者的著作，在比较、分析与辨别中加深对马克思主义的理解，真正掌握其真理性与科学性所在。同时，要特别注重马克思主义中国化的理论成果的学习和研究，深刻体会马克思主义与时俱进的理论品质，进而在教学实践中努力做到与时俱进。此外，思想政治理论课教学还要注意努力拓展多方面的理论与实际知识，如与马克思主义基本理论有关的各种背景资料、前沿学科知识、交叉学科知识等，不断调整和完善自身的知识结构，提高自身的理论素养，使自己具有较深的学术理论功底。只有这样，思想政治理论课教师才能胜任对大学生进行马克思主义理论教育的重任，清晰而准

确地、生动而形象地向学生阐明马克思主义理论知识，从而将其渗透到大学生的世界观、人生观、价值观的形成、巩固与完善中去。

而高校思想政治理论课教学是富有创造性的活动，这种创造性除了靠教学经验的积累外，特别依赖于科学研究。从实际情况看，教师的科学研究成果越丰硕，其教学内容就越深刻，知识分析就越透彻。教师只有不断进行科学研究，不断地丰富、加深和革新自身的知识，积淀学术思想，其教学才能教出特色，教出水平。一个优秀的思想政治理论课教师既要具有扎实的思想政治理论课教学领域的基础知识，又要注意研究该领域内的深层知识。而知识的获取，除了博览群书和参加社会实践外，更重要的是加强学术研究和学术交流，对于许多重大理论和现实问题，教师不懂或懂得不多，就很难解决学生思想上存在的问题，从而难以释疑解惑。因此，高校思想政治理论课教师必须在教学之余，潜心教育教学理论与学术研究，掌握一定的从事科学研究的知识和方法，具备一定的科学研究能力，从而能够将马克思主义理论与当代社会经济发展的实际联系起来，对时代的发展和一定社会关系的基本性质及其发展趋势进行深入研究，并做出新的回答，得出科学的结论。

这就是说，高校思想政治理论课教师只有加强马克思主义理论修养和学术理论功底，才能使自己具备扎实而丰厚的"专"、"精"、"博"、"深"、"新"相结合的学术魅力，才能使学生愿学乐学，从而为树立科学的马克思主义观提供必要的前提。

2. 不断提高分析和解答重大现实问题的能力

理论与现实的脱节，是学生树立科学的马克思主义观的最大障碍。理论联系实际，分析和回答中国的重大现实问题，始终是我们党倡导的理论教育原则。毛泽东指出："对于马克思主义的理论，要能够精通它、应用它，精通的目的全在于应用。如果你能应用马克思列宁主义的观点，说明一个两个实际问题，那就要受到称赞，就算有了几分成绩。被你说明的东西越多，越普遍，越深刻，你的成绩就越大。"分析和回答重大现实问题，是贯彻理论联系实际原则的要求，是增强教育的针对性、科学性和战斗性的要求，是理论教育的真正价值所在，思想政治理论课教师应大力提高这方面的能力。

首先，应提高调查研究的能力。调查研究是马克思主义认识论在实际工作中的运用，坚持调查研究也就是坚持辩证唯物主义的认识路线。毛泽东曾说："做宣传工作的人，对于自己的宣传对象没有调查，没有研究，没有分析，乱讲一顿，是万万不行的。"在对学生进行马克思主义教育时，视线不能仅仅局限于书本知识，而应更多关注现实问题。分析和解答重大现实问题，必须以调查研究为基础。

其次，应增强明辨是非的能力。这方面的能力，是分析和解答现实问题能力的内在要求。在教育教学中，教师不仅要明确需要认真分析和解答的重大问题，而且要明确哪些问题是需要给予肯定的问题，哪些是需要给予批驳的问题。正如江泽民同志对领导干部的要求一样，思想政治理论课教师在原则问题上也要旗帜鲜明，要注意分清一些基本界限，比如马克思主义同反马克思主义的界限，社会主义公有制为主体、多种经济成分共同发展同私有化的界限，社会主义民主同西方议会民主的界限，辩证唯物主义同唯心主义形而上学的界限，社会主义思想同封建主义、资本主义腐朽思想的界限，学习西方先进东西同崇洋媚外的界限，文明健康生活方式同消极颓废生活方式的界限，等等。

此外，应加强分析说服的能力。毛泽东指出："我们做宣传工作的同志有一个宣传马克思主义的任务。这个宣传是逐步的宣传，要宣传得好，使人愿意接受。不能强迫人接受马克思主义，只能说服人接受。"当代大学生，脑子里并不是一块白板，他们都有一定的思想倾向和思维定势，只要老师对重大现实问题的分析精辟而透彻，实事求是，他们就会乐于接受。

3. 不断提高由理论体系向教学体系转换的能力

对大学生进行马克思主义理论教育，有一个从理论体系向教学体系转换的问题。马克思主义理论体系，指理论教育工作者通过攻读和研究马克思主义经典著作所把握的马克思主义科学体系，其基本要求是准确性和完整性。马克思主义教学体系，是根据教学实际需要而构筑的体系，主要包括确定教学目的、设计教学程序、编写教材教案、选择教学手段等环节。马克思主义理论教育工作者由理论体系向教学体系转换的能力强弱，直接关系到教学效果的好坏，对大学生树立科学的马克思主义观至关重要。

首先，在理论体系向教学体系转换中，要处理好统一性与主体性的辩证关系。这里的统一性，是指马克思主义理论体系的系统性和整体性，而主体性是指教学过程中因教师的个体行为差异而呈现出来的差异性、多样性的主体特征。在教学过程中，马克思主义的统一性不能抹杀教学的主体性，主体性不能偏离统一性的指导，二者是辩证统一的关系。如果让理论体系窒息了教师的主体性，作为教学主体的教师可能会无所作为，只会沦为灌输的工具，即照本宣科式地授课，学生的积极性无法调动，学生的思考力无法提高，不但无法达到良好的教学效果，反而易造成学生对思想政治理论课的抵触。相反，如果理论体系与教学体系完全分离，即信马由缰式地发挥，虽然教师教学的个性得以发挥，但却是以牺牲课程的性质为代价，不但无益于学生思想政治理论素质的提高，反而易造成学生对思想政治理论课的贬低。这两种方式都显示了教师在从理论体系向教学体系转换过程中，把握统一性与主体性辩证关系能力的不足。而要真正克服这两种不当方式，需要着重从两个方面入手：一方面，要真正把握理论体系的统一性，教师必须对课程的性质、目的、要求、内容、意义等有清晰的认识，领会其精神，把握其要义，然后融入整个教学体系中，做到"万变不离其宗"，这样，无论怎么授课，课程性质都不会改变，教学大纲就能够贯彻，课程目的就能够达到，即做到形不似而神却不散。另一方面，教师也要有恰当发挥主体性的智慧。在把握理论体系的统一性原则的前提下，结合自己的专业背景和知识结构，发挥自己的专长，长袖善舞，在授课中体现自己的特色，形成自己的教学风格。这样，在从理论体系到教学体系的转换中，才能做到统一性与主体性的有机统一。

其次，在教学体系的形成过程中，要有建构富有思想与逻辑的教学理路的能力。马克思主义理论课的教学体系，应是一个富有思想内涵和理论素养的体系，它不是简单讲故事、举事例，而是要向学生讲授马克思主义的基本理论与思想内核，力求用思想和理论的魅力感染、影响学生，让学生从被动地接受转化为内心自觉地认同。因而，教师在教学体系的建构中，对于思想理论的阐释，一是要契合意识形态性与科学性相统一的原则，二是要契合实践性与创新性的原则。意识形态性是由思想政治理论课的性质所决定的，马克思主义作为无产阶级解放的学说，其学说本身具有鲜明的阶级性，它的产生和宗旨皆是出于无产阶级革命斗争的需要。教学中，教师对此无须讳言，如果回避问题，就根本无法让学生把握马克思主义的本质，更是丧失了马克思主义理论课与其他课程不同的质的规定性。科学性则是马克思主义理论体系的本质特征，教学中，教师不能因为马克思主义具有意识形态性而否定它所包含的真理内容，或者过分强调意识形态性而遮蔽科学性，要力争做到意识形态性与科学性的统一。实践性原则是马克思主义理论教育的功能所决定的，因为"思想政治教育具有很强的社会实践性的特点。人们政治方向的确立、意识形态的形成、价值观念的确立，不仅与思想政治教育的内容有直接的关系，而且也与社会实践的发展相关联……与社会生活和人们思想实际具有直接相关性，是思想政治教育不同于自然科学，也不同于一般的哲学社会科学的又一特征。因此，思想政治教育必须紧密联系社会生活和人们思想的实际，离开了这一点，思想政治教育就会失去了客观依据"。而创新性则与马克思主义的发展要求相契合，因为马克思主义本身是一个开放的理论体系，它要求不断地进行理论创新和发展。所以，在教学体系的建构中，教师应该在把握马克思主义理论精神实质的基础上，将实践性与创新性结合起来，力求结合当代社会实践的发展，诠释不断丰富与发展的马克思主义理论，体现出马克思主义与时俱进的品质，从而使教学体系不断修正与完善。

最后，在教学体系到认知体系的转换中，应具备适应学生认知水平与成长需要的能力。在从教学体系到学生认知体系的转换中，教师要遵循教育发展的规律，充分认识到作为教学活动对象的学生，他们的知识背景与思维水平的情况。教师要在了解学生现有能力与水平的基础上，合理把握教学内容的难易度。低于学生的认知水平，讲述的内容与中学的政治课基本一样，学生听课的兴趣无法调动，不能给予学生学习的挑战，学生的知识与能力当然也无法提高，这样的思想政治理论课是无意义或无效果的。

超越学生的认知水平，讲述的内容太过深奥难懂，给予学生的挑战太强，以他们的能力尚不足以应对，如把"马克思主义基本原理概论"课上成哲学系专业课那样，这样的教学同样是无效果和无意义的。因而，好的教学，其难易度应是恰当的，既高于学生现有的认知水平，但又是学生可以应对的挑战，即在教师的引导下，通过激发学生的兴趣，促使他们付出努力、积极思考，使他们从不懂到理解，这样的教学才是有效果和有意义的。

要让大学生树立科学的马克思主义观，是一个漫长而艰巨的系统工程，作为这一任务的主要承载者，马克思主义理论教育可谓是任重而道远。这就要求老师从各方面提高自己的修养，做积极的、可靠的担当者。

第五节 对大学生信仰的教育思考

我国目前的大学生都是改革开放后成长的一代，他们从小就在党的关怀和祖国的日益繁荣昌盛下茁壮成长。改革开放后，经济的腾迁、科学技术的发展、思想的解放、文化的交流使得新时期的大学生思维敏捷，视野开阔，对未来有着美好的憧憬。他们积极主动地想成为建设和改造未来社会的主体，不拘泥口号，而是从现实的角度出发重新理解共产主义，使过去极端压抑的个性得到张扬，自我的觉醒使得他们的社会责任感增强，实现共产主义真正地成为他们及未来社会主体的最高理想，"爱社会主义"不再是僵硬的传统道德规范，而是新时代下人类价值追求的真实体现，其方向是健康向上的。

一、大学生信仰的问题

信仰具有稳定性，但是属于相对的稳定性，尤其是在信仰主体还没有完全成熟并趋于成熟的阶段。信仰的主体容易受到后天环境和社会现状的制约和影响，从而导致信仰出现波动的态势。大学生正处于成长的关键阶段，虽然他们的信仰在主流上是积极向上的，但是还是不能排除部分大学生存在信仰问题。因为新时期社会形势的变化以及国内外时代背景，很容易导致他们在信仰上出现困惑、迷茫甚至产生危机的状况。

（一）大学生"信仰迷失"的躯体化

很多大学生信仰迷失，他们总是感到"郁闷"、"迷茫"，开始抽烟，喝酒，沉浸于电脑游戏的虚拟世界中而不得其返。这既是信仰问题，也是心理健康问题，更确切的说法应该是信仰问题的躯体化。"躯体化"一词是来源于医学，是本世纪初医学界创用的，是指个体在心理应激反应下，一种体验和表达躯体不适和症状的倾向，这种躯体不适和症状不能用病理发现来证实，医学专家认为躯体化是一种"生物、心理、社会"三方面的演化过程，经由这一过程，用躯体症状来表达和解释个人和人际间的种种问题，且体验成为躯体症状。换言之，诉说的是躯体症状，表达的则是社会、心理方面的问题，这里用"躯体化"来表述当前大学生信仰迷失后表现在躯体上的种种行为和症状，大学生的心理健康问题，表面上是由其自身的素质问题引起的，但是从深处来讲，其最根本的还是社会上一些不正之风的影响，权钱交易、贪污受贿、竞争不公、东西方文化的碰撞、价值观念的冲突导致的、自主择业的风险、利益格局的调整、理想与现实的矛盾等，都使得大学生原本脆弱的心理防线受到了空前的冲撞和挑战，归根结底也就是大学生的信仰发生了迷失。

（二）大学生的"去圣化"倾向严重

"去圣化"是一个心理学概念，是指人们在日常生活中由于发现较多欺骗现象，或者在生活中遭受挫折，因而怀疑社会普遍价值和良好道德的存在。他们不对现实世界抱以信任，进而不相信生活中还存在值得珍视的、神圣的、具有永恒意义的价值与事物。"去圣化"倾向不同程度地存在于人们的心中，但在大学生中更普遍，表现得更突出，主要体现在：（1）思想道德心态逆转，理想追求淡化。部分大学生不再以道德品质作为自己的第一追求，而是将较高的经济收入和安稳的生活放在首位；（2）自我意识膨胀，过分追求自由。部分大学生很强调自我，强调个性张扬，要做"非主流"，其"度"往往超出一定的界限。但是目前他们辨别是非的能力还是有所欠缺的，在这样的状况下自己的行为常常会失控，做出一些道德所不允许的事情；（3）生活上挥霍攀比，贪图享乐。部分学生的攀比理空前高涨，比穿高档的衣物，名牌的鞋子，过生日下饭店讲排场，手机、电脑及时更新，等等，这些不正之风在相当多的大学生之中蔓延；（4）人际关系庸俗化。部分学生对组织的信任感明显降低，热衷于"跑关系、走门路"，把人际关系庸俗化，将发展"关系"看作个人成长进步的首要条件。

（三）部分大学生存在一定的"信仰危机"

所谓"信仰危机"是指信仰的全面失落和崩溃，即原有的良好而固定的信仰，经过一定的困惑和怀疑，自己原有的信仰发生动摇，甚至全部抛弃，但还没有确立和无法确定新的信仰的精神意识状态。我国正处在社会转型时期，经济与社会的改革和发展必然会影响到处于转型期人们的心理。受中西文化冲突交融影响最深最广的当代大学生也开始出现种种心理问题，尤其是信仰方面，部分大学生出现了危机。其主要表现在以下两个方面：（1）信仰缺失、精神疲软，对社会、对自己缺乏希望。信仰缺失，指不知道该信仰什么，究竟什么样的人生观、价值观才是正确的、科学的，也无法确定所谓信仰为何物，在部分大学生中突出表现为"无兴趣、无所谓、无意义"的精神疲软现象。有些大学生对什么都不感兴趣，没有理想，没有追求，对一切采取"事不关己，高高挂起"的虚无主义态度，忽视主观努力的重要性；（2）信仰混沌甚至是完全错误，比如信仰金钱主义、功利主义、实用主义、个人本位，部分大学生在自私唯我中逐渐迷失理性和前进的方向。

二、大学生信仰现状的对策

青年是国家的未来和希望，青年大学生是青年当中重要的群体。他们的信仰状况在某种程度上预示了未来民族精神的状况，影响着国家和民族的发展，这是一个非常重要的问题。

（一）创设和谐社会环境重塑科学的信仰

新时期的大学生信仰重塑是社会各领域以及每个普通人自发参与的事情，不能指望国家借助于行政权力进行强制，但国家的确可以为大学生的信仰重建创造某种有利条件。当代中国大学生大多数是改革开放之后出生的年轻一代，他们因为时代环境的熏陶，或多或少地受到社会大环境的影响。通过媒体的宣传、舆论的作用，创造出和谐的社会环境，引导大学生树立科学的信仰。首先，强化舆论宣传工作塑造社会和谐氛围。正确而有效的舆论宣传能够激发人们积极向上的劲头，对于强化大学生的信仰有着非常重要的作用，舆论宣传要持之以恒，还要加强崇高信仰的宣传力度，用正确的社会舆论引导大学生信仰的重建。我们要用共产主义信仰对大学生以往的信仰进行完善、改造或对他们未形成的信仰进行塑造。其次，净化社会环境，培养社会和谐精神当今党内腐败问题是大学生怀疑共产党的领导以及马克思主义和社会主义的一个重要原因。因而要切实做好反腐倡廉的工作，加速法制化的进程，提高大学生对社会主义、共产主义的信仰。要加强党自身的建设，对于那些贪污腐败问题决不手软，依法办事：信仰教育是否落到实处，在很大程度上还取决于党和政府的作为，党要以党风廉政建设的实际成果取信于民、取信于大学生。再次，要积极培养全社会的"爱"的和谐精神。现在的大学生最缺乏的就是给予他们人性化的关怀。很多大学生都是在父母不停的教诲以及学校严格的管治中成长起来的。他们渴望着自由，渴望着感动和被感动。只有让他们学会以一种最平常的心态——对待他人的怜悯和关怀，一种发自内心的爱，才可能重塑灵魂的完满，也只有在这样的基础上，他们才有可能明辨是非，知道羞耻。在另一个层面上来讲，这种爱的精神就是一种信仰，一种对人性最本质的信仰，只有当这种信仰在人间流传开之后，大学生才会慢慢地去学，去体会，去爱，去关怀，去传播，去教诲。在那之后就会有一种新的信仰在大学生心中树立，他们则会本能地寻找一种更为正当、更能赢得尊重的生活。一旦人们剔除了对传统的怨恨、平心静气地面对自己，才能安稳当前大学生的身心。此外，要加强网络建设，发挥互联网的积极作用，用信息网络技术，拓展高校网络信仰教育的空间，积极应对西方国家政治文化观念的渗透，巩固大学生对社会主义、共产主义的信仰。我们应该主动依托网络提供的各种形式和内容，充分利用网络对学生的吸引力，使信仰教育与网络有效地结合起来，以网络传播方式激活学生的认知模式，丰富学生对共产主义信仰的真实性的情感体验，引导学生正确认识网络和信息，提高辨别力，自觉维护共产主义、社会主义信仰。这就要求我们必须努力提高政治辨别力，从政治的角度，从世界政治发展、政治制度的角度、国际关系的角度，来认识网络上的各种信息，以分清是非，澄清认识，吸收其精华去其糟粕。

（二）加强马克思主义的主导信仰教育

马克思主义信仰是迄今为止人类信仰史上最伟大的信仰，是科学的、现实的、健全的、崇高的信仰。现在人们的信仰需求已经觉醒，信仰争夺战已经开始并愈演愈烈，大学生是各种信仰争夺的主要对象。因此，我们必须切实有效地对他们进行马克思主义信仰教育，这也是信仰教育的重中之重。邓小平同志在总结历史经验时也曾说道："对马克思主义的信仰，是中国革命胜利的一种精神动力。"过去我们在非常困难的情况下，能够取得革命的胜利，就是有马克思主义信念。今天，马克思主义信仰仍然是我们建设有中国特色社会主义的坚强精神支柱和精神武器。马克思主义作为一种科学的理论，同时又是一种科学信仰，它不但给予无产阶级和先进人类以伟大的认识工具，而且赋予他们以伟大的历史使命，成为他们的精神支柱和奋斗旗帜。作为人类社会历史发展规律的科学总结，马克思主义具有永不衰竭的强大生命力。在一定意义上说，大学生只有坚定对中国特色社会主义的信仰，才能进一步坚定对马克思主义的信仰。经济全球化和信息化时代的马克思主义信仰教育担负着培养现代道德人格、发展现代道德观念、提高现代道德品质的使命。马克思主义信仰教育必须直面现实的挑战，紧紧跟随时代的步伐，走出传统的依赖、封闭型、一元型的道德教育模式，实现内容、方式和手段的现代化，实现马克思主义信仰教育的与时俱进。在新时期，马克思主义信仰教育要以科学发展观为指导，根据时代的最新要求来发展和更新。

首先，要丰富马克思主义信仰教育的内容，使其富有时代气息。全球化、信息化时代的马克思主义信仰教育应继续弘扬爱国主义，集体主义精神，传承优秀的民族文化，提炼传统道德中的精华，培养人们强烈的民族自尊心和自豪感。为促进全球的竞争与合作，马克思主义信仰教育要引导人们具备尊重、平等、合作、友好、诚信、守时等道德观念，遵守国际间得道德原则和行为规范，这关系到一个国家在世界上的地位和形象。道德教育要引导人以战略性、国际性眼光客观地看待多元文化、多元价值观的渗透，大胆地吸收其中时尚而且合理的内容，体现时代发展的特点。

其次，信息时代道德教育的方式也要有所改进，要由传统的传播式转变为互动式，由以教师为中心转变为以学生为中心，由内容学习转变为方式学习，由群体式教学转变为个体式教学，强调受教育者的能动性和创造性。充分调动起大学生学习马克思主义的积极性，让他们积极地参与马克思主义学习的讨论，和老师进行互动，通过这种互动和面对面的个体交流更有利于我们老师发现学生的信仰问题所在，从而有利于问题的解决。

（三）高校思想政治教育中强化大学生信仰教育

新时期大学生的信仰教育尤其要注重方式方法的探索，不能简单地灌输和教条式地对待马克思主义。要使学生理解马克思主义的精髓，要用丰富社会主义革命和建设的成功经验，用改革开放所取得的巨大成就来教育学生，使他们从内心深处真正确信马克思主义是科学真理，进而坚定自己对马克思主义的信仰；要改革思想政治理论课的授课方法，做到与时俱进、开拓创新，思想政治教育工作者要充分利用活动和现代科技手段，结合法律制度和管理制度来做好青年学生的思想政治工作；要以"实践"为落脚点，加强实践育人，在实践中将道德信仰内化；要开展情感体验教育法，增强思想政治理论课的实效。现代科学技术的发展，为高校信仰教育提供了全新的方法论，新理论、新学科的出现将促使信仰教育方式的变革，会给信仰教育提供从总体上分析问题、处理问题的新思路。并且，我们要运用现代传媒技术、信息技术和人工智能来注入更加丰富、生动、有效的教育手段，促使信仰教育从思想的单向流动向主客体互动转变，从单一的"灌输"向广泛的参与转变。让大学生在学习、生活、活动过程中接受教育，从而提高信仰教育的生机和活力，另外，教育工作者要常站在学生的角度和立场来看待事情，要放下架子主动打开自己的心灵之门，将自己真实的内心世界、所思所想、经历经验、情绪感受、观点态度等适时适度地、自然真实地与学生分享，从而达到双方真正的心灵互动和平等沟通，化解学生的疑问和疑惑。有时候这种情感教育法比其他一些硬性的教育灌输方法有用得多，它更容易打开学生的心扉，找到问题之所在，对症下药。信仰虽然是一种精神活动，但是它却有强烈的实践性，对大学生信仰的树立不只是课堂上的事情，更多的是要落实到实际的行动中，渗透到学校的各项工作中去。高校思想政治教育者要按照预定的教育内容和目标，通过设定的事件和环境去熏陶和感染学生，使他们产生身临其境的感觉，从而自觉主动地参与到体验式道德教育中去，以达到"自我教育"和"完善个性"。让学生进行自我角色的道德情感体验，感受参与的真实性、快乐性，从中获得真实情感。并通过道德选择形成良好习惯，这是体验式道德教育的最基本途径。加强校园文化的建设，多角度地创造一种有利于当代大学生健康成长的环境，从而全方位地渗透大学生的信仰教育。任何人的信仰都不是与生俱来的，都是通过自己的改造和外部的环境影响而形成的。如果说对当代大学生的信仰教育是一种导向，那么生活本身就是一种教育，就是一种导向。所以，要想解决部分大学生的信仰迷失问题，最终实现信仰教育的目标，切实加强校园文化的建设，为大学生创造一个良好的学习、生活氛围是非常必要的。信仰教育必须履行关心人、尊重人的原则，信仰教育是以人为对象，它解决的是人的思想、观点和立场问题，是构造人的精神家园的教育活动、我们必须坚持以人为本，发挥个人的积极性、创造性，促进个人自我完善和个人价值的实现，这实际上是马克思主义价值论的基本观点，它和共产主义目标是一致的。

信仰的形成也同其他思想意识的形成一样具有阶段性，是认识过程、情绪过程和意志过程的深刻融合和高度统一。经过认识、情绪、意志等过程的深刻融合，就形成了坚硬的信仰。因此，做好心理健康教育，培养大学生对学习、生活、生存和发展的热爱和信心，是培养和坚定马克思主义信仰的基础。

第七章 文艺心理学课堂教学的情境创设

在高校汉语言文学专业中，文艺心理学是一门重要的专业课程，文学活动最集中表现在复杂的心理机制及其运动。文学创作从其过程来说，从创作动因到艺术构思再到语言呈现，整个过程外显的委实不多，主要是在人的心理中展开，而整个文学活动不仅包括作家的创作心理，还有作品的心理构成和读者的欣赏心理等，因此，文艺心理的研究是打开文学活动之门的钥匙。文艺心理学从学科来讲，是心理学的一个分支，文艺心理学的主要研究文艺家如何经过对现实生活的观察、体验和分析、积累、提炼素材；在感知、记忆的基础上进行创造性想象的过程，整个体系主要由创作心理、欣赏心理和评论心理三部分构成。直接研究文学艺术本身的问题，是跨学科的联结，它是运用心理学和文艺学的跨学科方法来研究古今中外的文艺活动和文艺现象的特殊学科，理论性、实践性和应用性均较强，建构主义学习理论主张的情境创设特别适用于文艺心理学的课堂教学。加之文艺心理学和心理学关系密切，心理实验方法的运用，更能扩展情景创设，增强教学效果。情景教学符合当前教学改革的方向，创设多维情景教学模式，可以提高文艺心理学课堂教学的有效性，给学生提供思考的背景，实践活动和情感体验的空间，让学生在开放性的问题情景中自由地探索，使思维的广阔性、深刻性、敏捷性和创造性得到充分的发展。

第一节 情境教学的理论构建

情境教学法是指在教学过程中，教师有目的地引入或创设具有一定情绪色彩的、以形象为主体的生动具体的场景，以引起学生一定的态度体验，从而帮助学生理解教材，并使学生的心理机能能得到发展的教学方法。情境教学法的核心在于激发学生的情感。情境教学，是在对社会和生活进一步提炼和加工后才影响于学生的。诸如榜样作用、生动形象的语言描绘、课内游戏、角色扮演、诗歌朗诵、绘画、体操、音乐欣赏、旅游观光等等，都是寓教学内容于具体形象的情境之中，其中也就必然存在着潜移默化的暗示作用。

　　情境教学创设最早可以追溯到苏格拉底的"产婆术"。产婆术，亦即"苏格拉底问询法"。苏格拉底和人讨论有关问题时，常用诘问法，又称苏格拉底法（The socratic method）。这种方法颇有特点：其一，突出怀疑。苏格拉底认为一切知识，均从疑难中产生，愈求进步疑难愈多，疑难愈多进步愈大。由怀疑而引出问题，这不是表示苏格拉底傲慢自大，或自命为智者；事实上恰好相反，苏氏本是非常谦虚的。他常说："我知道自己的愚昧，我非智者，而是一个爱智的人。"此外，苏氏所谓"怀疑"是研究学问和讨论问题的方法，别于古代希腊怀疑论者之所谓的"怀疑"；前者以怀疑为方法，作为探求真知的手段；后者以怀疑为目的，始于怀疑，而终于怀疑，结果则毫无所得。其二是谈话式。这是诘问法的第二特点。在讨论时，采用谈话的方法，以辩论为技术，而寻求真理和概念的正确定义。其真理的发现，是在讨论和问答法中进行，所以有人管这种方法为"产婆法"，为知识接生的艺术（The art of intellectual midwifery），以为知识原存于对方的心灵内，不过他自己因受其他错误的观念所遮蔽，而没有发现罢了。苏氏自比产婆，从谈话中用剥茧抽丝的方法，使对方逐渐了解自己的无知，而发现自己的错误，建立正确的知识观念。苏格拉底弟子色诺芬在《回忆苏格拉底》中，记述了苏格拉底与学生一次关于"正义"和"非正义"的对话，苏格拉底正是用"产婆术"达到了谈话的目的。学生们按苏格拉底的要求站成两列，一列属于"正义"，一列属于"非正义"。苏格拉底首先询问"虚伪"该属于那一列，学生回答，应属于"非正义"的一列。苏格拉底于是又问，偷窃、欺瞒、奴役等应该属于哪一列。学生回答，应属于"非正义"的一列。苏格拉底对此进行了反诘，他说，如果一名指挥作战的将军在战争中偷走了敌人的财物，或者作战时采用计谋欺骗了敌人，又或者奴役了敌人，而这些行为是否为"非正义"。学生根据苏格拉底的反诘得出了结论——将军这么做是"正义"的，对朋友这样做才是"非正义"的。苏格拉底接着提出，将军以援军快到了的谎言欺骗士兵，但是鼓舞了士气，增强了士兵的信心；父亲诱骗孩子服药，但孩子因此恢复健康；将朋友的剑窃走，但有效地阻止了朋友的自杀这些行为又归于哪一行列呢？学生得出结论，认为这些行为均属于"正义"的一列，从而改变了他们最初的看法。[①]"苏格拉底问询法"是情境教学的最初模型，对西方教育教学的发展产生了深远的影响。

　　近代对情境创设的研究始于上世纪初，以美国实用主义教育家 J·杜威提出的"教育即生活"理论为标志。教育即生活是 J·杜威关于教育本质的观点

---

① 色诺芬.回忆苏格拉底 LMI.吴永泉，译.北京：商务印书馆，1984 年版第 9 页.

之一。他从教育与社会生活的关系这个角度提出教育的本质即是生活。因为儿童的本能生长总是在一定环境下发展。"生活即是发展；发展、生长，即是生活。"所以教育即是生活。他又说，"生活"这个名词，乃是用来指明人类的全部种族经验。它不仅包括物质的方面——社会生产水平和家庭经济条件，也包括非物质的方面——社会制度、风俗和人们的信仰、娱乐和职业等。生活就是人在这两方面的体验的总和。这样的人类社会生活，必然是人类获得经验、交流和传递经验的过程。所以教育与社会生活密切联系，教育必须与儿童生活溶合为一，乃是教育本质的一个侧面。

杜威是当时传统教育的改革者，更是新教育的拓荒者，他以"教育即生活"的理论为基础，主张"从做中学"。20世纪80年代，建构主义教学理论在西方逐渐盛行，对西方学校教育和课程改革产生了重要影响，成为指导教学和课程改革的重要指导思想。建构主义认为，知识不是通过教师传授得到的，而是学习者在一定的情景即社会文化背景下，利用必要的学习资料，借助其他人的帮助即通过人际间的协作活动而实现的意义建构过程，因此，"情境"、"协作"、'会话'和"意义建构"是学习环境中的四大要素或四大属性。"表7-1"说明了学习理论研究的发展历程，而情境教学理论正是随着这些学习理论的不断发展而逐步完善。

表 7-1 学习理论的研究与发展

主要学习理论流派	盛行时间	代表人物	主要观点
行为主义学习理论	20世纪初	华生、斯金纳、班杜拉	学习是刺激与反应之间的联结，行为是学习者对环境刺激所做的反应
认知学习理论	20世纪中期	韦特默、卡夫卡	格式塔学派的顿悟说是其理论发端，认为获得信息的过程是感知、注意、记忆、理解、问题解决的交换工程
建构主义学习理论	20世纪中后期	皮亚杰、布鲁纳	学习不是简单的把知识传递给学生，而是学生自己建构知识的过程

国内关于情景创设的研究源头可追溯到孔子的"启发"说。孔子认为"不愤不启，不悱不发，举一隅不以三隅反，则不复也。"孔子的这段话，在肯定启发作用的情况下，尤其强调了启发前学生进入学习情境的重要性，《学记》继承孔子启发诱导的教学思想，要求教师在教学过程中必须充分调动学生的积极性，鼓励学生积极思考，使教学过程成为师生双边共同活动的过程，这

是从教必须遵循的指导性原则。《学记》是中国古代第一篇教育专论，是古代中国典章制度专著《礼记》(《小戴礼记》)中的一篇，是中国也是世界上最早的专门论述教育和教学问题的论著。其文字言简意赅，喻辞生动，系统而全面地阐明了教育的目的及作用，教育和教学的制度、原则和方法，教师的地位和作用，教育过程中的师生关系以及同学之间的关系，比较系统和全面地总结和概括了中国先秦时期的教育经验。在强调教学过程中必须充分调动学生的积极性，鼓励学生积极思考，使教学过程成为师生双边共同活动的过程方面，《学记》已有相当精辟的见解，曰："故君子之教喻也：道而弗牵；强而弗抑；开而弗达。道而弗牵则和；强而弗抑则易；开而弗达则思。和易以思，可谓善喻矣。"认识相当深刻全面。

现代正式的对情景创设的研究开始于 20 世纪 80 年代。情景认知理论传入我国后，广大的教育工作者对其进行了大量的理论和实践研究，取得了不少成果。但是从总体上看，情景教学在中小学教学中很强调，使用较普遍，效果也较好，而在高校教学尚未引起足够重视，或者说探索应用还不够，尤其是理论性课程教学中的研究运用相对滞后，有关的论述比较零散、缺乏系统性。文艺心理学是一门理论性较强的课程，因而教学模式也基本上是以传统的"传递——接受式"为主。但作为文艺学与心理学的交叉学科，其又有着很强的实践性和实验性。把握情境教学提升教学效果的意义，以建构主义的教育理论为指导，运用心理学的实验法、人格测量法、催眠法等方法，结合现代教育技术，探讨文艺心理学情景教学模式创设，能够打破传统的僵化的教学模式，提高文艺心理学课堂教学的有效性，同时可以开拓情境教学理论与实践研究的新视野。"心理学研究方法需要多元并举，实证研究和非实证研究相结合。"[1] 教学同样如此，需要讲求方法的多元性、科学性。文艺心理学教学情境创设的研究与实践具有学术意义与应用价值。

第二节 文艺心理学情境创设实践

在马克思看来，人作为活动的动物，与动物的最大的区别在于人拥有意识，即理性，人是自由自觉的，所以我们常说人为万物之灵，抛离动物很远很远。然而，强旺的理性标志人和动物分离，并不等于说，动物性已完全与人无关，人已经成为完全没有动物性的纯粹的人，人的心理只有理性意识一维。恰恰相反，由于理性的强旺对动物性的压抑，构成了人的心理的复杂微妙的万千气象。

---

① 张敏，花蓉．心理学本土化述评 [J]．四川理工学院学报（社会科学版），2010（5）．

精神分析学派的创始人弗洛伊德通过大量的医学实践和理论研究，提出人的心理并非一维，强旺理性所克制压抑的动物性并没有消失，而是作为一种能量潜存于意识阈限之下，形成立体的多层次心理结构。能量的结构分为意识、前意识、无意识三部分，它们犹如鸡蛋的蛋壳、蛋白、蛋黄一样存在于不同的层次，弗洛伊德用著名的"冰山理论"解释了三者的关系：认为无意识诗人的心理的汪洋大海，是我们的内心隐藏的一个深不可测的巨大空间，意识犹如浮在表面的冰山一角，是极小的一部分，所以，他断言，人不仅不是万物之灵，有时连自己的言行也无法控制。这就是无意识的力。所谓无意识，就是人们所未意识到的心理活动的总和，是主体对客体的不自觉的认识与内部体验的统一，是人脑不可缺少的反映形式，它包括无意感知、无意识记、无意再认、无意表象、无意想象、非言语思维、无意注意、无意体验等等。无意识心理活动的潜能是人的认知过程中不可缺少的能量源泉。[①] 情境教学的目的就在于尽可能地调用无意识的这些功能，也就是强调于不知不觉中获得智力因素与非智力因素的统一。情境教学法是指在教学过程中，教师有目的地引入或创设具有一定情绪色彩的、以形象为主体的生动具体的场景，以引起学生一定的态度体验，从而帮助学生理解教材，并使学生的心理机能能得到发展的教学方法。文艺心理学主要运用心理学和文艺学的跨学科方法来研究古今中外的文艺活动和文艺现象，其研究对象为审美主体在各种审美体验中的心理活动，特别适合运用心理学研究方法诸如实验法、生理测量法、人格测验法、深入会谈法、自由联想法、催眠法等设置情景。运用心理学方法和多媒体网络环境，设置多种有意义的情景进行教学，旨在有效地激发学生联想，唤醒其记忆中的经验或表象，使其切身感受文艺创造和接受中的心理机制运作，并能利用自己原有认知结构中的有关知识与经验去同化当前学习到的新知识，积极参与到教学活动中来。

一、人格投射测验法在文艺心理学课程中的运用

人格投射测验法是一种心理实验方法。在临床心理学中，为了帮助临床工作者获得有关诊断，治疗对象的人格方面的情况，往往着重于人格测验技术。人格投射测验大致可分为二类：一类是问卷法；另一类是心理投射法。"房树人测验"是属于心理投射法测验，测验者在开始测验时，对所描绘的房屋、树木、人物等并不知道具有何种意义。他们在测验中，把以前经常见到的，在梦中所梦见的事物的形象在纸上描绘下来。对投射性心理测验来说，比较著名的有："洛夏测验"、"主题统觉测验"等，而作为投射测验画的"房

---

① 弗洛伊德. 弗洛伊德文集［M］. 车永博译. 长春：长春出版社，2004.

树人测验"与这些著名的投射测验存在着具有类似和不同的方面。所谓相同，是它们都涉及到被测者不太会掩饰（说谎倾向）个体人格潜意识的内容；而不同的方面在于，"洛夏"和"TAT"测验，主要取决于被测者的统觉功能，在形式上具有一定的结构性，在测验中主要涉及到言与行的表达。要求被试明确的讲述所描绘的对象，以及对象与环境之间的关系，主要采取的是言与行的联想，而"房树人测验"是非言语性的，主要描绘的是画，它涉及到被测者人格特征中的感受性、成熟性、灵活性、效率性和综合性，并且还具有一定的创造性，甚至还涉及到人的智力性。文艺心理学要求课程运用现代心理学方法研究作家与读者人格心理，研究文学本质、文学创作、文学接受的心理机制与规律。在讲解文学艺术家的个性心理结构之时，可以采用图画故事测验法，比如房、树、人测验法，学生先按教师要求作画，教师运用相关心理学知识对学生作品进行解析，从而深刻说明个性心理结构的可颖悟性和不可解析性。在讲授文学艺术家的观察感受能力、直觉体验能力、记忆联想能力、想象变形能力、知解分析能力、整合表现能力之时，则可使用人格投射测验法中的联想和构造法，根据一个特点的图形让学生展开联想，并用语言描述联想的画面。这样的情境创设不仅能增强课程的生动性，更重要的是能使学生有效地进入知识的真实应用领域，使其不仅可以运用文艺心理批评方法来研究文艺心理活动，还能从真实、逼真的心理感受中加深对心理运演过程的理解。

二、深入会谈法在文艺心理学课程中的运用

深入会谈法是一种有目的会晤，晤谈，从事评估和心理治疗时的一种基本技术，测验者和被测验者进行面对面的谈话，测验者按照事先准备好的测验项目，提纲式地同测验者在轻松、自然的状态下按测验的要求进行谈话，听取被测验者对测验问题的回答，对测验结果进行分析，以了解被测验者的心理现象和个性特征。此法源于医学，在医学中大量成功使用，后来广泛用于心理评估中，其基本形式是一种面对面的语言交流，包括自由式会谈和结构式会谈两种。自由式会谈是开放式的，气氛比较轻松；结构式会谈要求根据特定目的预先设定好一定的结构和程序，谈话内容有所限定，效率较高。将心理评估的深入会谈法引入文艺心理学课程教学，能增强课程的趣味性，激发学生的探索欲。适当使用深入会谈法，特别是结构式会谈法，不仅可以满足学生学习知识的需要，亦可以激发和促进学生的情感活动、认知活动和实践活动。比如在讲解文学接受的心理效应之时，可以先运用音乐、图画、动画、影视等手段强化感知，加深学生对情境的内心体验，将生动、鲜活的

画面呈现于学生面前，变抽象为形象。打开学生思维之门后，要求他们把自己的情感与教学文本结合起来，围绕自己在审美接受过程中的心理反应展开讨论。教师在聆听之后，根据同学们的讨论进行总结，将抽象的感受变为具体的概念，从而使学生系统了解文学接受的心理过程和心理效应。需要注意的是，会谈是一种互动的过程，教师掌握和正确使用会谈技巧十分重要。会谈技巧包括言语沟通和非言语沟通（如表情、姿态等）两个方面。在言语沟通中，不仅要善于引导和总结，也要善于倾听，善于抓住学生谈话的关键点。非言语沟通中，可以通过微笑、点头、注视、身体前倾等表情和姿势表达对学生的接受、肯定、关注、鼓励等思想感情，从而促进被学生的合作，启发和引导他（她），将问题引向深入。在形式和技术上可以充分运用多媒体技术辅助，将课堂调配成艺术活动场。

三、自由联想法在文艺心理学课程中的运用

自由联想法是弗洛伊德创立的一种心理治疗方法。弗洛伊德在用催眠法治疗病人的过程中发现催眠疗法的作用是有限的，而且并非所有的患者都能接受催眠，从而放弃催眠术而转向自由联想。弗洛伊德认为浮现在脑海中的任何东西都不是无缘无故的，都是具有一定因果关系的，借此可挖掘出潜意识中的症结。自由联想就是让病人自由诉说心中想到的任何东西，鼓励病人尽量回忆童年时期所遭受的精神创伤。在医学上，自由联想法的具体做法是：让病人在一个比较安静与光线适当的房间内，躺在沙发床上随意进行联想。治疗医生则坐在病人身后，倾听他的讲话。事前要让病人打消一切顾虑，想到什么就讲什么，医生对谈话内容保证为他保密。鼓励病人按原始的想法讲出来，不要怕难为情或怕人们感到荒谬奇怪而有意加以修改。因为越是荒唐或不好意思讲出来的东西，即可能最有意义并对治疗方面价值最大。在进行自由联想时要以病人为主，医生不要随意打断他的话，当然在必要时，医生可以进行适当的引导。一般来说，医生往往鼓励病人回忆从童年起所遭遇到的一切经历或精神创伤与挫折，从中发现那些与病情有关的心理因素。自由联想法的最终目的，是发掘病人压抑在潜意识内的致病情结或矛盾冲突，把他们带到意识域，使病人对此有所领悟，并重新建立现实性的健康心理。这种方法在心理学上有广泛的应用价值，将此方法用于教学，在文学课程中也有很强的实用性。

文艺心理学直接研究文艺心理问题，揭示其间规律，课程要求运用现代心理学方法研究作家与读者人格心理，研究文学本质、文学创作、文学接受的心理机制与规律，以体验为中心建构文艺心理学体系，即作家艺术家在社

会生活中体验，生活心灵化，形成作家心理，作家艺术家通过文艺创作迹化心理体验，作家心理体验在作品中形成作品的心理内蕴，而接受者在欣赏中是对作家体验的再体验。在整个教学过程中，学生的心理体验尤为重要，将弗洛伊德的自由联想法借用到课堂中来，能使学生有效地进入知识的真实应用领域，使其不仅可以运用文艺心理批评方法来研究文艺心理活动，还能从真实、逼真的心理感受中加深对心理运演过程的理解。比如在讲授文学创造的心理过程之时，教师可以发出一个刺激信号（可以是一个词、一个图形、一幅图画、一段音乐），让学生展开联想，描述其画面。然后由教师进行理论的深入探讨，比如弗洛伊德无意识理论对文学创作的影响等。相比文学史、文学作品选读课程更多是对故事情节的赏析，文艺心理学显得抽象枯燥，教师要善用此法，巧妙设计问题，调动学生的积极性，在活跃课堂气氛的同时，教师、学生都加深了对理论问题的认识，拓展了视野，达到教学相长的目的。

第三节 文艺心理学课程情境创设的原则

上述情境创设方式的运用实践，不仅有不少实验者证明，笔者曾经在承担省级教学项目中具体实践过，[①] 收效甚好，不仅使课题以优秀的成绩结题，而且印证了理论的的科学性。运用心理学方法创设教学情境可以有效提升教学质量。但这里也有一些基本原则必须遵循。

一是统一原则。统一原则指意识与无意识统一和智力与非智力统一原则，这是实现情境教学的两个基本条件。无意识调节和补充有意识，情感因素调节和补充理智因素，两者达到统一。人的这种认知规律要求在教学中既要考虑如何使学生集中思维，培养其刻苦和钻研精神，又要考虑如何调动其情感、兴趣、愿望、动机、无意识潜能等对智力活动的促进作用。教师在鼓励学生要刻苦努力时，很可能已经无意识地暗示了学生：你能力不行，所以要努力。这样就无形中增加了他们的畏难情绪。如果我们能意识到这一点，就会把学生视作理智与情感同时活动的个体，就会想方设法地去调动学生身心各方面的潜能。无意识与意识统一，智力与非智力统一，其实就是一种精神的集中与轻松并存的状态。这时，人的联想在自由驰骋，情绪在随意起伏，感知在暗暗积聚，技能在与时俱增。这中美妙境界正是情境教学所要孜孜追求的。

二是愉悦轻松体验性原则。该原则根据认知活动带有体验性和人的行为效率与心理激奋水平有关而提出。该原则要求教师在轻松愉快的情境或气氛中引导学生产生各种问题意识，展开自己的思维和想象，寻求答案，分辨正

---

① "文学心理学教学情境创设"作为湖北省教学研究重点项目，主持人毛正天、毕曼.

误，这一原则指导下的教学，思维的"过程"同"结果"一样重要，目的在于使学生把思考和发现体验为一种快乐，而不是一种强迫或负担。

三是师生互信互重下的自主性原则。该原则强调两个方面：一是良好的师生关系，一是学生在教育教学中的主体地位。良好的师生关系是情境教学的基本保证。教学本是一种特定情境中的人际交往，情境教学更强调这一点。只有师生间相互信任和相互尊重，教师对学生真正做到"晓之以理，动之以情"。这意味着教师必须充分了解学生，学生也必须充分了解教师，彼此形成一种默契。学生在教学中的主体地位决定了自主性侧重于教师鼓励学生"独立思考"和"自我评价"，培养学生的主动精神和创新精神，舞台中央始终是学生，教师是高明的导演。这一原则要求教师在情境教学中要充分把握学生实际，充分利用情境创设条件，精心设计问题，构思结构，突出学生主体性，教师巧妙入和出，隐和显，无在无不在。果如是，文学心理学理论课程任你如何抽象，也可以以具体的可感性、亲身性站在学生的想象力与理解力面前。

第八章 汉语言文学专业实践
教学模式探索

　　2015 年 3 月 5 日，李克强总理在第十二届全国人民代表大会政府工作报告中指出：要引导部分地方本科高校向应用型转变。2015 年 11 月 17 日，教育部、国家发改委、财政部联合发布《关于引导部分地方普通本科高校向应用型转变的指导意见》（教发 [2015]7 号）。此后，地方本科院校的应用转型蓬勃展开，进入新一轮教育改革的新常态，各地方本科高校在办学理念、办学定位、人才培养模式、师资队伍建设、课程改革、学科建设、实践教学等方面进行了有益的探索，在应用转型的理论与实践研究方面取得了突出的成绩。汉语言文学专业是高校的传统长线专业，有悠久的历史，学科积淀深厚，是专业中非常重要的专业，而且它直接对应中小学语文教师的培养和社会人才综合素质的培养，是全国综合性大学和师范院校必开专业。因为上述优势，又使其在实践性上探索不够，比经济、传媒、法律等其他专业缺少了灵动性。但这并不等于这个专业没有这种活性，在实践教学上不能作为。

第一节 汉语言文学专业特点审视

　　汉语言文学专业培养具有汉语言文学基本理论、基础知识和基本技能，能在新闻文艺出版部门、科研机构和机关企事业单位从事文学评论、汉语言文学教学与研究工作，以及文化、宣传方面的实际工作的汉语言文学专门人才。汉语言文学与教育结合，形成汉语言文学教育专业，培养在高等和中等学校进行汉语言文学教学和教学研究的教师、教学研究人员及其他教育工作者等。培养语文教师和语言文学工作者是其专业育人目标，而培养对语言文学作品感知理解赏析则不限上述专业工作者，还是所有社会人必须具备的人文素质。国家高考科目不管怎么改革调整，语数外均是考生牢固不变的知识基础。进入高等学校后，除专业的语言文学人才培养外，大学语文依然需要在所有专业中延伸开设，可见语言文学课程之重要性。语文教育源远流长，古代的教育基本都是语文的教育，特别是中国，西方科学的教育比中国早一些，但也不是替代性语文专业的教育。因其古老，积淀深厚，形成了自己的特色。

一、教学内容相对固定

汉语言文学学科具备的一个显著特点就是学科有着较为悠久的历史，并且教学内容相对固定，如作为我国教育界代表的北京大学其在建校之初就设置了中文专业，而该专业经过大约 100 多年的发展，中文专业在教学内容及方式等方面已经基本被固定，并且就我国一些政策规定发展来看，该专业开设的一些课程也没有出现一些明显变化，专业核心课程基本不变，这使得业界形成一种共识，就是中文专业是底蕴最丰厚的一个专业，也是整个大学教育体系发展中保持最稳定的一个专业。其优势是成熟厚重，科学性、标准性、规范性程度高。不足是内在过于凝固，难以适于快速变动。

二、以培养文学人才为主要职责

汉语言文学专业经过长期的发展，其已经作为一种培养知识分子、诗人、作家的主要温床，这些职业人才一般认为高大上，属于少数精英圈，居于高贵的层面。但是，社会大量需要和可培养的是能从事各种实用事务的专业人才，尤其是市场经济瞬息万变，需要专业的应用活性，以快速适应。很显然，汉语言文学专业理论意义上的培养文学人才目标不具备明显社会学意义，说不上具备应用性特征了。近几十年来，特别是改革开放，从计划经济转型为市场经济，很多大学中文系面向市场，殚精竭虑，主动低下身段，在专业的主干上，朝着商务、管理、传媒等应用方向修正，延展开设了涉外汉语、新闻学、文秘学等专业，语言文学的一些核心课程仍然作为这些专业的内核存在，此举的目的，很显然是为了提高汉语言文学应用性的有益尝试，通过不断地探索调整，这些专业的开设取得了一些成功，在汉语言文学的宽泛框架下培养出基本能吹糠见米的应用型人才。这一探索不仅成就了相关专业的知识体系，也为汉语言文学专业本身的应用性提供了有益的借鉴与信心。但是近几年来通过市场调查，公布的大学专业就业排行榜来看，汉语言文学毕业生在就业率方面的短板依然是专业的成熟性质与社会的快速变化要求的不对位，即汉语言文学专业在社会应用性方面的开发不够。

三、汉语言文学学科教育实践性内容很少

与应用性相关，汉语言文学专业教育往往强调学生对汉语语言运用水平

及能力，并且重视对学生文学素养的培养，而对于实践性的教育内容，一方面因为专业特点，该专业本身就缺乏一些实践性内容；而另一方面，在重视程度上也有不足，导致该专业实践性环节的不充分，即便强调的实践，也主要集中在文学写作等方面，教育者和实践者还主要盯着作家诗人等高贵的目标上，该专业应用性开发的思路还不开阔，实践性训练的步子没有迈开。

第二节 提高汉语言文学专业应用性策略与路径

汉语言文学专业在应用性上的强化提高不但具有较为重要的现实意义，而且就汉语言文学专业本身特点来说，其应用性的提高，也具有较高的可行性。首先汉语言文学学科的出现及发展本身有理论的依据，马克思主义中的人类社会发展理论及相关语言学理论均能够为其发展提供充足的理论支持。马克思认为，人是活动的动物，动物只有生命活动，没有生活活动，只有人在生活活动层面独至，在人的活动系统中，有实用活动层面，也有更高级的精神活动层面，为了人的生存发展，人要进行物质生产活动，也要进行精神生产，文学就是精神生产中的一种艺术生产；语言文学在这里有了坚实的理论支撑。从语言角度讲，只有人是能运用语言符号的动物，动物可以使用简单的信号，但是止步于语言符号。人是语言符号的动物，人使用语言符号生活，有以实用为目的的表达，也有以精神需要为目的的表达。后者属于文学艺术，与文学关联，而以实用为目的的表达也与语言学科关联。汉语言文学即是研究汉语言的实用表达及审美表达，以及文学的发展历史状况。由此可见，汉语言文学专业的教学还原于实践是可行的。其次汉语言文学专业在应用性方面提高具备充足的实现条件，当前汉语言文学学科的发展已经经历很长时间的发展，在这长期的发展过程中无疑积累了大量的经验，这对于提高汉语言文学应用性均有着极为重要的作用；最后社会需求是汉语言文学应用性提高的强大推力。就前文所述，汉语言文学在长期的发展中曾经做过很多尝试，如开设文秘专业、涉外汉语等应用专业无疑均取得了很好的成果，这更进一步说明了汉语言文学应用性提高有着很好的社会需求。

一、以市场为导向对专业知识体系进行优化配置

在中国的高等教育分类中，有三种类型，一是研究型大学，主要培养领袖人才，二是教学研究型大学，教学与研究并重，培养社会骨干精英，三是教学型大学，主要培养应用型人才。按照我国高等教育发展的历史沉淀，除国家与省市"双一流大学"外，其他高校主要应是教学型，以培养应用型人

才。这种分型错位发展是符合高等教育规律，也是符合社会实际需要的。人们对此的认识越来越清晰。比如，同样是汉语言文学专业，一般本科院校和北京大学能完全同样的定位，同样的要求吗？错位是必然的也是合理的。本著着重讨论一般高校汉语言文学专业人才培养的应用性问题。

当确定了不同类型等级高校错位发展理念后，市场导向就是应用型本科高校汉语言文学专业的风向标。必须要积极以市场需求为导向，进行汉语言文学学科专业体系的优化改革，调整教学目标，更新教学内容，加强与社会需求的对接，强化汉语言文学学科学生实践能力培养。在教育部的专业指导意见里，对于课程只规定了主干核心课程，保证人才培养的基本规格，对选修课等的设置给予了较大的优化空间。各院校可以通过对课程的优化设置，对必修课与选修课之间结构进行优化重组，最终针对性加强对学生知识体系结构的完善，提高他们语言文学应用能力，最终做到学生在学科专业领域的应用性不断提高。

以突出应用为导向调整人才培养目标，可以将课程分为三大模块：一是专业基础课程，主要是现代汉语、古代汉语、写作原理、现当代文学、中国古代文学、外国文学；二是专业核心课程，主要是美学原理、语言学概论、文学概论、写作与沟通、文化学概论；三是专业素质拓展课程（或称选修课程），可以有古典诗词鉴赏、古典戏曲与鉴赏、古代小说鉴赏、中国新文学研究、外国文学研究、民俗学等文学研究系列，着重培养对经典的鉴赏和研究能力；可以有新闻采访与写作、电视节目编辑与制作、广告文案写作、网络文学等新媒体系列。可有秘书实务、档案学、行政管理学等管理系列。三大课程模块，紧紧围绕应用型人才培养目标，可逐渐探索优化，形成一套汉语言文学专业的实践教学模式：即以校内实验（实训）为基础，以校外实（践）习为补充，由浅入深、由简到繁、由单项到综合的全方位、多层次、多角度交错并举、层层推进的螺旋式实践教学模式。当然，上述非严格限定而随列的具体课程只是一个大致框架，各学校大可以根据具体情况修订完善具有自身特色和应用性强的体系。如，很多地方高校把当地民俗文化列入其中，实践性的落实就容易得多。

二、进一步优化教学方式，提高教学质量

对于教学工作来说，课堂教学往往是学生学习知识的最主要渠道，而对于汉语言文学专业来说，在追求实践性的意义上，必须要重视对教学方式的优化，以切实提高教学质量，并尽可能避免过去照本宣科的教学模式，而是积极应用一些先进的教学模式来实现对教学质量的提高。如前文所讲的文艺

心理学教学情境创设就是一例。关键是要提升学生的实践动手能力，文学鉴赏课要能使学生可以有效鉴赏文学作品，对当下文学思潮、现象发出科学的声音；语言教学要使学生能提升语言表达能力，标准的普通话、信达雅的表述等等；写作与沟通课程能有效培养学生的实用写作、创意写作沟通对话的能力。在这样的目标下，所有的教学方式都可以探索使用。比如，情境教学法、问题讨论法、翻转课堂等等，都是题中之义，笔者作为全国写作学会负责人在强调教学方法创新时，向全国推荐"写作课的项目教学法"，即以项目作为教学的抓手，围绕这个项目去做工作，从策划、到具体组织，到总结等等全环节，都要亲力亲为，从策划书到具体组织不同阶段不同内容的所有文体都要会运用会写作，所有的文体你都要会写。通过这样的教学方法，学生可以把所学的文体写作知识全部转为实践，把所有的文体打通，即将知识真正系统化，从知转为行，达到知行统一，而且培养了学生的社会工作能力。总之，探索创新教学模式与方法是开放的，只要有利于学生实践能力的培养就是有用的方法。古人讲，"法无定法"就是这个意思。

三、突出实训环节，加强学生实际语言知识应用能力的锻炼

汉语言文学专业在实际教学工作中必须要加强对学生实际语言知识应用能力培养的重视，既要讲足理论，让学生明乎所以然，体现专业科班的特点与水平，又要紧紧围绕培养学生实际的语言运用能力的目标，强化实践训练，促其知行转化。要采用一切可以采用的措施，如优化考核方式，不单纯地将写作能力作为考核学生语言知识能力掌握的唯一定律，可以多方面综合性地对学生阅读能力、语言表达、书写等实际应用进行全面系统的考核测评，进而促进学生知识能力的提高及对文学素养的培育。

1. 实训（验）环节

实验（训）环节由课程实训、课程实验和综合实验组成。要牢牢把住应用性目标，精心设计实训（验）环节，与专业课程教学进程紧密结合，贯穿于日常教学的全过程。

其一，课程实训。主要指在授课过程中，根据学科特点、课程培养目标、课程内容、人才培养目标，一方面通过理论教学夯实学生的汉语言文学专业理论基础，提高学生的人文素养；一方面围绕汉语人才的核心能力——文字处理能力与写作沟通能力以及公众演说能力对学生进行培养与训练。在整个专业课程体系中，《现代汉语》、《古代汉语》、《写作与沟通》、《中国古代文学》、《中国现当代文学》、《外国文学》、《秘书实务》、《档案学》、《摄影与摄像技术基础》、《秘书公关与礼仪》、《应用文写作》、《电视节目编辑制作》、《小

说鉴赏》、《诗歌鉴赏》、《戏曲鉴赏》、《新闻采访与写作》、《广告文案写作》、《广告策划》等课程，都具有相当强的实践性，有的甚至十分突出，有胜一些应用性专业课程。如说话能力训练，写作能力训练等可以灵活穿插于理论课程教学中，对文学课程的理解也可以随时讨论，或改写，或表演，在课堂上即达到理想的教学目的。

因此，教者要思路清晰，稳盯目标，充分利用课内外时间，强化与课程相应的实践内容。例如《写作与沟通》课程的教学，本身就是实践性很强的课程，教者要精讲多练，写作理论讲得精，注重点化，提要钩玄，更多的是通过多种途径、多种方式进行写作训练。可以以各章节理论为基础，进行单项写作训练，如观察能力、感受能力、想象能力、立意与构思、结构与表达能力的练习；可以在教学过程中间辅以实践活动，强化书面表达能力与口头表达能力。如前面所介绍的项目教学法，如演讲比赛、原创诗歌配乐朗诵比赛与辩论比赛。每项活动，从策划书的撰写、任务的布置、人员的安排（参赛选手、主持人的遴选等）、舞台的布置、过程调控、评分颁奖等，都由学生承担，教师主要负责活动过程的督促。不管是演讲，还是原创诗歌朗诵，不管哪个环节，首先都要进行写作。既能锻炼学生写作文稿的能力，查阅、整理资料、提炼观点的能力，又能锻炼了学生的口头语言表达能力，还有活动的组织协调能力和分工协作的团队精神。还可以课外阅读与写作。每个学生每学期完成至少一定数量文字的随笔（日记或读书笔记）等写作练习，两周检查一次，并以平时成绩的方式进行鼓励与督促。如信阳学院文学院实行的"双三一工程"，要求学生大学期间精读100部篇经典，至少写100篇读书笔记，并纳入考核，与学生评优毕业挂钩，学生的实践能力训练就落到了实处。

又如《现代汉语》的教学同样是在完成汉语基本理论知识的学习后，着重语言应用能力的培养与提高，课堂上主要把单、双音节练习、文章朗读、说话练习融为一体，提高学生普通话水平、说话技巧、朗诵技巧，提高学生综合运用语言文字的能力。课外鼓励学生参加校院举办的演讲比赛、朗诵比赛、辩论比赛、主持人比赛等活动，进一步提高学生在实践中综合运用语言的能力。《中国古代文学》《现当代文学》《外国文学》课程一样具有实践性教学的阔大空间，在完成文学史知识的介绍、文章鉴赏方法的学习的同时，根据所学知识和方法，进行作品阅读、背诵、创作与鉴赏练习，联系方式不止于作业，可以改写创作，可以变成创作还原表演等等，既生动活泼又能培养学生实实在在的能力。

每门课程，授课教师都要从课程特点出发，根据人才培养目标，按照应用转型的要求，制订实训（验）方案，具体落实到每节课的课时计划中，要有明确的训练目标、训练内容、训练方式以及预期的训练效果等,并由教研室监督检查,与教师的课程教学考核挂钩。

其二,课程实验。汉语言文学专业很多主干课程都无需实验室,但是素质拓展课程等必须在实验室进行。比如传媒方向的课程实验主要在实验室进行,科目有《摄影摄像技术基础》与《电视节目编辑制作》,综合实验在课程讲授过程中、课程结束后进行。《摄影摄像技术基础》除在实验室进行图像处理、影音剪辑、影片后期制作外,其他如照相机、摄像机的使用、光线的测定与处理、构图、固定镜头与运动镜头的使用、画面调度、机位安排等单项训练,都安排在实训环节。实验室主要加强图片软件、非线性编辑系统的使用,项目有影视剪辑基本编辑流程、熟悉 Premiere 界面及简单编辑、练习 Project、storyboard 窗口的使用,采集编辑导入管理素材、transition 的使用、滤镜的使用、键控技术及应用、纪录片或者影视作品质组技术艺术分析等,培养学生处理图像的能力,强化单项操作技能,为综合实践性操作奠定基础。有的学校文学院或中文系太"文",轻工具,坚持一块黑板一支粉笔足够的传统观念,没有建设诸如此类实验室,所以这些方向拓展课程基本没有开设。值得注意的是,在当下传媒时代,这些已完全纳入了语言文学专业的人才规格,即便院系未建专门实验室,也要充分利用学校的相关实验室开设类似课程。一个明显的事实是,作为传统的纸媒在今天已经在快速消亡,或者说被融文字、视像、音像为一体的电子媒体代替,你道是新闻业的孤立现象吗?也就是说作为传统语言文字工作者必须要拥有视像音的制作能力,这是广义的语言文字能力,或者说这是当代语言文字能力的题中之义。

其三,综合实验。汉语言文学专业开设传媒方向课程,利用现代技术培训相关能力,对提升汉语言文学专业实践性或应用性有积极的意义。主要是影视节目的拍摄、剪辑与后期制作。综合实验以分组方式进行,每组若干人,组内进行分工,任务包括剧本创作、角色选择、场景选择与布置、导演指导、演员表演、影像剪辑、配音、文字等,小组自编自导自演一部微电视、微电影。每一环节都体现出学生的创造、团结协作精神。综合实验主要锻炼学生的图像处理能力、影音剪辑能力与影片后期处理能力,也是一个将单项练习进行综合处理的能力,其学科内容涵盖语言、文学、美学、电影理论、摄影、摄像、音响、剧本创作等相关学科内容。不少高校汉语言文学与传媒专业是放在一起开办,这对丰富汉语言文学专业学生的实践实验大有好处。

2.实习环节

通过课外、校外实习弥补课内、校内实训(实验)的不足,让学生真正走进学校、工厂等企事业单位,进行真实的业务锻炼。实习环节主要分为认知实习、业务实习和毕业实习三个阶段，并结合实训（验）环节的课程实训、课程实验和综合实践安排具体的实习时间。如在课程实训和课程实验的同时，安排对应的认知实习或业务实习，在课程综合实验后即安排毕业实习等，形成课内与课外、校内与校外、实验与实习相互交错而又层层递进的实践模式。

认知实习。认知实习是在学生学习相关课程过程中，为了巩固所学知识而进行的单项式的实践练习。主要方式是：文章写作与鉴赏、演讲、辩论、朗诵、主持、摄像、摄影、新闻采写、报刊编辑、广告调查、档案整理等，学生通过参加各种活动、比赛，将课内所学知识，结合课外实践进行锻炼，达到巩固、提高专业单项素质的目的。学校及院系为学生的认知实习提供了广阔的平台。如学校的各项大型活动、院系的办公室档案整理、校院报及公众号的采写、组稿、审稿、编辑、排版等，都由学生直接负责。

业务实习。业务实习在学生学完专业主干课程之后进行。学生在学完专业主干课程之后，基本掌握了汉语言文学专业的基本理论、基本方法，在此基础上，或自行联系、或学院推荐（如代岗实习、实习基地），走进广播电台、电视台、报社、期刊社、学校等企事业单位进行业务实习，目的是培养学生把理论知识与实践操作结合起来，在认知实习的基础上，进一步熟练文字处理、档案管理、公文写作、秘书实务、新闻采写、报刊编辑、摄影摄像、影像编辑与制作、广告调查与策划等业务，为今后就业打下坚实基础。

毕业实习。毕业实习在学生毕业之前进行，往往结合毕业论文选题和将来的就业方向进行有目的的实习，一般采取集中与分散安排相结合的方式将学生安排到企事业单位进行实习，主要实习文案处理、秘书实务、教育教学、新闻采写、报刊编辑、广告调查与策划、广告文案写作、摄影摄像、影像编辑、影像后期制作等内容，毕业实习阶段时间长，在认知实习、业务实习的基础上继续巩固提高，单项与综合相互结合，为就业创造条件，积累实践经验。

通过课外、校外实习，学生可以全面、深入地了解学习语言文学的意义，进一步深化专业知识，熟悉各种与语言相关的操作技能，对汉语言文学专业有一个较全面、客观的认识，同时提高学生运用知识的能力，为今后顺利走上工作岗位打下坚实基础。

3.科研环节

科研环节是对汉语言文学相关理论与实践的深化，是对学生所学知识的系统化提升。通常以学科论文、学年论文、毕业论文、假期社会实践报告、社会调查报告、广告（市场）调查报告、实习报告等方式进行，不少高校采用教师带的形式，培养学生的科研意识与能力，是切合实际的创新，笔者在台湾访学期间，还看到台湾有的大学专门给大学生设计学术学分，必须参加学术交流，从事项目研究，培养学生提出问题、分析问题、解决问题的能力，提高学生理论联系实际的能力。

科研论文写作是考察汉语言文学专业学生综合运用专业知识解决实际问题的能力，也是将大学四年所学知识系统化的能力。因此，科研论文写作的目的就是理解课程之间的联系，并运用所学理论，根据所选课题，进行深入研究的能力，涉及到选题、占有信息、构思结撰、语言表达、逻辑思辨、修改润色等综合语言应用能力，一些高校设置大学生科研项目制度就是很好的探索。

通过科研环节，学生可以针对感兴趣的领域做更深入系统的研究，提升专业理论与实践技能，从而培养具有理论素养高、应用能力强的专业人才。

经过这一系列实践锻炼过程，汉语专业学生毕业时熟练掌握了写作、鉴赏、诵读、演讲、辩论、主持、办公自动化、档案管理、学术研究、摄影摄像、图片编辑与影片剪辑等技能，为就业、创业准备了充分的条件。由此，传统古老的汉语言文学专业也年轻化了起来。可以在高校的错位发展中，以应用型定位，参与市场竞争，为社会培养急需的语言文字实用专门人才。

第九章 大学文学课程的人文素质教育教学

大学专门的汉语言文学专业以语言文学教育为专业，学生在学习专业知识的同时，潜移默化，经受陶冶，人文素质的培养得到实现。但在整个大学生群，汉语言专业学生只是极小的一个点，而且教学中也要有意识强化人文素质教育，庞大的大学生群体的人文素质需要培养，需要重视。

随着市场经济进程的演进，一方面带来物质财富的快速增加，经济与社会快速发展，人们对物质、经济、功利变得十分敏感，有很强的意识；另一方面人的精神素质即人文素质并未同步提升，反而因对物质功利的过于敏感而被遮蔽，这是全社会的问题，反映到教育上，说明教育对此重视不够，工作还有缺环。大学的专业学科教育，特别是工科教育，因为社会需要，被高度强化，以致单向深入，忽略了人文素质教育的融入，这样就有可能导致工具理性的强旺，而人文教育的素养的缺失。对此，社会呼吁，教育部及高校都在探讨针对性补救之法。华中科技大学特别注重大学语文课程的覆盖性开设，从本科到硕士博士必须过大学语文关，几十年来，乐此不疲，成为该校快速发展和毕业生高素质广受社会欢迎的秘诀之一。前年，中国首席学府清华大学决定在全校覆盖性开设"写作与沟通"课程也是这方面的积极追求，而且成效显著，并带动全国高校纷纷效仿，"忽如一夜春风来，千树万树梨花开"！

我国高校的语文课程几经沉浮。几十年来，除汉语言文学专业外，大学语文课程忽冷忽热。20世纪三四十年代的"大一国文"，50年代因教育界模仿前苏联教育模式而取消，1978年，在教育家匡亚明、徐中玉、苏步青等倡导下，"大学语文"复开。2006年发布的《国家"十一五"时期文化发展规划纲要》提出："高等学校要创造条件，面向全体大学生开设中国语文课。"教育部的质量工程为高等数学、大学英语、计算机基础、大学语文立了4个建设项目。这是大学语文在当代享受的最高礼遇。

当前，高等院校都以"大学语文"作为人文素质教育课程，以世界尤其是中国本民族的优秀文学作品为教学中心，虽然并不能全面解决大学生人文素质教育课题，却也在很大程度上实现了人文素质教育目标。历史悠久、光辉灿烂的中国文学和世界文学产生了一大批人格高尚、境界超凡的优秀作家和文辞优美思想深厚的优秀作品，无论是《诗经》的真实自然，《楚辞》的瑰丽多姿，还是唐诗宋词的优美意境，传奇小说的曲折浪漫，或是莎士比亚作品的绮丽睿智，抑或托尔斯泰作品的大气磅礴都历久弥新，在今天依然散发着不灭的光彩，成为现代人陶冶情操、净化心灵、丰富情感、提升人格的宝贵精神财富。以此作为人文素质教育重心，对大学生了解不同时代、不同民族的文化心理与审美情趣，在潜移默化中完善健全的人格，培养深厚的人文精神，有着不可替代的作用。本著拟着重从中国文学教学的角度予以探讨。

第一节 知人论世，启发引导，让学生领悟
作家的人格美

源远流长的中国文学是中华民族心理意识思想感情的生动记录和展现，从这些作家作品中我们可以认识了解民族传统的精神意识和文化品格。

伟大的文学艺术家都具有高尚的人格，他们的作品都体现着时代的良心和人类精神的光华，具有较高的价值取向。以文人士大夫为主体的中国古代作家，受儒家"修身齐家治国平天下"思想的影响，大都关注现实，关心国事，具有强烈的社会责任感和历史使命感，推崇"富贵不能淫，贫贱不能移，威武不能屈"的人格操守。在他们身上体现出了中华民族精神的闪光。像正道直行、独立不迁、上下求索、九死不悔的爱国诗人屈原；"忍辱含垢"发愤著书，欲"究天人之际，通古今之变，成一家之言"的司马迁；归隐南山耕种田园，东篱饮酒赋诗，自甘淡泊，不为五斗米折腰的陶渊明；一生傲岸不屈，蔑视权贵，狂呼"天生我材必有用"，高喊"安能摧眉折腰事权贵"的诗仙李白；针贬时弊，抨击黑暗，揭露"朱门酒肉臭，路有冻死骨"，发出愿"大庇天下寒士俱欢颜"的忧国忧民诗人杜甫；同情妇女命运，关心民间疾苦，"唯歌生民病"为时为事而作的现实主义诗人白居易；屡遭贬谪依然高唱"大江东去"、"一蓑烟雨任平生"、胸怀旷达洒脱豪迈的苏轼；忧愤一生，不忘抗敌，时时"梦回吹角连营"、"栏杆拍遍、无人会、登临意"的爱国词人辛弃疾；在敌狱中大唱《正气歌》、誓死不降、"留取丹心照汗青"的民族英雄文天祥，以及外国作家托尔斯泰善于洞察、挖掘人的内心奥秘，表现博大情怀等等不胜枚举。他们的作品美，所展现出的人格也美。他们通过作品所表现出的崇高理想、高尚情操和关心国家人民命运的爱国主义和人道主义思想以

及面对污浊黑暗势力永不屈服的抗争精神，对我们今天的学生都具有非常重要的思想教育意义。所以我们在学习欣赏文学作品艺术美的同时，还要引导学生尽可能调动情感去感受作家身上的人格美，在潜移默化中得到情感的陶冶和思想的升华。

一提起屈原，我们脑海中马上就会浮现出那位行吟江畔、仰头向天、上下求索的诗人形象。他为楚国强大而积极探索、九死而不悔的执着追求精神；坚持理想、不屈服于黑暗势力的抗争意识；独立不迁、正道直行、出污泥而不染的高洁情怀至今都会使人高山仰止，崇敬不已。文如其人，文品即人品。屈原是把自己的整个生命都溶入到诗作里了，他的诗表现着他的为人以及他的个性气质和精神品格。可以说，他的人即是他的诗，他的诗亦如其人。透过他的诗作，我们可以感受到他诚挚的爱国激情和坚贞不屈的灵魂。如《橘颂》一诗就是借橘树的品格来象征自己的人格："受命不迁，生南国兮。深固难徙，更壹志兮"，"苏世独立，横而不流兮"，这个深深扎根于南国土地上的决不迁移的橘树显然就是屈原坚持理想不随波逐流、虽九死而不悔品格的化身。作者屈原的品格与诗中所赞美的橘树的品性是融为一体的，在这里屈原以橘树象征自己，通过橘树向读者显示他的人格理想，所以《橘颂》一诗可以说是他人生理想的宣言书，崇高人格的定影照。屈原一生的所作所为就是"独立不迁"品性的最好注释。他一生始终坚持自己的"美政"思想，尽管屡遭打击却不改初衷，追求美好理想的信念毫不动摇："亦余心之所善兮，虽九死其犹未悔"，为坚持理想正义，哪怕死九次也决不后悔！"虽体解吾犹未变兮，岂余心之可惩"，即使将我身体车裂支解，我坚持理想的心志也不会受到惩戒。他也曾希望像战国其他人士那样周游列国，去寻找一个赏识他才能的国家来实现他的美政，但是屈原是一位如此忠贞诚笃之人，对于生于斯长于斯的乡土的深挚感情，使他不愿也不忍离开自己的祖国，最后只好自投汨罗江，以死殉自己的国家和一生为之奋斗的理想。因此我们在学习这首诗时，不仅要欣赏其优美意象、浪漫情思，同时还要让学生用心感受作者屈原如橘树般"独立不迁"的品格，理解屈原坚持理想、九死不悔的爱国情怀和正道直行、独立不迁、矢志不移的高洁品格。

再如诗圣杜甫一生忧国忧民，关注现实，直面人生，他身上集中了我国古代知识分子最宝贵的品格。不论现实多么黑暗，自己处境多么艰难，诗人决不会在它面前闭上眼睛，即使在安史之乱中，自己与最下层的人民一起颠沛流离，四处漂泊，也没有停止歌唱，而是以自己的亲身经历和深切体验创作出"三吏"、"三别"这样忧国忧民的史诗般的杰作，唱出时代最强音。杜甫可贵之处就在于无论穷达祸福，无论进退哀乐，他都始终面对现实，为国家的命运而忧虑，以人民的苦乐为苦乐。"穷年忧黎元，叹息肠内热"，便是这种人格精神的写照。广大下层人民的不幸时时牵挂着诗人的心，让他魂牵梦绕，心神不安。有时对下层老百姓生活的忧虑使他把矛头投向豪门权贵，发出"朱门酒肉臭，路有冻死骨"的愤慨。而这种关怀下层百姓命运，关注天下所有寒士的情怀在《茅屋为秋风所破歌》一诗中得到最为集中的表现。这首诗写诗人由一己的不幸联想到天下所有遭受不幸的寒士，并进而发出真诚的呼喊："安得广厦千万间，大庇天下寒士俱欢颜，风雨不动安如山。呜呼！何时眼前突兀见此屋，吾庐独破受冻死亦足。"这身处穷途依然心系天下寒士的人道主义情怀，这"吾庐独破受冻死亦足"的牺牲精神，的确表现了杜甫崇高的人格和高尚的情操，千百年来，一直激励着一代代读者，坚定着人们生的意志，陶冶着人的道德情操。

第二节 设身处地，联想再现，让学生感受作品的意境美

吟诵优秀诗文，总会挡不住文学的魅力，被作品所传达出来的那份独特的思想意蕴和情调氛围所感染陶冶。屈原作品的浓烈，陶渊明田园诗的恬静安闲，杜甫诗的沉郁，李白诗的飘逸，苏轼词的清旷以及辛弃疾词的豪迈都给人以美的享受和心灵启迪。大凡优秀的作家作品都具有一种晶莹澄明、和谐圆融、独立完全的艺术境界，这个艺术境界蕴含着作家独特的情思和意蕴，具有无穷韵味，令读者沉思再三，回味不已，这便是作品思想情感艺术形式完美融合所产生出的独特的审美特点——意境美。

意境美是文学作品特别是诗词所特有的审美特点。王国维在《人间词话》中曾说过"文学之事，其内足以摅已，而外足以感人者，意与境二者而已。""文学之工与不工，亦视其意境之有无与其深浅而已"。他把意境有无及意境的深浅看成是衡量评价艺术作品高低好坏的一个重要标准。

何谓意境？王国维说得好："写情则沁人心脾，写景则在人耳目，述事则如其口出是也、""能写真景物，真感情者谓之有境界"。"所以感情真挚、景象逼真的作品才能产生美的意境。如李白《送孟浩然之广陵》所抒发的对友人的依依不舍之情，杜甫《春望》中所传达的对花流泪，见鸟惊心的忧国忧民的情怀，无一不是诗人心中真情的喷发显现。正是因为诗人心中蓄积存储了那样的深情，所以一遇到外物感发，那浓浓情思便如喷泉般抒发出来。古典文学作品尤其是诗词佳作之所以意境鲜明，韵味无穷，不仅在于作者所抒之情真挚感人，而更在于所抒之情是通过逼真的景物画面透露出来。也就是

说作者所达之情与作品所写之景相互渗透，相互融合为一个独立完满、和谐统一的意象，达到情景交融的艺术境界，虽不言情，而情自在景中，这景中生情、藏情于景的情景交融所形成的艺术境界便是作品的意境。

景中融情、情寓景中的情景交融的佳作如李白的《送孟浩然之广陵》："故人西辞黄鹤楼，烟花三月下扬州。孤帆远影碧空尽，唯见长江天际流。"这是诗人于黄鹤楼头送朋友去扬州时所写的一首送别诗。全诗字面上并没有写两人分手时的离别场面，也没有一个字直接表露出对友人的情感态度。但通过孤帆渐渐消失在天尽头，江水的悠悠东流和久立江边若有所失的诗人形象，我们还是能感受到诗人与友人分手后的惆怅忧伤之情以及与友人间的情深意挚的依依惜别之情。虽全诗表面上句句写景，实际上却字字含情，端的"一切景语皆情语"。再如王维的《鸟鸣涧》一诗也达到情景不分、物我一体的和谐完美的境界："人闲桂花落，夜静春山空。月出惊山鸟，时鸣春涧中。"作者用他那生花妙笔为我们描绘了一幅美妙的山林夜月图：空旷寂静的山林，宁静得连桂花飘落的声音都能听到，皎洁的月光洒照大地，给山林镀上一层清辉。熟睡的小鸟被月光惊醒并不时在山林中鸣叫，它清脆的叫声穿过山林，在山涧中回荡，给寂静的山林增添了无限生机。全诗并没有一字抒写作者愉悦喜爱之情，但从这幽美宁静的画面中，从这皎洁的月光里，从小鸟清脆悦耳的叫声中，我们还是感受出了诗人那完全沉浸在大自然美景之中，与山林月色融为一体的喜悦悠闲之情。

宋人梅尧臣曾说："必能状难写之景，如在目前，含不尽之意，见于言外，然后为至矣"，优秀的文学作品不仅能把景物描写得栩栩如生，如在眼前；而且能使所写之景中蕴含让人思索、耐人咀嚼、回味无尽的"言外之意"。所以，我们在学习欣赏文学作品时，不仅要学生读出作品的诗情画意，还要在感受作品诗情画意美的同时，调动启发学生积极地思考，设身处地地想象，进一步领悟作品的言外之意、象外之象、画外之音，从而理解作品深刻的内在意蕴，获得一种人生哲理性感悟。如陶渊明那首《饮酒》诗可谓意蕴深远之作："结庐在人境，而无车马喧。问君何能尔？心远地自偏。采菊东篱下，悠然见南山。山气日夕佳，飞鸟相与还。此中有真意，欲辩已忘言。"在这首诗中，诗人为我们创造了一个情思悠远、自然和美、充满诗情画意的艺术世界。在这个艺术境界中，诗人悠闲自得，恬静安然地享受着大自然的山川美景，南山那美好的山气云霞和日夕归巢的飞鸟都给诗人带来审美愉悦，令他心静神安，情满意足。随着诗景的展现，我们读者的心也跟着诗人陶醉融化在这诗意的美景之中，诗人在这首诗中要表现的既非南山的云气、日夕的归鸟等山川景物，也非山下喧嚣的"人境"，而是要传达出一种与大自然山川美景融为一体的人生意趣。这种人生的意趣作者并没有直接抒写，而是通过山川景物之美，通过诗人那悠然而然、不经意间的一瞥而望见南山美景的意会中，通过那南山云气的归鸟的和谐自然的气氛中流露出来，让读者产生一种"只可意会不可言传"、"悠然神会妙处难与君说"的审美意蕴，真是"欲辩已忘言"，这便是诗歌意境那"言有尽而意无穷"的美育效果。

第三节 反复推敲，仔细品味，让学生体会
作品的语言美

文学是语言的艺术，优秀的文学家都是语言大师。后期象征主义的代表艾略特说过："文学家的工作乃是和语文及意义之艰苦的缠斗"，中国古代文学家更是注重语言的锤炼，讲究文辞表达，从杜甫的"为人性僻耽佳句，语不惊人死不休"，卢延让的"吟安一个字，捻断数茎须"，到韩愈的"惟陈言之务去"、"词必己出"，黄庭坚的"脱胎换骨"、"点铁成金"以及贾岛骑驴推敲的故事等无不说明古代作家对作品语言的重视，对字句的深思熟虑，希望用尽可能少的文辞表达尽可能丰富的内容，收到"辞简而情不遗"、"言有尽而意无穷"的审美效果。

现代文学大师闻一多说："中国的文字尤其中国诗的文字，是一种紧凑非常——紧凑到最高限度的文字"，中国古典诗词可谓是世界上最精纯的语言，多则百字，少则二十个字就可以传达出一派自然景观和心灵景象。这种文字紧凑、意义浓缩的突出表现便是古代作家对炼字炼句炼意的重视，他们除注重一篇之中每个字都千锤百炼成密度很高的音节，去掉一切可有可无的文字杂质，达到语言洗炼而内涵深厚的境界外，还特别注重锤炼一句诗或一首诗中最为精妙传神的一个字——诗眼，使之更传神地表现生活，给人以丰富的美感。"诗要炼字，字者眼也"，"工在一个字，谓之句眼"，就是说的这个意思。正如眼睛是心灵的窗户，诗眼，是一句诗或一首诗的中心字眼，最能显示一篇作品的主题意蕴或情思。所以，在欣赏古典诗词时，首先就要找出作品的"诗眼"，进行字斟句酌的分析；反复推敲，慢慢咀嚼，品味用字的巧妙精美，寻思其独特意蕴情思，从而抓住作品全文的思想情感内涵。"品诗之乐，在于慢猜细忖"。如贾岛《题李凝幽居》一诗中的"鸟宿池边树，僧敲月下门"两句就一向为人所称道，是诗人用自己的心血日积月累，日锻月炼，经苦苦思索推敲而得来的，贾岛自己也曾说："二句三年得，一吟泪双流"。这两句诗好就好在不仅描写了一个幽静的月夜美景，而且更在于"敲"字的运用，"敲"字寓动于静，不仅引起视觉联想，而且诉之于听觉感受，使人好象感觉

到一个小僧正在月光洒照的山前"笃笃"的敲门，这"笃笃"的敲门声穿过池塘，穿过山林，不时地在寂静空旷的月夜中回荡，给人以强烈的音乐美感，一字之换，意境全新。

再如王安石《泊船瓜洲》诗中"春风又绿江南岸"一句，"绿"字可谓全诗的"诗眼"。"绿"字这个色彩形容词传神之处在于作者在这里使之动化，具有了"吹绿"之意，从色彩情态上反映春风吹过后，江南大地到处都是绿草荣发、绿叶飘飞，给人以强烈的视觉触觉感受，使江南春景如在目前，难怪作者不用"吹""到""过"等词而用"绿"字了。而被王国维再三称赞的宋代词人宋祁"红杏枝头春意闹"（《玉楼春》）一句也可谓是炼字炼句炼意的典型。王国维在《人间词话》中说："红杏枝头春意闹"著一'闹'字而境界全出。"这一"闹"字，把红杏枝头的状态、颜色和它的运动声音联结了起来，视觉意象和听觉意象以及触觉意象连通了，构成了一幅红杏枝头鲜艳惹眼、春意盎然的景象。不仅如此，一个"闹"字还把诗人的感情也表现出来，红杏枝头也有人意，在那里争相喧闹，给人一份欣喜和悦之情。

被誉为"诗圣"的伟大诗人杜甫，更是炼字炼句的大师，其诗作大多成为后人师法的学习典范。如创作于安史之乱中，抒发了作者忧国忧民的情怀的诗作《春望》，首句"国破山河在，城春草木深"，从大处着眼，气势不凡，只十个字就非常准确地把国都沦陷、城池残破、山河依旧、乱草遍地、林木苍苍、游人稀少等多重含义传达出来，可谓言简意赅，"辞简而情不遗"。一个"破"字，使人触目惊心，继而一个"深"字，令人满目凄然。司马光说："山河在，明无余物矣，草木深，明无人矣。"国家衰败残破，唯有山河依然，真可谓荒凉之极，明为写景，实际却表达了诗人对国家破败、城池荒芜的无限感慨，寓情于景，情在景中。此联对仗工整，字词精炼，"国破"对"城春"，两意相反，"国破"之下继之以"山河在"，出人意表，耐人寻味；"城春"原为明媚之景，而后缀以"草木深"，则叙荒芜之状，情悲意切，富有韵味。短短十字，经过其艺术提炼，字字精当，无一虚设，用字遣词，"尽谢斧凿"，达到了奇妙精美的语言圣境。

总之，文学教学要从人文素质教育的角度与高度出发，在教学中渗透美学思想，启发引导学生调动情感去领悟感受作品的美学意蕴和作家身上的道德情操，使学生在潜移默化中得到情感的陶冶，心灵的净化，从而达到"以高尚的情操塑造人，以优秀的作品鼓舞人"，完善健全的人格，培养深厚的人文精神的教育目的。

第十章 建构主义教学观下的高校法学 互动教学模式

　　建构主义是一种关于知识和学习的理论，强调学习者的主动性，认为学习是学习者基于原有的知识经验生成意义、建构理解的过程，而这一过程常常是在社会文化互动中完成的。建构主义的提出有着深刻的思想渊源，它具有迥异于传统的学习理论和教学思想，对教学设计具有重要指导价值。

　　在研究儿童认知发展基础上产生的建构主义（constructivism）学习理论强调以学生为中心，要求教师从教者变为合作者，通过互为引发、互为促动、互为激励、互为召唤与应答，互为知识的输出和接受的多边活动达至教学目的，因此互动式教学就成为建构主义教学观的基本内涵。法学是一门理论与实践性极强的高校专业课程。传统的一言堂教学，严重地影响了学生的学习兴趣和教学效果。因此，借鉴建构主义教学理论，建构高校法学互动教学模式，就成为该学科教学中亟待解决的问题。

第一节 建构主义教学观下的互动教学模式

一、建构主义的教学观

　　建构主义源自关于儿童认知发展的理论，由于个体的认知发展与学习过程密切相关，因此利用建构主义可以比较好地说明人类学习过程的认知规律，即能较好地说明学习如何发生、意义如何建构、概念如何形成，以及理想的学习环境应包含哪些主要因素等等。总之，在建构主义思想指导下可以形成一套新的比较有效的认知学习理论，并在此基础上实现较理想的建构主义学习环境。

　　建构主义学习理论的基本内容可从"学习的含义"（即关于"什么是学习"）与"学习的方法"（即关于"如何进行学习"）这两个方面进行说明。

　　关于学习的含义，建构主义认为，知识不是通过教师传授得到，而是学习者在一定的情境即社会文化背景下，借助其他人（包括教师和学习伙伴）

的帮助，利用必要的学习资料，通过意义建构的方式而获得。建构主义特别强调学习环境中的四大要素或四大属性，即"情境"、"协作"、"会话"和"意义建构"。

①"情境"：学习环境中的情境必须有利于学生对所学内容的意义建构。这就对教学设计提出了新的要求，也就是说，在建构主义学习环境下，教学设计不仅要考虑教学目标分析，还要考虑有利于学生建构意义的情境的创设问题，并把情境创设看作是教学设计的最重要内容之一。

②"协作"：协作发生在学习过程的始终。协作对学习资料的搜集与分析、假设的提出与验证、学习成果的评价直至意义的最终建构均有重要作用，协作形成合力，包容团队思想的碰撞，热情的激发和智慧的互生。

③"会话"：会话是协作过程中的不可缺少环节。学习小组成员之间必须通过会话商讨如何完成规定的学习任务的计划；此外，协作学习过程也是会话过程，在此过程中，每个学习者的思维成果（智慧）为整个学习群体所共享，因此会话是达到意义建构的重要手段之一。

④"意义建构"：这是整个学习过程的最终目标。所要建构的意义是指：事物的性质、规律以及事物之间的内在联系。在学习过程中帮助学生建构意义就是要帮助学生对当前学习内容所反映的事物的性质、规律以及该事物与其它事物之间的内在联系达到较深刻的理解与把握。这种理解在大脑中的长期存储形式就是前面提到的"图式"，也就是关于当前所学内容的认知结构。基于如上理解，学习的质量是学习者建构意义能力的函数，而不是学习者重现教师思维过程能力的函数。换句话说，获得知识的多少取决于学习者根据自身经验去建构有关知识的意义的能力，而不取决于学习者记忆和背诵教师讲授内容的能力。

关于学习方法，建构主义提倡在教师指导下的、以学习者为中心的学习，也就是说，既强调学习者的认知主体作用，建构主义教学又不忽视教师的指导作用，教师是意义建构的帮助者、促进者，而不是知识的传授者与灌输者。学生是信息加工的主体、是意义的主动建构者，而不是外部刺激的被动接受者和被灌输的对象。学生要成为意义的主动建构者，就要求学生在学习过程中从以下几个方面发挥主体作用：①要用探索法、发现法去建构知识的意义；②在建构意义过程中要求学生主动去搜集并分析有关的信息和资料，对所学习的问题要提出各种假设并努力加以验证；③要把当前学习内容所反映的事物尽量和自己已经知道的事物相联系，并对这种联系加以认真的思考。"联系"与"思考"是意义构建的关键。如果能把联系与思考的过程与协作学习中的协商过程（即交流、讨论的过程）结合起来，则学生建构意义的效率会更高、质量会更好。协商有"自我协商"与"相互协商"（也叫"内部协商"与"社会协商"）两种，自我协商是指自己和自己争辩什么是正确的；相互协商则指学习小组内部相互之间的讨论与辩论。两者都非常重要。

教师要成为学生建构意义的帮助者，就要求教师在教学过程中从以下几个面发挥指导作用：①激发学生的学习兴趣，帮助学生形成学习动机；②通过创设符合教学内容要求的情境和提示新旧知识之间联系的线索，帮助学生建构当前所学知识的意义。③为了使意义建构更有效，教师应在可能的条件下组织协作学习（开展讨论与交流），并对协作学习过程进行引导使之朝有利于意义建构的方向发展。引导的方法包括：提出适当的问题以引起学生的思考和讨论；在讨论中设法把问题一步步引向深入以加深学生对所学内容的理解；要启发诱导学生自己去发现规律，自己去纠正和补充错误的或片面的认识。

建构主义所蕴涵的教学思想作为对传统教学观的颠覆，在知识观、学习观、学生观、师生角色的定位及其作用、学习环境和教学原则等方面形成了富有冲力和特色的教学观。

1. 知识观。在建构主义看来，知识是人们对客观世界的一种解释、假设或假说，它不是问题的最终答案，它必将随着人们认识程度的深入而不断地变革、升华和改写，出现新的解释和假设。知识是不可能一用就准，一用就灵的，而是需要针对具体问题的情景对原有知识进行再加工和再创造。真正对知识的理解只能是由学习者自身基于自己的经验背景而建构起来的，取决于特定情况下的学习活动过程。否则，就不叫理解，而是叫死记硬背或生吞活剥，是被动的复制式的学习。

2. 学习观。建构主义认为，学习不是由教师把知识简单地传递给学生，而是由学生自己建构知识的过程。学生不是简单被动地接收信息，而是主动地建构知识的意义，这种建构是无法由他人来代替的。学习不是被动接收信息刺激，而是主动地建构意义，是根据自己的经验背景，对外部信息进行主动地选择、加工和处理，从而获得自己的意义。外部信息本身没有什么意义，意义是学习者通过新旧知识经验间的反复的、双向的相互作用过程而建构成的。因此，学习，不是像行为主义所描述的"刺激——反应"那样。学习意义的获得，是每个学习者以自己原有的知识经验为基础，对新信息重新认识和编码，建构自己的理解。在这一过程中，学习者原有的知识经验因为新知识经验的进入而发生调整和改变。同化和顺应，是学习者认知结构发生变化的两种途径或方式。同化是认知结构的量变，而顺应则是认知结构的质变。同化——顺应——同化——顺应……循环往复，平衡——不平衡——平衡——不平衡，相互交替，人的认知水平的发展，就是这样的一个过程。学习不是简单的信息积累，更重要的是包含新旧知识经验的冲突，以及由此而引发的认知结构的重组。学习过程不是简单的信息输入、存储和提取，是新旧知识经验之间的双向的相互作用过程，也就是学习者与学习环境之间互动的过程。

3. 学生观。建构主义强调，学习者并不是大脑的白板进入学习情境中的。在日常生活和以往各种形式的学习中，他们已经形成了有关的知识经验，他们对任何事情都有自己的看法。即使有些问题他们从来没有接触过，没有现成的经验可以借鉴，但是当问题呈现在他们面前时，他们还是会基于以往的经验，依靠他们的认知能力，形成对问题的解释，提出他们的假设。教学不能无视学习者的已有知识经验，简单强硬地从外部对学习者实施知识的"填灌"，而是应当把学习者原有的知识经验作为新知识的生长点，引导学习者从原有的知识经验中，生长新的知识经验。教学不是知识的传递，而是知识的处理和转换。教师不单是知识的呈现者，不是知识权威的象征，而应该重视学生自己对各种现象的理解，倾听他们时下的看法，思考他们这些想法的由来，并以此为据，引导学生丰富或调整自己的解释。教师与学生，学生与学生之间需要共同针对某些问题进行探索，并在探索的过程中相互交流和质疑，了解彼此的想法。由于经验背景的差异的不可避免，学习者对问题的看法和理解经常是千差万别。其实，在学生的共同体中，这些差异本身就是一种宝贵的现象资源。

4. 师生定位。在建构主义框架里，教学关系有了全新定位。教师的角色是学生建构知识的忠实支持者。教师的作用从传统的传递知识的权威转变为学生学习的辅导者，成为学生学习的高级伙伴或合作者。教师应该给学生提供复杂的真实问题。他们不仅必须开发或发现这些问题，而且必须认识到复杂问题有多种答案，激励学生对问题解决的多重观点，这显然是与创造性的教学活动宗旨紧密相吻合的。教师必须创设一种良好的学习环境，学生在这种环境中可以通过实验、独立探究、合作学习等方式来展开他们的学习。教师必须保证学习活动和学习内容保持平衡。教师必须提供学生元认知工具和心理测量工具，培养学生评判性的认知加工策略，以及自己建构知识和理解的心理模式。教师应认识教学目标包括认知目标和情感目标。教学是逐步减少外部控制、增加学生自我控制学习的过程。教师要成为学生建构知识的积极帮助者和引导者，应当激发学生的学习兴趣，引发和保持学生的学习动机。通过创设符合教学内容要求的情景和提示新旧知识之间联系的线索，帮助学生建构当前所学知识的意义。为使学生的意义建构更为有效，教师应尽可能组织协作学习，展开讨论和交流，并对协作学习过程进行引导，使之朝有利于意义建构的方向发展。

学生的角色是教学活动的积极参与者和知识的积极建构者。建构主义要求学生面对认知复杂的真实世界的情境，并在复杂的真实情境中完成任务，因而，学生需要采取一种新的学习风格、新的认识加工策略，形成自己是知识与理解的建构者的心理模式。建构主义教学比传统教学要求学生承担更多的管理自己学习的机会；教师应当注意使机会永远处于维果斯基提出的"学生最近发展区"，并为学生提供一定的辅导。学生要用探索法和发现法去建构知识的意义。在建构意义的过程中要求学生主动去搜集和分析有关的信息资料，对所学的问题提出各种假设并努力加以验证。要善于把当前学习内容尽量与自己已有的知识经验联系起来，并对这种联系加以认真思考。联系和思考是意义建构的关键，其最好的效果是与协商过程结合起来。

二、建构主义的互动教学模式

基于建构主义的教学观，互动性教学模式成为其独特的贡献。即以学生为中心，在整个教学过程中由教师起组织者、指导者、帮助者和促进者的作用，利用情境、协作、会话等学习环境要素充分发挥学生的主动性、积极性和首创精神，最终达到使学生有效地实现对当前所学知识的意义建构的目的。在这种模式中，学生是知识意义的主动建构者；教师是教学过程的组织者、指导者、意义建构的帮助者、促进者；教材所提供的知识不再是教师传授的内容，而是学生主动建构意义的对象；媒体也不再是帮助教师传授知识的手段、方法，而是用来创设情境、进行协作学习和会话交流，即作为学生主动学习、协作式探索的认知工具。显然，在这种场合，教师、学生、教材和媒体等四要素与传统教学相比，各自有完全不同的作用，彼此之间有完全不同的关系。但是这些作用与关系也是非常清楚、非常明确的，因而成为教学活动进程的另外一种稳定结构形式，即建构主义学习环境下的教学模式。

1. 支架式（ScaffoldingInstruction）

支架式教学被定义为："支架式教学应当为学习者建构对知识的理解提供一种概念框架教学支架（conceptualframework）。这种框架中的概念是为发展学习者对问题的进一步理解所需要的，为此，事先要把复杂的学习任务加以分解，以便于把学习者的理解逐步引向深入。

这种方式有以下必须环节：首先搭脚手架——围绕当前学习主题，按最邻近发展区的要求建立概念框架。其次，进入情境——将学生引入一定的问题情境。第三，独立探索——让学生独立探索。探索内容包括：确定与给定概念有关的各种属性，并将各种属性按其重要性大小顺序排列。探索开始时要先由教师启发引导，然后让学生自己去分析；探索过程中教师要适时提示，帮助学生沿概念框架逐步攀升。第四，协作学习——进行小组协商、讨论。讨论的结果有可能使原来确定的、与当前所学概念有关的属性增加或减少，各种属性的排列次序也可能有所调整，并使原来多种意见相互矛盾、且态度纷呈的复杂局面逐渐变得明朗、一致起来。在共享集体思维成果的基础上达到对当前所学概念比较全面、正确的理解，即最终完成对所学知识的意义建构。最后是效果评价——对学习效果的评价包括学生个人的自我评价和学习小组对个人的学习评价，评价内容包括：自主学习能力、对小组协作学习所作出的贡献和是否完成对所学知识的意义建构。

2. 抛锚式（AnchoredInstruction）

这种教学模式要求建立在有感染力的真实事件或真实问题的基础上。确定这类真实事件或问题被形象地比喻为"抛锚"，因为一旦这类事件或问题被确定了，整个教学内容和教学进程也就被确定了，如同轮船被锚固定一样。建构主义确信，学习者要想完成对所学知识的意义建构，最好的办法是让学习者到现实世界的真实环境中去感受、去体验，即通过获取直接经验来学习，而不是仅仅聆听别人关于这种经验的介绍和讲解。由于抛锚式教学要以真实事例或问题为基础，也被称为"实例式教学"或"基于问题的教学"或"情境性教学"。

抛锚式教学模式也有五个步骤：首先创设情境——使学习能在和现实情况基本一致或相类似的情境中发生。其次是确定问题即"抛锚"——在上述情境下，选择出与当前学习主题密切相关的真实性事件或问题作为学习的中心内容。第三是自主学习——基于发展学生的"自主学习"能力的目标，由教师向学生提供解决该问题的有关线索。第四是协作学习——讨论、交流，通过不同观点的交锋、补充、修正、加深每个学生对当前问题的理解。最后是效果评价——与支架式方式不同，抛锚式教学的学习过程就是解决问题的过程，由该过程可以直接反映出学生的学习效果。因此对这种教学效果的评价不需要进行独立于教学过程的专门测验，只需在学习过程中随时观察并记录学生的表现即可。

3. 随机进入（RandomAccessInstruction）

这种模式基于事物的复杂性和问题的多面性，在此情况下，要做到对事物内在性质和事物之间相互联系的全面了解和掌握，即真正达到对所学知识的全面而深刻的意义建构是很困难的，这就留有建构不同意义的阔大空间，从不同的角度考虑可以得出不同的理解。为此，教学者要善于把握与创造切入点，对同一教学内容，要在不同的时间、不同的情境下、为不同的教学目的、用不同的方式加以呈现，引导学生多角度多层面的理解建构。换句话说，学习者可以随意通过不同途径、不同方式进入同样教学内容的学习，从而获得对同一事物或同一问题的多方面的认识与理解，这就是所谓"随机进入教学"。显然，学习者通过多次"进入"同一教学内容将能达到对该知识内容比较全面而深入的掌握。这种多次进入，绝不是像传统教学中那样，只是为巩固一般的知识、技能而实施的简单重复。这里的每次进入都有不同的学习目的，都有不同的问题侧重点。因此多次进入的结果，绝不仅仅是对同一知识内容的简单重复和巩固，而是使学习者获得对事物全貌的理解与认识上的飞跃。

第二节 建构主义教学观下高校法学互动教学模式的主要内容

法学是一门应用性很强的综合学科。法学教育的根本目的之一，在于提高学生应用法律知识解决实际问题的能力。而能力的转化形成不可能靠教师单一角色来完成，因此，建构主义教学模式的引入就表现出十分积极的意义。

一、立足现实，法学理论和实践互动

法学课程实践性很强，缺少实践环节，无异于"纸上谈兵"，闭门造车。社会每天都在发生着需要法学理论去解读、去指导、去更新的生动现实。法学应当活在生活当中。要取得良好的教学效果，理论与实践的互动是必不可少的。传统教学活动主要围绕教师讲授某种专门理论知识而展开，强调教师讲授，强调教师的主体性，课堂的调控权掌握在教师手中，其有效性在于对课堂控纵在握，有条不紊，对法律概念、原理以及现行的法律条文等稳态性知识的传达系统完整，突出了法学知识的稳定性一面。但这种教学方法忽视了法律的应用性和对学生实践能力的培养，忽视了社会生活的新变化。我们应该认识到，一方面生活中的现实与法学理论关联，教师及时地将理论与实践紧密联系，可以提升学生对理论的领悟和促进其能力的转化，另一方面，建构主义学习观认为，知识并不能绝对准确无误地概括世界的法则，提供对任何活动或问题解决都适用的方法。在具体问题的解决中，常常需要知识的更新与创造。生活实践的变动永远提前于理论的概括与设计。生活中常常出现法律真空、法学理论缺位的情形，这些正是推动法学不断发展的动力源，也是法学教学提高教学质量，提升学生兴趣能力的契机。

前些年，《中国青年报》曾经报道，四川男子姜林筹资成立了一家民间孤儿院，专门收留在街头流浪乞讨的儿童，孤儿院因为"未经审批不合法"，无奈解散。而此前，姜林为组织注册一事找过当地的民政局和教委，双方互相

推诿，称不在管辖范围。由此不难发现法律对民间孤儿院的无情，反映出法律对孤儿保障的缺位。法律与人情冲突的新闻，我们已不再陌生；关照孤儿的法律，却仍然缺失。又如在重大疫情下，防控无力和防控过当行为的处理，现行的法律是不完整的，又是法律缺位。例如，蓬勃发展的外卖业务，新生事物，大大方便了群众生活，但是这里面有很多细节涉及侵权等问题，而现有的法律并没有及时跟进，便出现了法律真空。前年，有网友在脉脉职场平台上匿名发帖称，一名美团外卖送餐员在送餐途中私自打开客人饭菜，吃了两口又吐在餐盒内，随后竟还正常派送。帖子一出，外卖安全问题又被推到了舆论的风口浪尖。其实，这类外卖问题早已不是个例，前段时间，"外卖撒尿"事件就令人咋舌，连续加班两个通宵的谭先生在收到妻子通过"闪送"（同城快递）寄来的焖烧杯后发现，汤里竟有一股尿骚味。在给快递公司的电话投诉后，谭先生接到自称是快递员的电话，对方在电话中承认：汤被自己喝了，加了尿进去。又如人肉搜索，解决了对一些违法者的信息掌握，但也因边界不清，侵犯隐私，容易伤害其他无辜的人，这些伴随新生事物出现的违法现象，需要法律及时跟进。法学教学及时将之带入课堂，让学生同步思考，会很好提升学生的分析问题和解决问题的能力，又加固和优化了学生与社会的联系。

法学理论教学与实践应用互动，关注实践，关照生活。学生在这样的教学中，获得的不是被灌输的死知识，而是理论与实践互动的能力。在西方，英美法系国家的法学教学采用判例教学法。运用具体案件分析基本的法律概念和原则，将法律专业理论与律师办案实际相结合，教师上课鲜讲稳态而抽象的序言、概论、定义之类，而是开门见山地组织、引导学生分析案例，提出问题，与学生共同讨论。教师可以提问学生，学生也可以提问老师，教学互动，教学平等，教学相长，在问题情境中协作交流，完成教学，达到训练学生的职业技巧和技能，促进学生积极思维、个人钻研、独立思考，发挥学习的积极性，使之掌握广泛的法律知识和规则的目的。虽然我国属于与英美法系不同的成文法体系的国家，但是教学方式实质是可以沟通的，这也正是建构主义的题中之义。

二、引导启迪，教学双主体互动

在建构主义教学观看来，专业教学都有通用性，都可以通过互动达至理想的教学目的。法学专业学习同其他专业学习一样，是一个交流合作的互动过程，在教学活动中教师视学生为学习主体，自己尽量扮演组织者、指导者、参与者和研究者，帮助和促进学生的知识建构。这样，学习过程就成了双主体的互动过程，教师作为教的主体，要善于引导启迪，学生作为学的主体，要发挥认知主体的能动性，借助教师的引导与同学的协作，通过意义建构的方式获得能力。双向互动式主体性教学是发挥人的主体性的活动，这和人的存在本质相一致，和教师与学生的存在本质相一致。从更深层意义上说，也正是师生在教学中发挥自身的主体性才使得教学具有个体差异性和多样性，才形成了多种多样的教学风格、学习风格和教学效果。

由此可见，通过教学主体的互动，启发式代替了灌输式，学生由被动接受变为情景生发融会，不仅教学双方互为启发激活，而且学者群也互为启发激活，形成有利学习的巨大环境。在这种环境中，智慧火花频闪，创造力不断彰显，教学灵活了，不仅教给学生法律知识，尤其是教会了学生应用法律知识，分析解决问题。正如加拿大课程专家史密斯所言"老师所关注的并不是教——即通常所说的灌输条理分明的知识，而是保护使每一个学生找到适合自己道路的环境条件。"在教师精心组织的话题下，学生形成兴奋中心，自己去思考、体验和建构，加上学生之间的互相影响、引导、启迪，充分协作，在教与学双主体的互动创造的情境中，群体的思维与智慧可以被整个群体共享，彼此取长补短，互相启发，达至学习的最佳境界，共同完成对新知识的意义建构。教师像一个伟大的指挥家，每个学生像高超的音乐师，都发挥主体性，演奏出动人的交响乐章。

第三节 建构主义教学观下高校法学互动教学模式的构建途径

一、强化高校法学互动教学观念

高校法学教学要想有所突破、彰显效益，首先必须从改变教学观念开始。思想是行动的先导，观念决定目标。科学把握教学中教与学的关系、教师与学生的关系，讲授与训练的关系等等，十分重要。强调交往互动是教师的教与学生的学相统一的实质与关键。没有交往，没有互动，就不存在或未发生教学，那些只有教学的形式表现而无实质性交往的"教学"是假教学。要牢固树立基于师生交往的互动互惠的教学关系的教学观。

二、把握高校法学互动教学应坚持的原则

1.系统原则。互动教学模式是一个系统的运作，调动各种合力为激发学生情感智慧，提升教学效果，促进学生主体性身心发展与健全人格的形成服

务。因此，必须强化四要素的有机运作，既使每个环节成为自足系统，又让每一环节紧密相连，互相协调，合力发挥，成为与实际教学紧密联系的有着丰富内容的灵活的能够不断发展、自我完善的大系统。

2. 师生互动原则。建构主义学习观突出交流互动，讲究会话协作，强调师生关系的多边性，强调师生的平等性，以保证四要素的运作始终保持优化状态。

3. 人性化原则。教师作为教学的主导者，必须以人为本，充分体现人文情怀，尊重学生的主体地位，满足学生自我发展的需要，以利学生学习主动性的发挥，使学生变被动为主动，变"要我学"为"我要学"，真正成为学习的主人，使每一个学生的健康成长。教师倾情于学生，学生与教师心心相印。这样的教学活动一定能事半功倍，为学生乐于接受，并产生积极的效果。

4. 可行性和实效性原则。互动教学模式的目的是转换教学模式，强化教学效果，因此必须务实务本，"因材施教，以人为本"，要充分张扬学生个性，提高学生学习热情，达到教学效果。

三、高校法学教师要有广博的知识修养

教师身在教学第一线，直接与学生面对面交流。教师的良好修养对教学起促进作用，得体的方法对发挥教学的主导作用显得尤为重要。法学不仅本身在不断发展变化，理论需要与时俱进，发展更新，而且与社会各个行业有关联，法律的运用不是仅仅在法律本身，更重要的是需要对相关领域密切联系的具体的法学进行分析。随着社会分工越来越细，雨后春笋般涌现出了一大批新产业、新行业，如金融证券，社会、商业保险，电子信息，娱乐旅游，房地产开发等。与之相关的法律问题也应运而生。这些，对教学者的文化层次、知识结构提出了新的要求，从这个意义上讲，法学教师又是个"杂家"。这就要求教师要有丰厚的积淀，有宽厚的外围知识做支撑，否则很难讲好课程。

四、善于运用先进的现代教育技术

传统教学模式是教师讲、学生练，粉笔、稿纸加黑板。教师靠的是语言、态势和板书，学生则煎熬于记笔记、背条文之中。教师案牍劳形、声嘶力竭；学生则被逼无奈、兴味索然。教学双方都只能在一种高付出、低效率的误区中徘徊。而现代教学可以充分利用现代教育技术，如多媒体、网络等，最大限度地扩展教学内容，减少教师的劳苦，弱化学生的枯燥感，节约教学时间并提高课程效果，使教学事半功倍。

第十一章 法学专业的历史教育探索

近年来，我国高等法学教育快速发展，体系不断完善，培养了一大批优秀法律人才，但我国高等法学教育依然存在着培养模式相对单一，学生实践能力不强，应用型、复合型法律职业人才培养不足等问题。因此，教育部专门提出了"卓越法律人才培养计划"，将提高法律人才培养质量作为我国高等法学教育改革发展最核心最紧迫的任务。准确地理解国家的战略决策，培养应用型、复合型法律人才不仅仅强调的是法律的应用性与工具性，其更深层的潜台词是要培养真正懂法律、会法律、能制（订）法的全能型人才。这样的人才培养在教育上不仅仅强调的是对法律法规条文的博闻强记，更是对法律深层中的历史、文化、哲学以及与本国实际结合能力融会贯通的综合要求。因此，要培养复合型人才和应用人才，应当首先注重法学的历史教育和历史学习。

美国现代实用主义法学的创始人霍姆斯曾经说过："历史研究之一页当抵逻辑分析之一卷"，其主旨在于强调，对于理解与解释当前法律的现状，历史的考察与研究较之于纯粹的逻辑分析与推理更具说服力"[1] 法学研究的对象是被认为是复杂而高深莫测的存在，但是"那些常常被人视若当然或者看作自然构造的东西，事实上却是由一组复杂而变化着的环境、实践和习惯共同作用的产物"[2]。所有法律制度都是利益博弈和妥协的结果，历史地看，现行的任何一门部门法其制度的规定并不必然，也不必需，其产生和发展并非基于理性分析和严格程序，而有其历史形成过程的复杂性乃至偶然性，制度设计可能先于正当性论证，或者说，实在地推动制度形成和发展的因素不同于推动者的表面说辞。典型例子就是知识产权法，虽然现在的通说认为知识产权法制度设置的目的是出于公共利益，但是如果从历史上进行分析，可以发现，商人或者资本的力量才是推动知识产权法法律制度变化的根本原因，理由并

---

① 黄海峰 . 知识产权的话语与现实版权、专利与商标史论 [M]. 武汉：华中科技大学出版社，2011.

② （澳）布拉德·谢尔曼．（英）莱昂内尔，本特利 . 现代知识产权法的演进—英国的历程 [M]. 金海军译 . 北京北京大学出版社 .2012：7.

不高尚。因此，所谓的知识产权制度的成因中，有可能包含了制度的正当性，但是这种正当性与其所言称的并不相同。因此，对于法学专业的学生而言，培养一个法律工作者基本的人文素养非常重要，绝不能仅停留在单一的法律条文层面，而深厚的人文素养的途径之一便是推进法学专业学生的历史教育。

第一节 历史教育与法学学术研究

何为"法"——"法是由国家制定或认可并有国家强制力保证其实施的，反映着统治阶级的意志的规范系统，这一意志的内容是由统治阶级的物质生活条件决定的，它通过规定人们在相互关系中的权利与义务，确认、保护和发展对统治阶级有利的社会关系和社会秩序。"[1]法的基础是社会的物质生活条件，它是由生产力、经济基础乃至整个社会发展的客观需要所决定的。正是在生产力不断提高的过程中，法最终形成并且随社会利益变化而变化。法不是一成不变的。在一个稳定的国家中，从法的形成而言，首先要求出现客观的社会需要；其次，当这种社会需要被大多数人所接受或者代表极大利益时，它就开始被寻求转化为占统治地位的法律意识和法律要求；最后，统治阶级通过法的创制过程，在不违背统治阶级根本利益的情况下，权衡各种利益，将它们综合起来，形成国家意志，将抽象的法律动机转化，定型为具体的法律规范并赋予必须被遵守的法律效力。因此，在法学学习中，必须保持发展的眼光，能够与时俱进。从理论上来说，今天所存在的法律制度，其产生和确定可能带有极大的偶然性，而这种偶然性往往是逻辑推理无从着手的，"所以历史研究的价值，则在于表明现有的规则并非当然如此，而是有其特定的发生原因和发展过程并且在此过程中存在各种复杂性与可能性，从而增强理性认识批判及变通创新能力。"[2]认识到这一点，对于法学专业的学生来说，今后在对法学部门及其对象的研究中，就不会再以想当然的方式轻率处理，而是返回历史语境加以认知把握。法学庞大复杂的结构体系，无论其逻辑起点还是理论归宿都需要追溯其根源。以知识产权法为例，"发达国家几百年的经验告诉我们，围绕知识产权问题所建立的体系、机构、制度、远比中国人有限的体验和由此激发的想象复杂得多"[3]，中国的知识产权"由于历史的原因，尤其受论者心胸狭隘和眼界偏执的局限，对清末到民国政府时期的情况我们

---

① （澳）布拉德·谢尔曼，（英）莱昂内尔，本特利. 现代知识产权法的演进—英国的历程 [M]. 金海军译. 北京北京大学出版社 .2012：7.

② 孙国华，朱景文. 法理学 [M]. 北京：中国人民大学出版社，2004.

③ 黄海峰. 知识产权的话语与现实版权、专利与商标史论 [M]. 武汉：华中科技大学出版社，2011.

知之甚少，遑论研究，基本没有概念，更无脉络可循，没有资格做任何评断。这是我们必须补上的一课。否则，数典忘宗，没有资格谈论今天。因此，对法学本身而言，它是由社会经济基础所决定的，是一个不断变化和发展的过程，时移世易，今天所确定的法律体系或者法律制度本身，其实就是立法者在不断变化的经济社会形势下做出的安排与取舍，世界上没有放之四海和古今皆准的绝对普适真理。任何理论都有它一定的历史和社会背景，标志其适用指向。因此，"观今宜鉴古，无古不成今"，任何割裂法的历史联系所做出的结论都是虚妄而轻率的。例如当代理论通说往往认为"知识产权法最大的受益者就是作者。"但是事实上，从历史上看，这种观念只是种理想化的"浪漫作者观"。米歇尔·福柯在其《什么是作者》中，指出这种作者观实际上来自于18世纪以来人们理想的建构，它没有恰当反映真正现代写作实践。这种观念的出现，仰仗于对所谓"原创性天赋"的无限推崇——作品是作者的个性，更是作者的财产。而鼓噪用这种浪漫主义腔调来谋求真正知识产权立法的恰恰是书商。通过这样的哲学建构，原本读者与作者以及书商与读者之间的关系被抽象为作者—作品的关系，而作品成为一种独立可为支配的物，由此，作者的创作被客观化，同时权利控制的对象也被客观化。这样种概念使得出版商的地位得到巩固，因为作为作者权利的继受方，其所取得的权利具有支配性，它可以在规定范围内排除他人甚至作者本人的干预，而一旦出版商以一定价格获得了作者的权利，那么其所得的就是种类似于动产所有权那样的权利，这样就可以高枕无忧享受市场所带来的剩余价值。所以，从历史上来看，商人才是这种观念、这种立法的最大受益者。得益于这样的法律建构，作为权利承继人的商人就拥有了在法律上"挟天子以令诸侯"的无上道德力量。这也就是前文所提到的法律表达与真实推动因素分裂的体现。在这个问题上，历史分析使得学生对既有法律概念去伪存真，方便更加全面而正确的理解法律制度。因此，通过对法学及其相关历史的学习，为学生的法学研究打下厚重的理论基础，培养学生由此及彼，全面综合看待问题、解决问题的能力，这是推进法学专业学生进行历史教育的客观条件。

其次，推进法学专业学生进行历史学习是培养具有国际视野、通晓国际规则，能够参与国际法律事务和维护国家利益的涉外法律人才的客观需要。法律制度的发展有其特殊的历史过程。西方发达国家的法制建设不仅仅是我国学习的榜样，更是国际规则的制定者，因此作为法学专业的学生需要对西方发达国家法制的哲学思想、制度设计、规则制定过程、立法修法的过程及原因等等内容进行全面的学习了解，只有把握过去，才能解释今天，更才能预测未来。以著作权法而言之，西方发达国家有不同的立法重点，英美属于版权体系，而德法属于著作权体系，两种体系最大的不同就在于对作者所谓著作人格权的保护上。英美认为作品就是一种财产，注重于市场交换的公平合理。而德法则认为作品不仅仅是财产，更是作者人格的一种延伸，而这种人格是不容侵犯的，它是人之所为人之基础。因此，英美的版权体系制度构建与交易法类似，而著作权体系中则设置了大量的保护著作人格权的条款以及邻接权的规定。虽然现在国际立法有趋同，版权体系和著作权体系相互借鉴而有交叉融合之处，但是在具体的案件中依然要区别对待。因此，如果要培养具有国际视野并能参与国际法律事务的学生，对西方法律哲学以及国际规则的变化史的学习是前提条件。

再者，培养国际视野的同时还必须能立足于中国实际，因此推进法学专业学生进行历史学习有利于理解法律的本土化。萨维尼说过："历史是一位崇高的女教师，只有通过她，才能够与民族的原始生活维持活生生的联系。如果这项联系丧失了，则民族的精神生活中最优秀的部分将被剥夺。"[1]通过历史研究，我们可以了解"法"在中国其发展过程是怎样的，其对中国文化影响是如何的。举例而言，今天谈中国的封建制法，通说总是认为其以家族与宗族制为基础，君主制法、诸法合体、以刑为主、引礼入法、礼法结合等等，但是事实上，中国最为"法治"的朝代是战国的秦国和后来的秦朝，这个时期提倡"百家争鸣"，各个学派各抒己见，强国富民。而最后的胜利者就是"法家"。如果研究此时的历史，可以发现，即使是"法家"，它也有不同的取舍。韩非子归纳总结了"法家三治"（势治、法治、术治），其代表有"法治"的商鞅，"术治"的申不害以及"势治"的慎道。其中商鞅所推行的是绝对的"法治"，其特点在于"唯法是从"，其"法"之力并不在"立法技术"高明，"法典"多少，而在于确定了"法"的力量，确立了一个在法面前人人平等之原则。故而秦国最后一统，其所依赖的并非明君强臣，靠的是"法"的端正和在"法"之下的平等。而对于术治来说，他们与主流的法治派别相比分歧极为明显，因为，法家主流主张唯法是从，术治派则主张以"术治"为变法核心。《申子》云："申不害教昭侯以驭臣下之术。"《史记·韩世家》载："申不害相韩，修术行道，国内以治，诸侯不来侵伐。"而何为术治—"术治者何？督察臣下之法也。究其实，便是整肃吏治并保持吏治清明的方法手段也。"但术治者重阴谋权术，故而必导致阴谋丛生，实同内耗也。势治则是以势取人，势小者依附于势大者，故而在一国中，必导致绝对的君主专制，法亦被定义为君之旨意，实同人治。因此，法家三派，唯"法治"一家可取。故而，时至今日，"法"必然为强国之根本，只有拥有了良好的法治，才可能有良好

稳定的社会环境，社会才可能会向前发展。社会主义和谐社会是梦想，而如果没有真正的"法治"，这种梦想也只能是梦想。因此，学生通过对历史的学习，不仅可以端正对待法学的态度，更能树立在中国推进法治以及推行何种法治的信念，这也是中国法学专业学生在未来国际化过程中实现"法治中国化"的前提。

再者，对法学专业学生开展历史教育也可以培养学生对整个法律制度全局化的视野，在思想上能够构建法律制度的体系化，孟德斯鸿的观点指出："整个立法和它的各种特别规定不应孤立地、抽象地看，而应当把他们看作一个整体中以来的环节，这个环节是与构成一个民族和一个时代特性的其他一切特点相联系的。"[①] 在法学研究中，一旦涉及到历史因素，往往产生偏颇情形。而这两种情况都源于研究者对法学问题与历史传统的割裂。一方面，今天的很多法学问题，其研究往往只是问题本身，一叶障目不见泰山。比如对既有法律传统的继承和评价，过于注重于意识形态的因素，在论证时往往夸大缺点。其实，举凡社会基本问题，在任何一个时代都有。若仅仅注重于具体的阴暗与苦难，从而以因为有此等阴暗而否定一个时代所创造的文明，应该说，这不是文明历史的评判视野。作为一种文明审视所应具有的历史意识，我们应该看到的基本方面是：这个时代的总体生存方式、总体生命状态及其独有的创造力，这个时代解决种种社会矛盾的基本方式是否具有进步性，其创造的文明成果是否经得起历史的验证，是否足以构成一个民族的精神根基。舍此而孜孜于种种具体阴暗的搜求罗列，将完全可能导向历史虚无主义，而悲剧性地否定整个人类历史开掘创造的存在意义。无论如何，这是不可取的方向，就如同我们对秦法"严苛"认定，正确地说，我们对秦法的审视应该整体化，应该历史化地分析，不能效法曾经有过的割裂手法—仅仅以刑法或刑罚去认知论定秦法，而应该将秦法看作一个完整的体系，从其对整个社会生活规范的深度、广度去全面认定。另一方面，割裂整体历史而产生自负情绪。比如在知识产权领域，郑成思教授认为："版权在我国的起源，也只应追溯到宋代。而通行全国的版权保护制度，在我国只能追到清王朝灭亡的前一年了。这并不是说宋代以前的历史中不存在今天版权值得的某些萌芽。"[②] 而对于安守廉教授来说，郑成思教授的观点就是有失偏颇的，原因就在于"并非只有中国人把国家利益和今日所谓之知识产权联系在一起。无论是普通法系还是大陆法系，禁止擅自复制图书的观念最初并不是出于'作品是作者之财产'的信条，而是希望促使出版者不会出现异端材料……中国学者的典型做法是把

---

① （德）黑格尔. 法哲学原理 [M]. 范阳，张启泰，译. 北京：北京商务印书馆，2007.
② 郑成思. 版权法 [M]. 北京：中国人民大学出版社，1990.

皇朝为控制思想传播而采取的措施视为著作权保护，以此终结了探究。"笔者在此还是认为，既然谈的是版权或者是专利权，其前提是有了版权制度或者专利制度，否则就没有这种法定权利保护的必要，所以，在这种制度出现之前，都只能视之为一种萌芽。因此，由这个结论可以看出，通过历史的方法进行研究，学生可以对整个制度进行了解，对其来龙去脉进行整理，最终能够在自己的知识体系中构建出自己的全局法律体系化，并由此提高学生运用法学与其他学科知识方法解决实际法律问题的能力。

最后，在法学专业学生中推行历史教育，这也是培养学生法学研究方法的要求。与历史教育相关联的，就是法史学的研究方法。法史学的研究要还原历史，运用考据的方法，对历史上的制度、人物、事件等进行求真的考察。还要考察历史的演进，也就是用"联系"的方法考察制度是怎么形成和演化的。考察一个制度或事件的形成、沿革、发展和终结。这其中会涉及到制度的演变、文化的演变、政治的演变和人们观念的演变。联系的方法，可以开阔学术视野，弥补孤立地考证的局限，即不能孤立地看待一些事情。孤立的考证往往会以偏概全，得出的结论并不"真实"，就像盲人摸象一样。最后对"真实"要进行理论的分析，也就是要探求规律，探索历史演变的规律。"求得真实"也应该是部门法研究的基本方法，只是与史学研究的对象有别而已。对法律史研究成果的运用，对部门法的研究同样具有促进作用。法史学研究的方法和原则，对于部门法的研究同样适用。部门法的研究中，无论是采用法史学的研究成果，还是运用法史学的研究方法，都应该充分注意到其"真实"性。对于法学研究来说，其研究的前提就是史料真伪的甄别和考察。这是法学专业学生学习研究的基础，更是应当具备的基本素质与技能。

第二节 历史教育与正确的价值观

"以史为鉴，可以明得失"，法律本身是用来规矩方圆的，因此，其对法学专业学生的行为也有规范作用、评价作用、教育作用、预测作用等等。但是，懂法并不等于守法，知法可能也会乱法。在现实社会中，很多曾经学习法学专业的犯罪分子更是知法犯法。原因就在于，在今天的社会中，金钱利益已经成为人们的第一追求，很多学习法学的学生选择法学的目的只是为了挣钱。但是，事实上，法学作为人类社会科学中最高端的学科，它的存在并不仅仅是为了挣钱。"法乃公器，民为邦本"，无"法"，"民"无可保，"邦"无可存。因此，推进历史教育可以提高法学专业的学生的法律伦理道德素质。

英国哲学家培根曾经指出,"一次不公的裁判比多次不平的举动为祸尤烈,因为这些不平的举动不过弄脏了水流,而不公的裁判则把水源败坏了"。"法乃正义",在历史中,我们将会看到我们的前辈在面对"法"与"利"时的抉择,将会理解学习法学将会承担何种的责任。虽然今天的社会中充斥着各种不公平,但是只要有学法的人在,正义永远不会死。所以,法学专业的学生将从法制发展的历史中学习和交接这种历史的责任,树立正确的人生观,价值观。

其次,当下中国的大学中,象牙塔的神话已经破灭,由于社会及相关媒体宣传的影响,学生中充斥着一股以"江湖气"为主的"戾气",很多学生在学校不思进取,而整日以拉帮结派为荣、以打架斗殴为耀。这不仅影响了其他同学的学习,更动摇了整个学校的管理秩序,对此,学校不得不动用大量的人力物力来惩罚和处理。笔者一直认为,通过公权力压制所获得稳定恰恰是最大的不稳定,相比而言,道德教化甚为重要。法学专业的学生已经具备了相应的法学知识,但是往往又怀有"法不责众"之幻想,所以总是铤而走险。此时,法律的威慑已经失去作用,教育应当从历史中寻找教化之源——春秋之时的秦国,积贫积弱,除了技术落后、教化不行、战争频繁之外,国内最大的问题就是"私斗仇杀"严重,复仇灭门为常事,所以此时之秦国以勇猛侠义大名于天下。这样的秦国虽"江湖义气",但是处于亡国边缘。直到商鞅变法,改革图新,直斥国民"勇于私斗,怯于公战",从此,"私斗"于秦国销声匿迹,之后秦国虎狼之军肆虐六国。所以,以此教育,激发学生最根本的荣辱观念,当事半功倍。而且,法学学生相比其他学生而言,承担着更重的社会责任感,故而更当有"威武不能屈,贫贱不能移"之志,通过这样的历史教育,更能培养法学专业学生的专业自豪感和荣誉感。

此外,不可否认,今天的社会有一股"反智的势力"在价值观的树立上兴风作浪。他们不推崇"法",而对"术"乐此不疲。自古以来,权术在官场上始终大有市场,即便在一般的职场和正常的人际交往中行其道者亦大有人在。权术的运用是不以人们道德观念的褒贬而客观存在的政治现象。其手段的运用,是一门科学,也是一门艺术。权术是老祖宗留下的遗产,是被正反两个方面研究和利用的斗争工具。卑微的人献国以谋身,伟大的人献身以谋国,但是历史上错综复杂的政治斗争,使官场形成了许多积弊,如结党营私、媚上欺下、妒贤嫉能、内部倾轧、明哲保身等。这些官场积弊,无论是对国家还是企事业,其毒害都是致命的,试想:如果人们都把所有精力放在玩弄权术上,还会有谁去真心地做事业呢?那些有能力有个性的人,在权术的环境中往往得不到重用，他们不但得不到应该得到的利益，甚至被权术高手们剥夺了生存的权利。从历史上看，商鞅就是一个被权术残害的例子。然而，世之大道，在法，不在谋，学法者，当有持重有礼志存高远，当有大气旷达，当能"达则兼济天下"。墨子曰："虽有贤君，不爱无功之臣。虽有慈父，不爱无益之子。是故，不胜其任而处其位，非此位之人也；不胜其爵而处其禄，非此禄之主也。良弓难张，然可以及高入深。良马难乘，然可以任重致远。良才难令，然可以致君见尊。是故，江河不恶小谷之满己也，故能大。国士贤才，事无辞也，物无违也，故能为天下器。天地不昭昭，大水不潦潦，大火不燎燎，王德不尧尧者。千人之民者，其直如矢，其平如砥，不足以覆万物。是故溪狭者速涸，流浅者速竭，墝埆者其地不育。王者淳泽，不出宫中，则不能流国矣。"① 这段话明确说明了为人者该当如何？首先，若为臣为子者，当以功业正道自立，而不能希图明君慈父垂怜自己，若是依成正道，便得寻觅依靠有锋芒的国士人才，虽然难以驾驭，然却是功业根基。其二最为重要，天地万物皆有瑕疵，并非总是昭昭荡荡，大水有阴沟，大火有烟瘴，王道有阴谋。身为冲要人物，既不能因诸般瑕疵而陷入宵小之道，唯以权术对国事，又不能如箭矢般笔直，磨刀石般平板。只有正道谋事，方能博大宏阔，伸展自如，方能亲士成事。最后是句警语：但为王者，其才能若不能施展于王宫之外的治国大道，功业威望便不能覆盖邦国，立身立国便是空谈！因此，为人在世，权谋可能不得不用，但人之根本，在于正道，在于自己的能力。古贤有诗："尔曹身与名俱灭，不废江河万古流。"以商鞅来看，虽然身死，然千年以来，为华夏之楷模，恒敬于庙堂之上，而当时蝇营狗苟权谋之人，不仅同样满门抄斩，湮于黄土，其名更为后世唾骂，遗忘。学法者，当志存高远，以身护法，以法为民，这才是法学专业学生的基本职责，这是历史的使命。

第三节 历史教育与高尚品德修养

"君子以多识前言往行，以畜其德"的哲理，说明历史知识在人生修养方面起着重要的作用。唐代史学家刘知几深刻地指出："史之为用，其利甚博，乃生人（民）之要务，为国家之要道。"这反映了史学对于国民和国家的极其重要性。清代思想家龚自珍更是提倡国人"当以良史之忧忧天下"，增强民族的忧患意识。当代思想家任继愈先生则认为"史学关系到国家的存亡"，"是国家兴亡之学，民族盛衰之学"，因此强化和重视历史教育，对于促进和完善学生全面发展，提高教育质量，以至于促进社会进步都具有举足轻重的作

① 《墨子》开篇《亲士》。

用。"[①] 法学专业学生在对法学知识进行学习之后，如果能够进一步进行历史文化培训，一方面有助于其培养全面人才的学科体系化，另一方面，也有助于学生洗净浮躁，静心修德。同时，老师附之以讲述，让学生能够以古人之高风亮节为榜样，以古人之刚正不阿为标杆，这样，就可以培养出德智兼修的法学学生。

中国传统文化最重品德修养，君子"一日三省乎己"，讲究"正心诚意修身齐家治国平天下"，讲究"为天地立心，为生民立命，为往圣继绝学，为万世开太平。"当下中国，社会转型，市场经济成为时代精神，天下熙熙皆为利来，天攘攘皆为利往，人人浮躁，急功近利，在讲法学知识时更需要引进历史维度，学习古人的立德修身，培养高尚的情操。北宋时期的"程门立雪"故事是对立德治学的经典故事，范仲淹"断齑画粥"，更是艰苦求学立德修身的典范，不仅能在艰苦学习中成才，而且能提出"先天下之忧而忧，后天下之乐而乐"的圣贤思想。历史上大诗人白居易诗圣杜甫，写作信条："不务文字奇，惟歌生民病"（白居易），不追求自己个人的安乐享受，时时挂怀天下："安得广厦千万间，大庇天下寒士俱欢颜"（杜甫）！作为法学专业学生，要用公平之法去经纬天下，高尚正直的人品是第一位的。以史为镜，见贤思齐，学习古人，陶冶自己，甚为切要。

第四节 历史教育与职业规划

对于法学专业的学生来说，一方面，他们所学习的知识是整个社会学科中最难、最重要的内容；而另一方面，中国社会的实际情况是，法学招生量过大，竞争压力极大。这就造成两个影响：一是过多的招生让本身处于精英学科的法学变成了大众学科，学生良好的法学素质无法纳入招生选择考量，规模化教育也难以照顾个体学生的学习情况，其学科教育质量必然下降。二是学生在学习法学之后，一方面陷入法学逻辑、哲学、条文的使命，胸中勃勃，踌躇满志；另一方面在未来的职业规划中又被现实戳心，感觉毫无前途，徘徊失落。笔者认为，这样的问题出现不能归罪于老师、更不能归罪于学生，这是现有的教育制度使然。因此，老师和学生不用替其谢罪。反而，应当重新回顾历史，重新找准本学科的定位。一方面，法学一直都是精英学科，教师应当克己奉公，更加努力地备课，努力将更多的有用的知识传授给学生，将学生培养成高格的人才。另一方面，学生也要增强法学学生所承载的历史使命感，更要学习如商鞅、苏秦、张仪等先贤的精神，以高远的目标激励自

---

① 郑成思．版权法 [M]．北京：中国人民大学出版社，1990．

己，鼓励自己，同时心系民众、心忧国家，面对现实，破解困境，在奋斗的过程中不断完善自己，锻炼自己。

在教学中怎样去实施历史教育，不少法学教师做了很好的尝试，从基本的要素而言，不外乎读书、修课、实践等方面。

读书。一方面是对学生的要求，书是人类知识的载体，要博览群书，广收博取，胸有文墨气若谷，腹有诗书气自华；另一方面也是对学校"硬件"的要求。对于法学专业的学生，高校应当将其历史教育培养放在重要位置，故而应当为历史教育提供有效而充足的物质资源—书籍。对于书籍，如果是既有的法学经典或者历史经典，应当购买齐全，如果有条件，还可以购买一些国外法学教材，一可以学习国外先进理论，二可以扩展学生国际化视野，培养学生的国际化能力。此外，相关教研室也可以根据本专业的特点，与实践部门合作，自编教材，这样不仅可以有的放矢重点学习，还可以理论结合实际，人文素养和专业知识共同提高。

修课。作为教育者的"软件"要求，要求在法学教学结构中精心设计历史教育。在法学教学的过程中，如果有可能，可以安排与课程有关的历史讨论的课程或者读书会，可以采取单独讨论历史的方式，也可以采取从历史反思的方式。这种课程最大的目标是激发学生的学习兴趣，鼓励参与，培养学生的自我思考和自我研究的能力，同时锻炼搜集素材，去伪存真的能力。二是教师讲授，对于历史教育，高校可以一方面为学生开设专门的历史课程进行研究，内容不限于法制史，而是对中国或者西方整个经济、文化、政治历史的回顾和解读。另一方面可以鼓励法学专业的教师自行讲授与之相关的历史课程。前一种方式可能成本较大，但是不仅仅可以培养学生的法学历史观与学科的体系化，更能陶冶情操，扩大视野。后者成本较低，但是对专业课教师的工作量有增加。无论哪一种都强调教师的个人学术素质，因此，对教师的业务培训应该放到跟学生教育同等重要的位置上来，学校应当鼓励其参加相应的学术会议或者资助其海外留学。此外，向外邀请专家学者进行讲座也是一个很好的选择。

实践。学校可以组织学生进行实地考察，一方面，可以带领学生参观历史博物馆，对过去的立法司法情况有一个直观的了解，并号召学生学习先人"舍生取义"的精神。另一方面，可以参观相应的司法机关，观摩司法工作，特别是中西部欠发达地区，几年来不仅经济生产处在快速发展变动之中，法制化进程也在同步，让学生直接感受过去向今天发展的整个历史过程，激发学生的职业自豪感与使命感、树立学生为法律奉献的价值观。

综上所述，对法学专业的学生进行历史教育，目的就是为了积累学生的法学基础，培养学生对学科的体系化认识，锻炼其跨学科的综合能力，同时陶冶情操，让学生拥有更高的职业伦理道德素质和更加高远的价值观。今天的法学教育往往偏重于法的工具性教学，但是，法学的本质是哲学，只有寻根溯源，才能重新找回我们法学的本来面貌，才能链接过去、关注今时、展望未来。

参考文献

[1] 张四龙，李建奇 . 高校青年教师课堂教学质量的问题、原因与解决之道 [J]. 中南林业科技大学学报（社会科学版），2013（05）.

[2] 李永安 . 我国大学课堂教学的改革策略 [J]. 中国高等教育，2013（05）.

[3] 苏志武 . 深化课堂教学改革提高人才培养质量 [J]. 中国高等教育，2012（17）.

[4] 裴娣娜 . 教育创新与学校课堂教学改革论纲 [J]. 课程·教材·教法，2012（02）.

[5] 罗辉 . 本科英语专业课堂教学模式革新与创新人才的培养 [J]. 琼州学院学报，2010（04）.

[6] 曾振平，沈振锋 . 论高校教学方法创新与创新型人才培养 [J]. 华中农业大学学报（社会科学版），2009（05）.

[7] 秦军，王爱芳 . 我国高校创新型人才培养模式研究 [J]. 教学研究，2009（04）.

[8] 段华洽，王朔柏 . 深化教学改革创新教学模式——高校本科课堂教学模式创新研究 [J]. 中国大学教学，2009（04）.

[9] 廖春华 . 高校课堂教学改革与创新人才培养的思考 [J]. 科教文汇（上旬刊），2009（02）.

[10] 徐青 . 更新观念推进课堂教学改革 [J]. 中国高等教育，2008（05）.

[11] 凡妙然 . 基于 MOOC 的翻转课堂在高校教学中的应用 [J]. 软件导刊，2014（09）.

[12] 周凤瑾 . 在应用型本科高校中实施翻转课堂的思考 [J]. 时代教育，2014（17）.

[13] 付岩，张建勋 . 大数据时代信息技术与高等教育深度融合的思考 [J]. 中国轻工教育，2014（04）.

[14] 疏凤芳 . 基于翻转课堂的开放教育教学模式研究——以《现代教育技术》课程为例 [J]. 软件导刊，2014（04）.

[15] 吴忠良，赵磊.基于网络学习空间的翻转课堂教学模式初探 [J].中国电化教育，2014（04）.

[16] 曹育红.“翻转课堂”在软件技术实训中的创新应用 [J].中国电化教育，2014（04）.

[17] 黄琰，蒋玲，黄磊.翻转课堂在“现代教育技术”实验教学中的应用研究 [J].中国电化教育，2014（04）.

[18] 郭绍青，杨滨.高校微课“趋同进化”教学设计促进翻转课堂教学策略研究 [J].中国电化教育，2014（04）.

[19] 翟雪松，林莉兰.翻转课堂的学习者满意度影响因子分析——基于大学英语教学的实证研究 [J].中国电化教育，2014（04）.

[20] 马俊臣.基于“翻转课堂”的现代教育技术教学研究 [J].中国成人教育，2014（06）.

[21] 黎琼锋，吴佩杰.论教师德性与教育幸福 [J].山西师大学报（社会科学版），2008（02）.

[22] 曾华，欧阳霞，余修日，刘富军.大学生课堂学习效果调查与分析 [J].甘肃科技，2008（06）.

[23] 高惠洪.为学生的终生幸福奠基 [J].中国民族教育，2008（02）.

[24] 王莉梅.“皮格马利翁”效应的启示 [J].读与写（教育教学刊），2008（01）.

[25] 公丕民，博世杰，李建伟，戴美琳.高校教师主观幸福感研究 [J].中国健康心理学杂志，2008（01）.

[26] 兰文巧.教师情绪与教学效果的互动关系研究 [J].中国电力教育，2008（03）.

[27] 冯建军.专业视野中的教师幸福与幸福教师 [J].教育科学论坛，2007（12）.

[28] 孙丽娟，闫兵.教育应提倡宽容 [J].当代教育论坛（宏观教育研究），2007（12）.

[29] 姜永杰.大学生主观幸福感的测量研究 [J].心理科学，2007（06）.

[30] 张如萍.给孩子一个充满快乐和幸福的课堂 [J].科学大众，2007（11）.

[31] 徐佩华.创新高校教学内容与方法的探索 [J].中国教育研究论丛，2007（10）.

[32] 王岚，刘赞英，张艳红，张瑜.构建以研究为本的本科研究性教学模式 [J].江苏高教，2007（04）.

[33] 罗先斌.高校教学方法改革探究 [J].中国科教创新导刊，2007（02）.

[34] 王根顺，雍克勤．从学生发展角度看高校教学方法的运用和改革 [J]. 高等理科教育，2007（01）.

[35] 赵智．大学生思维特点是高校课堂教学改革的依据 [J]. 周末文汇学术导刊，2006（01）.

[36] 袁顶国，刘永凤，梁敬清．教学模式概念的系统分析——教学模式概念的三元运行机制 [J]. 西南师范大学学报（人文社会科学版），2005（06）.

[37] 李华轩，赵鸿涛．建构主义下的高中数学教学策略 [J]. 新乡教育学院学报，2005（01）.

[38] 教学策略的涵义、结构及其类型 [J]. 和学新．教学与管理，2005（04）.

[39] 侯蓉．中美高校课堂教学方法比较 [J]. 湖南第一师范学报，2004（04）.

[40] 方建锋，汪再慧．略论建构主义思想与教学变革 [J]. 当代教育论坛，2003（11）.

[41] 张薇，陈涛，王迎新．高职高专院校考务管理电子化模式的探索 [J]. 中国高等医学教育，2009（02）.

[42] 陈白洁，贺旭鹏．教务管理系统的 UML 建模 [J]. 现代计算机（专业版），2008（05）.

[43] 张建荣．高校教务管理信息化建设的探索与实践 [J]. 中华医学教育杂志，2007（05）.

[44] 周方．教务管理信息系统的管理与建设 [J]. 高教论坛，2006（06）.

[45] 田芯安，江婧．基于 B/S 模式的计算机等级考试网络存储系统的开发与实现 [J]. 重庆文理学院学报（自然科学版），2006（04）.

[46] 周蕾，孙玉娜，孙玉强，吴建成．基于 B/S 的远程教育管理系统的设计 [J]. 中国科技信息，2006（01）.

[47] 卢凤珠，吴达胜，赵丽华．基于 C/S 与 B/S 模式的实验室管理系统的设计与实现 [J]. 四川教育学院学报，2005（03）.

[48] 沈艺，王舒憬．基于高校成绩管理系统的 SQLServer 安全策略应用 [J]. 现代电子技术，2005（04）.

[49] 赵志明，邓又明，王辉艳．浅谈数据挖掘技术原理及应用 [J]. 吉林省经济管理干部学院学报，2004（04）.

[50] 童秋艳．高校学生成绩网络信息化管理的探索 [J]. 黄冈职业技术学院学报，2004（02）.

[51] 郑志龙，余丽．互联网在国际政治中的"非中性"作用 [J]. 政治学研究，2012（04）.

[52] 邱昊．数字时代背景下中国媒介素养教育的当下选择——西方媒介素养教

育范式的演进及其启示 [J]. 湖南师范大学教育科学学报，2012（04）.

[53] 孙芳 . "现实的个人" 视阈中的思想政治教育思维范式探析 [J]. 学校党建与思想教育，2012（18）.

[54] 段志英 . 新媒体环境下大学生思想政治教育拓展研究 [J]. 长春理工大学学报（社会科学版），2012（03）.

[55] 王影 . 当代大学生与思想政治理论课话语体系的冲突与调适 [J]. 教育探索，2012（02）.

[56] 陈玉霞 . 中国新媒体研究回顾 [J]. 现代视听，2012（01）.

[57] 张菁燕 . 新媒体环境下高校思想政治教育实效性的调查研究 [J]. 教育理论与实践，2011（33）.

[58] 郑元景 . 新媒体环境下高校思想政治教育实效性探析 [J]. 思想理论教育导刊，2011（11）.

[59] 赵爱玲 . 人伦自觉：新媒体时代高校德育提质增效的目标指向 [J]. 唐都学刊，2011（06）.

[60] 邱仁富 . 思想政治教育话语的基本结构和功能 [J]. 思想政治教育研究，2011（05）.

[61] 吕志刚，谭洁 . 互联网对新疆高校大学生思想政治教育工作的影响及对策研究 [J]. 科技风，2012（09）.

[62] 李宝丽，杨林 . 浅析新疆高校思想政治教育的针对性 [J]. 学理论，2012（13）.

[63] 刘磊 . 新疆高校思想政治理论课教育教学特殊问题研究 [J]. 新疆职业大学学报，2011（06）.

[64] 张勇 . 党对大学生思想政治教育工作领导的历史经验 [J]. 中国电子教育，2011（03）.

[65] 邱秋云 . 坚持理论联系实际以提高思想政治理论课教学的实效性 [J]. 九江职业技术学院学报，2011（02）.

[66] 姜勇 . 研究新疆高校思想政治教育特殊性的意义及内容 [J]. 喀什师范学院学报，2011（02）.

[67] 深入贯彻落实科学发展观，努力推进新疆跨越式发展和长治久安 [J]. 党的文献，2010（06）.

[68] 王平，李欣，杨长富，逢丽影 . 新中国成立以来中国共产党加强大学生思想政治教育的历史探索 [J]. 吉林省教育学院学报，2010（07）.

[69] 吴福环 . 改革开放 30 年新疆反对民族分裂、维护社会稳定的主要经验 [J]. 新疆社会科学，2008（06）.

[70] 张斌，张炳勇，高亚滨.浅析"三股势力"对新疆高校思想政治教育的影响及对策 [J].新疆警官高等专科学校学报，2008（03）.

[71] 蔡果兰，徐世英.民族院校研究生专业教育与思想政治教育融合的思考 [J].民族教育研究，2013（03）.

[72] 雍容波，钟佩君.论当代大学生家庭思想政治教育资源开发利用中的"四个统一"[J].当代教育论坛（综合研究），2011（03）.

[73] 梁玉春.新疆高校全方位全过程全员大学生思想政治教育机制研究 [J].喀什师范学院学报，2011（02）.

[74] 贾春阳.泛突厥主义对中国新疆的渗透及影响 [J].世界民族，2011（01）.

[75] 章立新.新疆高校思想政治理论地方课程建设探究 [J].昌吉学院学报，2010（04）.

[76] 郭彩星.新疆少数民族大学生思想政治教育特殊性研究述评 [J].喀什师范学院学报，2010（04）.

[77] 张勇，李红兵，申笑梅.论新疆高校大学生思想政治教育途径创新 [J].学校党建与思想教育，2010（19）.

[78] 边黎明.全面建设小康社会时期我国高校德育工作呈现的新特点 [J].出国与就业（就业版），2010（08）.

[79] 马凤强.高校抵御"三股势力"渗透维护安全稳定的思考 [J].新疆师范大学学报（哲学社会科学版），2009（03）.

[80] 冯雪红.维吾尔族婚姻研究综述 [J].贵州大学学报（社会科学版），2009（05）.

[81] 许立，刘刚，张文朋.高校思想政治教育资源的开发与利用 [J].中国校外教育，2011（05）.

[82] 阎占定.多元文化背景下民族院校思想政治教育探索 [J].湖北社会科学，2009（08）.

[83]. 毕曼.毛正天.文艺心理学课堂教学的情境创设.湖北民族学院学报 2013（1）.

[84]. 毛正天.冉小平.论人文素项教育的文学课程教学.边疆经济与文化 2005（12）.

[85] 毛克盾.建构主义教学观下的高校法学互动教学模式 [J].美与时代 2011（8）.

[86] 毛克盾.论卓越法律人才培养的人文素养——法学专业的历史教育探索 [J].湖北民族学院学报 2013（5）.